HEYNE <

Undine de Rivière

# MEIN HUREN-MANIFEST

## Inside Sex-Business

WILHELM HEYNE VERLAG
MÜNCHEN

FSC www.fsc.org
MIX
Papier aus verantwortungsvollen Quellen
FSC® C083411

Verlagsgruppe Random House FSC® N001967

Originalausgabe 06/2018


Redaktion: Dr. Ulrike Strerath-Bolz
Umschlaggestaltung: Hauptmann & Kompanie Werbeagentur, Zürich,
unter Verwendung eines Fotos von © Philipp Oelwein
Satz: Schaber Datentechnik, Austria
Druck: CPI books GmbH, Leck
Printed in Germany

ISBN: 978-3-453-60472-8

www.heyne.de

# Inhalt

# »Da muss man doch was tun!«

»Ich sehe kein grundsätzliches Problem in Flatrate-Clubs, ich habe auch selbst schon bei Gangbang-Partys mitgemacht.«

»Gäng … was?«

»Gangbang.«

»Gang … bang?«

»Genau, Gangbang!«

»Gang … Bang …«

Ich trinke Tee mit einer distinguierten, gebildeten Dame Mitte sechzig in einem opulent eingerichteten Café an der Hamburger Binnenalster. Gerade machen wir Sprachübungen zu Sexarbeits-Fachvokabular. Mein Gegenüber setzt sich seit vielen Jahren weltweit gegen Menschenrechtsverletzungen ein und hat dafür viele Auszeichnungen bekommen. Und die Dame fordert nun in diesem Sinne: »Prostitution abschaffen!«

Gangbang ist Gruppensex mit mehr Männern als Frauen. Solche Orgien werden sowohl von Privatleuten organisiert – häufig in Swingerclubs – als auch in Bordellen oder Hotelsuiten von Sexarbeiter_innen für zahlende Kunden angeboten. Um Letzteres geht es hier.

Manchmal frage ich mich, ob es nicht ein bisschen demütigend ist für die Jungs, in einer Schlange zu stehen, und mit dem eigenen Gemächt in der Hand zu warten, bis sie dran sind, während ich mich in einer bequemen Liebesschaukel rekle und lasziv den nächsten heranwinke. Aber die Männer, die solche Veranstaltungen besuchen, erregt bereits die Atmosphäre, das Zuschauen vor dem eigenen Akt. Das ist ihr Vorspiel. Verweildauer in mir bis zum Orgasmus: meist zwei bis fünf Minuten. Erst in der Summe komme auch ich manchmal auf meine Kosten – zum Glück ist Vergnügen bei der Arbeit nicht verboten. Wer es gar nicht abwarten kann, darf rechts oder links neben mich treten und bekommt eine Handentspannung. Ich bin da multitaskingfähig. Wer mich bedrängt, Dinge fordert, die ich nicht will, oder unfreundlich ist, wird von seinen Geschlechtsgenossen zurechtgewiesen, meist lange bevor ich überdeutlich werden muss oder einer der anwesenden Veranstalter einschreitet. Es herrscht eine gewisse Sozialkontrolle auf solchen Partys – schlechte Laune verdirbt schließlich allen den Spaß.

Wenn's mir reicht, vielleicht nach fünf oder zehn Mal Verkehr, mache ich eine Pause, gehe duschen, trinke eine Cola und unterhalte mich ein bisschen. Dann geht es wieder ab auf die Spielwiese. Das Ganze ist eine Form des Flatrate-Sex: Die Euros fließen pauschal für die Anwesenheitszeit, sowohl von den Besuchern an den Veranstalter als auch vom Veranstalter an mich. Soll mir recht sein, ich verliere im Flow sowieso den Überblick und zähle nicht allzu genau mit.

Für jemanden, der kein Problem mit schnellem Sex mit wildfremden Menschen hat, bedeutet so ein Nachmittag angenehm verdientes Geld. Für jemanden, der dem Geschlechtsverkehr eine deutlich größere Bedeutung zuschreibt als einer Rückenmassage oder der die eigenen emotionalen Grenzen nicht wahren kann, muss es der Horror sein.

Ich bin mir nicht sicher, ob meine Gesprächspartnerin im Café an der Alster das alles so genau wissen will, und es liegt mir fern, ihr Schamgefühl zu verletzen. Aber eigentlich *sollte* sie es wissen wollen – schließlich behauptet sie, sich für die Belange von Prostituierten einzusetzen. Und die sind heutzutage angeblich alle ganz anders drauf als ich, werden entweder von Menschenhändlern verkauft und zum bezahlten Missbrauch freigegeben, oder sie lassen sich täglich vergewaltigen, auf Druck ihrer Familien, oder um nicht zu verhungern. Ich bin die Ausnahme, um die es in der ganzen Diskussion gar nicht geht. Sollen wir paar selbstbestimmte deutsche Huren doch machen, was wir wollen – aber die vielen armen jungen Mädchen aus Osteuropa … Das darf man doch nicht verharmlosen! Da muss man doch was tun!

Ja, da muss man was tun. Wenn ich einer Kollegin gegenübersitze, die sich in ihrer Situation gefangen fühlt, die nicht Nein sagen kann, weder zu ihrer Familie, die sie als Geldautomaten versteht, noch zu übergriffigen Kunden, die möglichst viel für ihre dreißig Euro herausschlagen wollen, dann blutet mir das Herz. Und ich würde mir auch Sorgen um meine emotionale Gesundheit machen, ließe mich das kalt. Ich spreche mit ihr über mögliche Alternativen innerhalb der Sexarbeit, über andere Arbeitsorte mit angenehmerem Publikum, über Techniken zur Abgrenzung und Gesprächsführung, über Professionalisierung, Spezialisierung, Stammkundenbindung. Manchmal halte ich eine Frau auch für völlig ungeeignet, irgendeinen Job zu machen, in dem sie unmittelbar drängenden Emotionen und Bedürfnissen ihrer Klient_innen ausgesetzt ist. Sie würde auch als Altenpflegerin, Krankenschwester oder im Callcenter einer Beschwerdestelle kaputtgehen. Und wer Sex für etwas Heiliges hält, das nur in einer Beziehung oder zum Kindermachen vollzogen werden soll, der wird in der Sexarbeit sicher nicht glücklich werden.

Ich wünsche mir, dass diese Menschen Alternativen in anderen Berufen finden, und vermittle Kontakte zu Fachberatungsstellen, die individuelle Umstiegsangebote erarbeiten können.

Nur eins will ich ganz sicher nicht: Diesen Leuten die Sexarbeit verbieten. Wenn ich jemanden zwangszuretten versuche, ihn nicht mehr als handelndes Subjekt wahrnehme, sondern ihn vor seinen eigenen Entscheidungen schützen will, bin ich nicht besser als all die anderen, die Druck auf ihn ausüben. Keine aktiv tätige Kollegin und kein aktiv tätiger Kollege, egal wie schlecht es ihnen geht, hat je zu mir gesagt: »Kriminalisiert mich, kriminalisiert meine Kunden, und bitte macht doch noch ein paar Polizeirazzien mehr, dann geht's mir bestimmt bald besser!« Kriminalisierung und Arbeitsverbote, egal ob sie als »Schutz« daherkommen oder nicht, sind keine bloßen Unannehmlichkeiten, sondern führen zu knallharten Geld- oder Haftstrafen für die Betroffenen. Die wenigen Sexworker, die selbst eine strengere, diskriminierende Regulierung der Branche fordern, tun das meist aus der Überlegung heraus, dass es der Konkurrenz hoffentlich mehr schaden würde als ihnen selbst.

Auch außerhalb der Branche unterstelle ich in der seit vielen Jahren geführten Debatte um die »Eindämmung« oder »Abschaffung« der Sexarbeit einer nicht unerheblichen Zahl von Agitator_innen, dass sie ihre persönlichen, moralischen oder ideologischen Befindlichkeiten unter dem Deckmantel der Betroffenheit durchsetzen wollen. Während noch in weiten Teilen des zwanzigsten Jahrhunderts die Gesellschaft ganz offen vor unserer normabweichenden und Angst machenden Unsittlichkeit geschützt werden musste, hat sich der Zeitgeist zumindest hierzulande glücklicherweise gewandelt: Dass die Freiheit eines Menschen erst dort beschnitten werden darf, wo sie einen anderen greifbar beeinträchtigt, gilt inzwischen auch weitgehend für Minderheiten, und das Strafrecht wird in Deutschland zumindest nicht mehr allzu offen zur Regulierung der Moral eingesetzt. Daher wurde die Argumentation der Prostitutionsgegner_innen subtiler: Statt gefährlich geisteskrank sind wir nun nur noch naiv und manipuliert, statt die Gesellschaft vor uns zu schützen, müssen nun wir selbst geschützt werden. Das aber gern mit denselben Methoden wie damals: Sondergesetze im Strafrecht, möglichst umfassende polizeiliche Kontrolle, Kasernierung in staatlich überwachten Bordellen … Und vor allem sollen die gemeinen Bürger mittels Sperrbezirken, Straßenstrich- und Werbeverboten am besten gar nicht mit unserer Existenz konfrontiert werden.

Aus vielen Gesprächen weiß ich aber auch, dass es gar nicht so wenige Menschen gibt, die es im Grunde wirklich gut mit uns meinen. Die mit Bildern von weinenden jungen Mädchen konfrontiert werden und glauben, wenn ihnen erzählt wird, dass eine Sexarbeiterin so und nicht anders aussieht. Die glauben, dass Zwang, Gewalt und Not zum »System Prostitution« dazugehören und dass der »Verkauf des Körpers« untrennbar mit einer Verletzung der Seele einhergeht. Diese Leute sind dann ganz überrascht, wenn vor der Tür von Veranstaltungen der »Rettungsindustrie« echte, lebende Huren mit Flyern und Transparenten demonstrieren und sich die Bevormundung verbitten, die drinnen als Heilmittel zelebriert wird. »Aber wir wollen euch doch nur helfen … wie jetzt, das wollt ihr gar nicht?«

Wem die Belange von Sexarbeiter_innen wirklich am Herzen liegen, der muss über blinden »Da muss man doch was tun!«-Aktionismus hinauskommen, hinschauen und zuhören. Und zwar auch Menschen wie mir, den angeblich so seltenen »privilegierten Ausnahmen«, die ihren Job professionell und mit gegenseitigem Respekt von und für ihre Kunden ausüben, manchmal seit vielen Jahren.

Wer unser Erleben und die Vielfalt unserer Erfahrungen als irrelevant vom Tisch wischt, verpasst die Chance, wahrzunehmen, wie die Herausforderungen der Branche erfolgreich gelöst werden können. Wir widerlegen die bequeme These, dass Sex gegen Geld an sich das Problem sei. Erst dann kann die kollektive Empörung über das Schicksal der Betroffenen von Gewalt und Armut (die es ja durchaus gibt!) in Strategien fließen, um die Lebens- und Arbeitsbedingungen aller Sexarbeiter_innen wirklich zu verbessern. Das wäre allemal sinnvoller als eine weitere Zementierung der gesellschaftlichen Diskriminierung und Stigmatisierung.

# Die Geschichte der U.

## »Sie arbeiten also als Domina?«

Unter einer Domina stellen sich die meisten Leute eine Frau vor, die ihre Kundschaft mit einer Peitsche bearbeitet oder laut beschimpft und die dabei in Lack und Leder meist hochgeschlossen angezogen bleibt. Manchmal mache ich so was. Manchmal bin *ich* diejenige, die die Tracht Prügel bekommt. Manchmal habe ich wilden und schmutzigen Sex mit meinen zahlenden Gästen, vielleicht im Rahmen eines Rollenspiels im sexy Sekretärinnenoutfit oder in nichts als meinen hohen Stiefeln. In manchen bezahlten Begegnungen findet das alles zusammen statt. Manchmal lasse ich mich in Swingerclubs oder Pornokinos durchvögeln, oder ich stehe einem männlichen Gast bei seinen ersten Erfahrungen mit einem anderen Mann bei. Manche meiner Kund_innen kennen nur meine Stimme, wenn ich sie per Telefon, Skype oder Audiofile in eine erotische Hypnose führe.

Begonnen hat meine Sexwork-Karriere in einer Peepshow. Ich habe Erfahrungen in verschiedenen Bordellen und SM-Studios gemacht, in Apartments, als Erotikmasseurin, bei Sexpartys, als Telefonsex- und Webcam-Anbieterin und als Escort[1]. In den letzten Jahren war ich überwiegend im BDSM-, Fetisch- und Rollenspielbereich tätig. Meine derzeitige Zielgruppe sind also im weitesten Sinne Menschen mit sexuellen Interessen abseits des Alltäglichen. Die Bezeichnung für meinen Job, die sich unter meiner Kundschaft etabliert hat, ist »Bizarrlady«. Das Wort kennt aber außerhalb der SM-Paysex-Szene kaum jemand. Daher antworte ich auf die Domina-Frage manchmal »Jaja«, wenn ich keine Lust habe, lange Erklärungen abzugeben. Aber eigentlich beschreibt das nur einen kleinen Teil meiner Arbeit.

Ich finde es immer witzig, wenn man mir unterstellt, ich sei privilegiert, weil bei meiner Arbeit nicht immer der Geschlechtsverkehr im Vordergrund steht, ich also nicht für jeden meiner Kunden »die Beine breit machen muss«. Im selben Atemzug werden die armen Prostituierten bedauert, die ja so oft mit den »abartigen Wünschen perverser Freier« konfrontiert werden. Wie denn nun? Sind Sonderwünsche ein Privileg oder eine Zumutung?

Die Wichtigkeit der Antwort auf diese Frage kann kaum überschätzt werden. Sie lautet: »Es kommt drauf an.« Nämlich auf die persönlichen Wohlfühlbereiche und individuellen Grenzen der Dienstleisterin oder des Dienstleisters. Niemand kann von außen wissen oder gar festlegen, welche Praktiken mit welchen Kunden für individuelle Anbieter_innen okay sind und welche nicht. Es gibt keine allgemeingültigen Standards oder Regeln, was Sexworker tun oder nicht tun wollen oder sollten. Manche küssen ihre Kunden, manchen macht das sogar manchmal Spaß, für andere ist das unvorstellbar. Manche finden Analsex völlig entspannt, haben aber keine Lust auf Rollenspiele. Und manche lassen sich nicht die Füße lecken, weil sie kitzlig sind. Ich mag es zum Beispiel nicht, betrunkene Touristen in Vergnügungsvierteln zu bespaßen, für andere ist gerade diese Zielgruppe eine willkommene Quelle für leicht verdientes Geld. Eine meiner dominanten Kolleginnen findet es höchst unterhaltsam, ihre männlichen Gespielen bis zum völligen Zusammenbruch zu quälen, aber wehe, die wollen dabei Damenunterwäsche tragen! Denn wer sich nur in einer weiblichen Rolle erniedrigen lassen kann, dessen Frauenbild ist für diese Kollegin unerträglich.

Insofern sind Kundenwünsche an sich zunächst neutral und gar nicht zu bewerten. Wenn sich ein erwachsener und mündiger Mensch findet, der die entsprechenden Fantasien einvernehmlich gegen Honorar umsetzen möchte: prima. Dass manche Dienstleister_innen manchmal oder auch öfter aufgrund äußerer (meist wirtschaftlicher) Zwänge oder aufgrund innerer Überzeugungen und Glaubenssätze ihre Grenzen überschreiten und sich auf Dinge einlassen, die ihnen nicht guttun, ist weder wünschenswert, noch gehört es zum »System Sexarbeit«. Und es ist auch nicht auf unsere Branche beschränkt.

Zurück zu den »Perversen«. Ich mag sie. Sicherlich auch, weil ich selbst eine davon bin. Mein Interesse an BDSM hat sich wie bei vielen Sadomasochist_innen recht früh entwickelt. Die Gründe sind mir unbekannt, aber in dieser Hinsicht sind wir Paraphilen ja nach wie vor ein wissenschaftliches Rätsel. Ich hatte jedenfalls schon in meiner frühen Pubertät sowohl aktive als auch passive sadomasochistische Fantasien, und glücklicherweise war ich ignorant genug, mir deswegen keine Sorgen zu machen. Mit derselben Unbekümmertheit habe ich dann als Teenager meine Gespielen dazu verführt, verschiedene Facetten, vor allem Bondage, beim Sex zusammen mit mir auszuleben. Dass man das ganze SM nennt und es gemeinhin für »pervers« hält, dämmerte mir erst mit Anfang zwanzig, als ich Kontakt zur privaten BDSM-Szene aufnahm.

Bezüglich der Sexarbeit als Berufswunsch ging es mir ähnlich. Ein gern genanntes Argument von Sexwork-Gegner_innen ist ja die Behauptung, kein junges Mädchen würde sich je wünschen, später mal Hure zu werden. Ich erinnere mich, dass ich mit vierzehn in billigen Schundromanen der Kurtisanen-Romantik nachhing und mir so ein »verruchtes« Leben durchaus als ernst zu nehmende Perspektive vorstellen konnte.

Aber um mir zu beweisen, dass ich aber auch anders konnte, wenn ich wollte, und weil ich auch noch jede Menge andere Dinge spannend fand, habe ich nach dem Abitur zunächst ein naturwissenschaftliches Studium begonnen. An der Uni lernte ich einen Mitstudenten kennen, der mir nach einer langen und wilden Nacht, in der wir einander gegenseitig mit einem Gürtel verprügelt und uns wundgevögelt hatten, seine regelmäßigen Besuche in Peepshows gestand. Ich war begeistert und bestand darauf mitzukommen.

Die Peepshow befand sich im Keller unter einer Spielhalle, in einer Seitenstraße der Fußgängerzone. In einem winzigen Sexshop gab es an der Seite sechs oder acht Kabinen mit halbdurchlässigen Spiegeln rund um eine kreisförmige Bühne. Gleich am Eingang waren hinter Glas die Fotos der an diesem Tag anwesenden Tänzerinnen angebracht, mit Namen und einer Nummer von eins bis sechs. Um das Bild der Frau, die sich gerade auf der Bühne rekelte, blinkte jeweils ein Rahmen aus kleinen Glühbirnchen. Weiter hinten gab es zwei »Solokabinen«, in denen man die Tänzerinnen für Einzelshows buchen konnte. Es roch nach Desinfektionsmittel, Zigarettenrauch und Sperma.

Schnell kam ich mit der Kassiererin und DJane ins Gespräch. Ich erfuhr, dass die Stripperinnen meist zwei Wochen an einem Ort blieben und dann in eine andere Stadt weiterreisten oder zu Hause Urlaub machten. Es hatten sich lange Schichten von zehn Uhr vormittags bis elf Uhr abends, am Wochenende sogar bis ein Uhr nachts eingespielt. Mit nur einer Stunde Mittagspause, weil die Frauen in möglichst kurzer Zeit möglichst viel verdienen und wenig Leerlauf haben wollten. Einzelne freie Tage planten dann aber doch manche während ihres Aufenthalts ein, weshalb dem Management eine lokale und zeitlich flexible Springerin gerade recht kam.

Was soll ich sagen – am Ende der Unterhaltung hatte ich einen neuen Nebenjob und sollte am nächsten Tag anfangen. Als leidenschaftliche Tänzerin mit lang gehegten Rotlicht-Fantasien konnte ich es kaum fassen, dass ich dafür bezahlt werden sollte, auf einer Drehbühne vor den Augen zahlreicher gieriger Zuschauer meine Hüften kreisen zu lassen …

An meinem ersten Arbeitstag als Sexarbeiterin war ich irrsinnig aufgeregt. Ich war stolze Besitzerin zweier Dessous-Sets von Karstadt, und meine höchsten Schuhe waren ein Paar klobige Pantoletten. Geschminkt hatte ich mich zum letzten Mal mit sechzehn für eine Party, aber zumindest ein Lidschattenset in Brauntönen und einen Lippenstift in zartem Perl-Rosé hatte ich auftreiben können. Die DJane vorn hatte mir geraten, ein großes Tuch mitzubringen, das ich auf der Bühne unter mir ausbreiten konnte. Auf dem Fahrrad kam ich mit meinen Schätzen in einer Stofftasche an und betrat zum ersten Mal den inneren Zirkel der Huren.

Der Aufenthaltsraum war ein langer Schlauch mit einem kleinen Bad mit Kellerfenster an einem Ende, einer Küchenzeile, zwei riesigen Kühlschränken, einem Fernseher und sechs Sesseln mit Beistell-Tischchen. Die Bühne und die Solokabinen befanden sich am anderen Ende des langen Raumes, dem Bad gegenüber. In den Sesseln saßen Frauen verschiedener Nationalitäten. Wie ich erfuhr, wurde von der Geschäftsleitung auf Vielfalt Wert gelegt: meist zwei hellhäutige Europäerinnen, drei »Exotinnen« aus Asien, Südamerika und/oder Afrika und eine Trans-Frau mit Busen und Schwanz, meist ebenfalls Asiatin oder Südamerikanerin. Ungefähr so hatte ich mir immer einen Harem vorgestellt: Die Damen schminkten sich, kochten, lasen, sahen fern oder unterhielten sich, alle halbnackt und wunderschön. Und alle mit viel mehr Ahnung von Erotik als ich junger Hüpfer.

Alexandra, eine blonde Amazone, die sich mit ihrem ertanzten Geld bereits zwei Bauernhöfe in den neuen Bundesländern gekauft hatte, erbarmte sich meiner und brachte mir die Grundlagen bei. Moderne Elektronik: Wer auf die Bühne ging, drückte einen Knopf mit der jeweiligen Nummer an einem kleinen schwarzen Kasten, worauf draußen der zugehörige Bilderrahmen blinkte und die Nummer für Rufe in die Solokabinen gesperrt wurde. Wenn ein Kunde eine der Frauen allein treffen wollte, drückte er in der entsprechenden Solokabine ihre Nummer, die dann laut piepsend auf demselben schwarzen Kasten im Aufenthaltsraum angezeigt wurde. Das Piepsen schaltete die Erwählte auf dem Weg zur Kabine mit einem Kippschalter aus und war dann für weitere Rufe blockiert, bis sie sich nach getaner Arbeit wieder freischaltete. Sauberkeit und Sicherheit: »Lass dein Tuch und deine Wäsche nicht auf dem Boden liegen, der ist immer dreckig.« Und: »Die Kakerlaken erledigt man am besten mit brennendem Haarspray.« Oh. Okay.

Preise in den Solokabinen: Für das Geld, das der Kunde in den Automaten einwarf, damit das Licht anging, gab es eine nette Unterhaltung, für alles weitere wurden wir vom Kunden extra bezahlt. Wir bekamen vom Automaten-Geld die Hälfte, damit wir den Knaben möglichst lange in der Kabine hielten. »Trinkgeld« gab es fürs Ausziehen und Zeigen: zwanzig Mark. »Fingershow« (Masturbieren nach Kundenwunsch): dreißig Mark. Show mit kleinem Vibrator: vierzig Mark. Show mit großem Vibrator: fünfzig Mark. Dildoshow anal oder Handmassage beim Kunden: sechzig Mark. Blasen: hundert Mark. Klar, eigentlich war Prostitution hier nicht erlaubt, aber wenn man hier schraubte und da drückte, konnte man die Blende vor dem Sprechloch der Glasscheibe zwischen Stripperin und Kunde entfernen. »Aber anschließend wieder ordentlich festschrauben, sonst kriegt der Chef Stress mit dem Ordnungsamt oder der Polizei – nicht dass uns der Laden wegen ›Förderung der Prostitution‹ dichtgemacht wird!«

Ich beschloss, es erst einmal bei den diversen Shows zu belassen, und kaufte mir vorn im Sexshop einen kleinen und einen großen Vibrator.

Ich liebte diesen Job vom ersten Tag an. Die Musik, den Tanz, die Verführung, die Anerkennung. Die Haremsatmosphäre. Die Augen des Pizzaboten, wenn wir in den Aufenthaltsraum liefern ließen. Die Gespräche mit den Kolleginnen aus aller Herren Länder, manchmal hochphilosophisch, manchmal mit Händen und Füßen und manchmal beides gleichzeitig. Mein erstes echtes

Thai-Essen und die Erkenntnis, dass mein Magen nicht für Gemüse aus scharfen Peperoni gemacht ist. Ich liebte Alexandra, die Ehrgeizige, die jeden Pfennig sparte für ihre Zukunft. Ich liebte Maria aus Brasilien, ehemalige Profitänzerin auf großen Bühnen, die mit Mitte fünfzig immer noch aus dem Stand in den Spagat springen konnte. Die mit ihrem Geld zu Hause ein privates Heim für Straßenkinder unterhielt und uns mit immer neuen Fotos ihrer Schützlinge versorgte. Ich liebte Rosi aus Nürnberg mit ihrem Dialekt und ihrem Hausfrauencharme, Nang, die einen Fetisch für überlange und quietschpink lackierte Zehennägel hatte und deshalb selbst im deutschen Winter grundsätzlich offene Plateausandaletten trug, und Jeanna, bei der ich zum ersten Mal in meinem Leben perfekte Silikonbrüste anfassen durfte. Bei Charlene, der Trans-Frau, die nicht nur jede Menge schrägen Humor, sondern dank großzügigen Prolaktin-Konsums auch in alle Richtungen Muttermilch verspritzte, musste man schon hart im Nehmen sein. Jessica, das Pornosternchen, liebte ich nicht so sehr, weil sie eine arrogante Zicke war. Außerdem war ich fassungslos, dass sie als Profi Anfang der Neunziger immer noch dachte, ein HIV-Test gäbe absolute Sicherheit auch bezüglich der Wochen direkt davor. Da sie sich ihre Finger auf der Bühne regelmäßig abwechselnd in Arsch und Möse steckte, war eine Tube Anti-Pilz-Creme ihr ständiger Begleiter. Aber hey, sie hatte einen großen Fanclub, immer ein paar ihrer Filme zum Verkauf dabei, und sie hat exzellent verdient. Vermutlich war sie auch deswegen nicht ganz so beliebt bei uns Normalsterblichen.

Ich liebte es, abends in meiner kleinen Studentenbude mein Geld zu zählen, wie nur Huren Geld zählen: Einfach alle zerknitterten Scheine aus dem Handtäschchen auf den Boden kippen und in passende Stapel sortieren. Und ja, natürlich liebte ich es auch, nur zwei, drei Tage im Monat arbeiten zu müssen, um mir meine bescheidenen Bedürfnisse und noch ein paar Extras leisten zu können. Es war doch ganz unglaublich! Drei Auslandssemester in Australien, um in Ruhe meine Diplomarbeit schreiben zu können? Na gut, dann arbeiten wir halt mal vier Wochen am Stück …

Ich lernte, auf High Heels zu laufen, während die Mädels sich totlachten, zog zum ersten Mal an einem Joint, gab irgendwann den Versuch auf, in diesem ewig gackernden Hühnerstall Physikbücher zu lesen, und hatte auf einer leise quietschenden Drehbühne vor Publikum den ersten Orgasmus meines Lebens ohne batteriebetriebene Hilfsmittel, allein kraft meiner Finger. Ein Hoch auf absichtloses Handeln! Ich glaube nicht, dass die Kundschaft je meine immer häufiger werdenden echten Höhepunkte von meinen zu Showzwecken gefakten unterscheiden konnte.

Nach und nach erweiterte ich mein Repertoire: erst Handjobs, dann Blowjobs. Letztere waren nur in einer der beiden beengten Solokabinen überhaupt möglich. Und da die Sprachöffnung, deren Abdeckung man zu diesem Zweck abschrauben musste, auf Kopfhöhe des Kunden lag, musste der auf einem Barhocker balancieren, um sein Gemächt zu mir herüberreichen zu können. Das Ganze nicht, ohne sich einmal pro Minute nach hinten unten zu beugen, um Kleingeld in den Automaten einzuwerfen, damit das Licht in der Kabine eingeschaltet blieb. Bis heute ist mir nicht so ganz klar, warum sich irgendeiner der Männer dieser entwürdigenden Zitterpartie aussetzte, wenn derselbe Service eine Parallelstraße weiter für die Hälfte des Preises in deutlich bequemerer Stellung zu haben war. Vielleicht, weil wir »Tänzerinnen« waren und sich die Kundschaft was drauf einbilden konnte, von einer Bühnenkünstlerin beglückt zu werden?

Ich lernte irrsinnig viel über menschliche Sexualität in diesen Jahren. Parallel zu meinem Job als Stripperin nahm ich über das neu entstandene Internet, Usenet und IRC Kontakt zur BDSM-Szene auf und besuchte meine ersten Szene-Partys. Und meine Offenheit für viele Facetten der Lust half mir natürlich auch beruflich. Auch wenn meine ersten Versuche in Richtung kommerzieller Dominanz ein wenig hilflos waren (»Hey, du musst jetzt aber schon machen, was ich sage, sonst funktioniert das hier nicht!«) und ich bei dem Menschen, der sich ein aufgetautes Tiefkühlhähnchen zum Durchvögeln mitgebracht hatte, zuerst ein bisschen grinsen musste, habe ich mich immer bemüht, auch ausgefallene Wünsche zu erfüllen. Sofern sie mit meinen selbst gesetzten Grenzen zu vereinbaren waren. Ich wollte mich beispielsweise nicht aktiv anfassen lassen – bis mir ein Kunde einmal 200 Mark bot, um meine Brüste streicheln zu dürfen. Das war unfassbar viel Geld für mich, und ich stellte fest, dass ich doch irgendwie käuflich bin. Er war zärtlich und respektvoll, und es war okay.

Mein schrägster Kunde zu dieser Zeit war ein Ingenieursstudent mit einem Riesenschwanz, der mich permanent aus meinem Elend retten wollte. Ich hab das damals erst überhaupt nicht verstanden – der kommt an jedem Tag vorbei, an dem ich arbeite, bezahlt mich dafür, dass er sich auf meine gespreizte Pussy einen runterholen darf, belabert mich währenddessen, doch mal privat mit ihm auszugehen. Und erklärt mir im gleichen Satz, wäre ich seine Freundin, dürfte ich so einen Dreck ja nicht mehr machen, und ich sei doch viel zu schade für so was. So viel inneren Widerspruch muss man erst mal aushalten können! Erst im Gespräch mit den Kolleginnen erfuhr ich, dass das kein seltenes Muster ist. Bis heute höre ich immer wieder mal solche Geschichten.

Mein persönliches Highlight mit diesem Vertreter der menschlichen Spezies war eines Abends sein Gejammer über eine schrecklich schwierige physikalische Hausaufgabe, die ich ihm nach kurzem Nachdenken mit einem Kajalstift auf einem Stück Küchenrolle in fünf Zeilen löste und durch das Sprechloch schob. Das erschütterte sein Weltbild von der hilflosen kleinen Nutte dermaßen, dass er fortan überhaupt nicht mehr wusste, wie er mich einordnen sollte – und als Mysterium wurde ich natürlich noch interessanter. Zum Glück studierte er an der FH und ich an der Uni, sodass wir einander nie privat über den Weg gelaufen sind.

Nach einigen Jahren als Springer in meiner kuscheligen Provinz-Peepshow und gelegentlichen Dienstreisen in andere Städte in den Semesterferien stand meine Diplomarbeit an. Ich wollte schon seit Längerem endlich Auslandserfahrung sammeln, also suchte ich mir ein interessantes Forschungsprojekt an einer australischen Universität und bearbeitete meinen hiesigen Prof und die australischen Kolleg_innen mit Engelszungen. Ich karrte einen gefühlten Umzugskarton an Papieren zusammen und tanzte ein paar Wochen durch, um Flug und Zusatzausgaben bezahlen zu können. Schließlich verbrachte ich knapp anderthalb Jahre in einem Land, in dem auf den Laternenmasten Pelikane sitzen wie hierzulande Tauben und wo sich nachts riesige Flughunde auf meiner Gartenpalme lautstark um die Palmfrüchte stritten.

Eine Arbeitserlaubnis für Australien hatte ich leider nicht – allerdings hielt mich das nicht davon ab, mich fortzubilden. Ich hatte in den vergangenen Jahren auch meine BDSM-Kenntnisse immer mehr erweitert, viele Workshops und Partys besucht, aber immer nur mit Partnern, Affären oder zumindest engeren Freunden gespielt. In Australien nahm ich Kontakt zu einem privaten SM-Verein mit Clubhaus und wöchentlichen Veranstaltungen auf. Nachdem ich mich dort eingelebt hatte und sicher fühlte, fing ich an, systematisch meine Grenzen auszutesten und mit so ziemlich jedem alles zu machen, worauf wir beide gerade Lust hatten. Im Clubhaus verkehrten auch mehrere Profidominas, die ich mit Fragen löcherte und deren Arbeitsstätten ich mir anschauen durfte.

Da ich nach ein paar Monaten immer noch nicht die Nase voll hatte und allmählich meine Rückreise anstand, begann ich, SM-Studios in Deutschland zu recherchieren. Meinen Wohnsitz in Deutschland hatte ich aufgegeben und meine Sachen eingelagert, daher war ich vollständig flexibel für einen Neuanfang. Und zunächst hatte ich sowieso vor, erst einmal für ein halbes Jahr Sexarbeit auszuprobieren und dann weiterzusehen. Die Physik fand ich ja auch immer noch spannend. Schließlich fiel die Wahl auf

Hamburg, das ich bisher nur von der Durchreise Richtung Nordsee kannte. Aber wo anschaffen gehen, wenn nicht dort? Außerdem gab es in Hamburg eine aktive SM-Szene, die ich inzwischen nicht mehr missen wollte. Die Website eines bestimmten Studios gefiel mir besonders gut – kein Geblubber von wegen »Drücke den ›Enter‹-Button in Demut, Sklave!«, sondern eine freundliche Kundenansprache auf Augenhöhe mit Auflistung von Anbieterinnen und Service. So hatte ich mir das vorgestellt, und dort rief ich an, nachdem ich in Hamburg in meiner provisorischen Unterkunft angekommen war. Wir verabredeten einen Termin.

Das »Studio« war eine Villa, zwei Stockwerke plus ausgebautem Keller. Acht wunderschöne Arbeitszimmer, zwei Bäder, eine riesige Wohnküche und ein Garten, alles sehr sauber und gepflegt. Ich kam mir vor wie im Schlaraffenland. Zwei sympathische Betreiberinnen, selbst aktive Dominas, begrüßten mich. Es gab in dem riesigen Haus zu diesem Zeitpunkt nur eine Mieterin, eine weitere Frau war also hochwillkommen. Ich wollte als »Sklavin« – also submissive beziehungsweise passive Rollenspielerin – einsteigen; das erschien mir für den Anfang am einfachsten. Hundert Mark Tagesmiete fand ich bei einem Stundenpreis von fünfhundert Mark für passive Dienste in Ordnung. Mir wurde erklärt, dass ich zuerst einen Werbetext entwerfen und auf einen Anrufbeantworter aufsprechen sollte – mit dieser Nummer wurde dann in der Tagespresse annonciert, und erst auf diesem Wege erfuhren die Interessenten neben Service und Adresse auch meine persönliche Mobiltelefonnummer. Ein Segen, wie ich später feststellte, denn diese ABs wurden pausenlos abgerufen. Ebenso pausenlos klingelten die Handys der bedauernswerten Kolleginnen, die gleich ihre direkte Durchwahl in die Zeitung setzten. »Wie siehst du aus, und was machst du alles?« Zwanzig, dreißig Mal am Tag. Um Himmels willen!

Ich schrieb also einen Text und las ihn der Maschine zig Mal verführerisch vor, bis mir das Ergebnis gefiel (ich kann ihn heute noch auswendig), kaufte mir neue Klamotten und mein erstes

Mobiltelefon. Die beiden Chefinnen waren zufrieden – ich hatte bereits jahrelange Erfahrung als Sexarbeiterin, ich hatte Ahnung von SM, der Rest sollte Feinschliff sein und Learning by Doing.

Die ersten zwei Wochen waren in der Tat eine steile Lernerfahrung, vor allem in Sachen Grenzziehung. Ich habe es auch später immer wieder erlebt, wenn ich irgendwo neu war, aber nie so krass wie in dieser ersten Zeit im SM-Studio als Passive: Frischfleisch zieht Hyänen an. Ich hatte die übergriffigsten und anstrengendsten Kunden, die man sich vorstellen kann. Leute, die eigene Unsicherheiten mit dominantem Gehabe zu überspielen versuchten. Männer, die Rollenspiel und Realität nicht trennen konnten. Und Idioten ohne jede Sozialkompetenz, die andere Sexworker schon längst hatten abblitzen lassen und die es daher nur noch bei unerfahrenen Anfängerinnen versuchten. Einer erklärte mir mitten im Vorgespräch, er nehme seine dominante Rolle so ernst, dass dies nun der letzte Satz gewesen sei, in dem ich ihn straflos habe duzen dürfen. Ein anderer verbrannte mich trotz mehrfacher Warnung mit einer nachglühenden Wunderkerze und hinterließ eine Narbe auf meinem Bauch, die noch fast ein Jahr lang zu sehen war. Ein spontan klingelnder Interessent war der Meinung, wenn nun keine von uns Zeit für eine Session mit ihm habe, sei es doch wohl das Mindeste, dass er mich zur Entschädigung mal kurz kostenlos oben ohne sehen dürfe. Ein Gast wollte mich unbedingt intim rasieren, merkte dann aber, dass das nicht in fünf Minuten erledigt war, wurde hektisch und verletzte mich mit der Rasierklinge. Einer überrumpelte mich mit einem Zungenkuss, schneller als ich Nein sagen konnte, und fragte mich dann, was ich denn für eine sei und ob ich mit jedem rumknutschen würde. Ich kannte die Gepflogenheiten im kommerziellen SM nicht, hab mich überfahren und zu Dingen drängen lassen, für die ich einen Kunden heute wahlweise herzlich auslachen oder vor die Tür setzen würde. So sehr ich meinen Beruf in seiner Gesamtheit mag, ich will auch nichts schönreden: Diese zwei Wochen habe ich fast jeden Abend zu Hause erst mal eine Runde geheult, bevor ich mein Geld zählen konnte.

Aus solchen Erlebnissen kann man nun verschiedene Schlüsse ziehen: Zum Beispiel, wie wichtig es ist, dass Sexworker legal in Zusammenschlüssen und gemeinsamen Infrastrukturen arbeiten können, um gegenseitige Supervision zu ermöglichen. Oder wie sinnvoll Aus- und Weiterbildungen und das flächendeckende Angebot einer fundierten, bedarfsgerechten (und freiwilligen!) Einstiegsberatung wären, auch bei einer Umorientierung in ein anderes Sexarbeitssegment. Dass sich gute Betreiber_innen nicht nur dadurch auszeichnen, dass sie ihre Mieter_innen nicht finanziell ausbeuten, sondern auch dadurch, dass sie hinter ihnen stehen und sie darin bestärken, Grenzen zu setzen und ihre Integrität zu wahren, auch wenn das Geld noch so sehr lockt.

Darin waren mir meine damaligen Vermieterinnen leider nicht immer ein Vorbild. Ich hatte auch bei ihnen den Eindruck, dass sie einige ungesunde Geschäftsbeziehungen pflegten. Ich erinnere mich zum Beispiel, dass eine der Ladys einem Stammgast die Illusion einer Liebesbeziehung in einem Ausmaß verkaufte, das mich fassungslos machte. Irgendwann stellte sie ihn sogar ihren Eltern vor. Das brachte ihr einen Mercedes ein – glücklich schien es sie aber nicht zu machen. Und natürlich endete das Ganze in einem Desaster: Sie fühlte sich emotional ausgesaugt, er fühlte sich betrogen. Und sein Auto nahm er wieder mit, denn es hatte nie einen offiziellen Vertrag darüber gegeben.

Ich persönlich wollte von Anfang an immer einen eindeutigen Deal: Meine Zeit und Aufmerksamkeit gegen ein Honorar. Damit werde ich nicht reich, aber dafür kann ich nachts gut schlafen. Bald lernte ich auch den Wert meiner Dienstleistung besser einzuschätzen, und das Machtverhältnis zwischen meinen Kunden und mir normalisierte sich. Ich wurde selbstbewusster und ließ mir weniger bieten. Ich fing an, diejenigen Kunden konsequent abzulehnen, die mit ihrer SM-Neigung nicht im Reinen waren, bei denen ich jedes Mal nach der Session das Gefühl hatte, sie hätten mit ihrem Selbstekel einen Eimer Gülle über uns beide ausgekippt. Ich wurde klarer in meinem Marketing und in meinen Infogesprächen mit neuen Interessenten und fing an, gesunde, normale Perverse anzuziehen, die mir auf Augenhöhe begegneten. Im Spiel konnte er dann wieder problemlos zum Chef werden – und ich zur Privatsekretärin auf Jobsuche, die zu allem bereit war, um die Stelle zu bekommen. Es gibt einen Unterschied zwischen »Augen zu und durch« und »eine sexuelle Dienstleistung erbringen«. Ich muss es wissen. Ich habe beides erlebt.

Gar nicht so viel später kam ich wie die Jungfrau zum Kind zu einem eigenen Domizil. Als die Gattin unseres Hauseigentümers irgendwann erfuhr, dass der werte Herr Gemahl sich von den beiden Chefinnen die Miete teilweise in Naturalien hatte bezahlen lassen, mussten wir ausziehen, und zwar ganz, ganz schnell. Die eine Kollegin hatte zu diesem Zeitpunkt ohnehin die Nase voll vom Sexgeschäft, die andere hatte eine weitere Ausbildung angefangen und wollte ebenfalls kürzertreten. Ich ließ mich breitschlagen, den Mietvertrag für das neue Objekt zu unterschreiben. Übernahm Möbel und Spielzeuge, kratzte mein Erspartes zusammen und renovierte, sägte und bastelte ein paar Wochen lang mit Kolleginnen und Freund_innen wie eine Geisteskranke. Da ich mir einen kompletten Verdienstausfall nicht leisten konnte, arbeitete ich nebenbei in einem kleinen Wohnungsbordell um die Ecke: Das Telefon klingelt, raus aus dem Overall, schnell unter die Dusche, Haare kämmen und Turboschminken, über die Straße, eine Runde vögeln, wieder umziehen und weiter Wände streichen. Das war … nun, sagen wir: anstrengend.

Aber auch diese Erfahrung bot wieder Einblicke in neue Arbeitsphilosophien: Die Betreiberin der Dreieinhalb-Zimmer-Wohnung mit Bad im Treppenhaus war völlig wahllos, was ihre

Mieterinnen anging, von denen mindestens eine sowohl die Chefin als auch die Kunden beklaute, wann immer sie Gelegenheit dazu hatte. Eine andere war psychisch so labil, dass sie meiner Ansicht nach für ihren Job völlig ungeeignet war. Nach mehreren hochdramatischen Nervenzusammenbrüchen kam sie dann auch irgendwann nicht mehr wieder. Und dazwischen sprang munter der Nuttenwolf der Hausherrin umher, ein ständig kläffender Papillon, der die Gäste zum Stolpern brachte und mich in den Wahnsinn trieb. Dort habe ich viel darüber gelernt, was ich nicht wollte: Zum Beispiel Haustiere im Gästebereich zu dulden. Oder mich von den Mietzahlungen von Kolleg_innen abhängig zu machen. Sowohl das Studio, das ich damals eröffnete, als auch meine spätere Location waren so dimensioniert, dass ich sie problemlos alleine tragen konnte und die Anmietungen durch Kolleg_innen lediglich ein angenehmer Nebenverdienst waren. Ich will genauso wählerisch bezüglich meiner Untermieter_innen sein können wie mit meinen Kund_innen. Das Konzept hat sich bewährt.

## »Aber warum machen Sie das denn bloß?«

Diese Frage stellte mir meine distinguierte Gesprächspartnerin im Café an der Alster am Ende unseres gemeinsamen Interviews. Solche Fragen höre ich immer mal wieder. Von Kunden, die eine »echt veranlagte« Gespielin wünschen (da hört sich das dann eher nach »Macht dich das auch wirklich geil?« an), oder von besorgten Zivilist_innen bei Infoveranstaltungen und Podiumsdiskussionen, die mich fragen, ob man bei so einem Job überhaupt noch Spaß am Sex haben kann.

Ich habe eine tief verwurzelte sadomasochistische Veranlagung und hatte BDSM und Fetische, meine eigenen und die meiner Partner_innen, bereits über zehn Jahre im Privaten ausgelebt, bevor ich meine Leidenschaft zum Beruf machte. Ähnliches gilt für meine promiske Ader, also die Lust daran, mit verschiedenen, auch fremden Menschen Sex zu haben. Zu meiner Studentenzeit, auch noch während meines Peepshow-Jobs, war mein zweites Wohnzimmer ein Swingerclub in der Nähe meines Wohnortes. Mit dem überzeugenden Argument, dass wir bei den damaligen Eintrittspreisen für junge Pärchen als arme Studenten damit billiger als in einem Restaurant wegkommen würden, landeten meine Begleitung und ich dort regelmäßig mit dem Vorsatz »nur das Buffet und die Sauna zu nutzen«. Nicht, dass es auch nur ein einziges Mal dabei geblieben wäre ... aber ich schweife ab.

Ich mag meinen Beruf, den ich freiwillig, wohlüberlegt und im Wissen um ebenfalls spannende und lukrative Alternativen gewählt habe. Daran hat sich auch nach vielen Jahren in diesem Gewerbe nichts geändert. Mich befriedigen die Sessions mit meinen Gästen. Diese Befriedigung kann unterschiedlicher Natur sein: emotional, intellektuell oder körperlich. Und meist kommen mehrere Aspekte zusammen. Manchmal finde ich tiefe Befriedigung darin, mein inneres sadistisch-dominantes Tier von der Leine lassen zu können: ein Rausch, in dem die Welt genau so funktioniert, wie ich das will. Manchmal ist es meine eigene Kontrollabgabe, die mich kickt: die Entspannung und Hingabe in einer erotisch-sanften passiven Session mit einem Aktiven, der meinen Körper spielt wie ein Musikinstrument. Oder das Anfluten der Endorphine bei einer heftigen Flagellation, die Hitze und die Druckwellen in meinem Becken. Und Sex im engeren Sinne mag ich sowieso, mit einem oder mit mehreren Menschen gleichzeitig.

Sowohl aktive als auch passive Sessions als auch zarter Blümchensex *können* bei mir körperliche Erregung auslösen, aber das muss nicht notwendigerweise so sein. Und nicht jedem diesbezüglichen Impuls gebe ich innerhalb der Session nach – manchmal passt es einfach nicht in den Spielfluss. Wenn ich mich zwischen meinem eigenen Spannungsbogen und dem meines Gastes entscheiden muss, bin ich natürlich Dienstleisterin. Aber gelegentlich habe ich auch Orgasmen unter Mitwirkung eines Gastes, durchaus.

Die intellektuelle Befriedigung besteht darin, ein bestimmtes Szenario auf den Punkt umgesetzt, einen ausschlaggebenden Trigger meines Spielpartners gefunden oder eine komplizierte Technik elegant angewandt zu haben. Man kann diesen Aspekt auch schlicht »befriedigte Eitelkeit« nennen. Ich mache den Job, weil ich's kann, und zwar gut und erfolgreich.

Emotional befriedigt es mich, einem Menschen ein schönes Erlebnis beschert zu haben. Ich liebe leuchtende Augen, Atemlosigkeit, das Lächeln meines Gegenübers beim langsamen Aufwachen aus seiner Trance. Selbst wenn eine Session inhaltlich nicht die Erfüllung meiner persönlichen Leidenschaften war, was zweifellos vorkommt, zählt für mich, zum Glück eines Menschen beigetragen zu haben, der sich mir anvertraut hat. Und das ist wirklich unbeschreiblich schön.

Natürlich befriedigt es mich auch, aus einer persönlichen Leidenschaft meinen Lebensunterhalt bestreiten zu können. Und ja, ich habe auch privat noch Sex, vielen Dank der besorgten Nachfrage. In meinem eigenen Interesse achte ich darauf, die Anzahl meiner kommerziellen Kontakte auf ein Maß zu begrenzen, das mich quantitativ nicht überfordert. Ich muss nicht reich sein, um mein Leben zu genießen. Lieber habe ich Zeit für weitere, oft brotlose Projekte, für Hobbys und Familie.

## (K)ein Job wie jeder andere – mein Alltag als Sexarbeiterin

Wie sieht heute mein typischer Arbeitstag aus? Die meiste Zeit bin ich in meinen eigenen Räumlichkeiten nach Terminvereinbarung tätig. Das heißt, dass meine Gäste sich anmelden, meistens per E-Mail, manchmal telefonisch, meist Tage oder Wochen, gelegentlich auch schon Monate im voraus. Ich weiß vorab, wann ich wie lange beschäftigt sein werde und um welche Art von Begegnung es sich handelt. Das macht meine Zeit gut planbar, erfordert aber natürlich auch zusätzlichen Aufwand für die Terminkoordination. Einem Treffen gehen in der Regel mehrere E-Mails voraus, gelegentlich sehr umfangreiche Texte, gerade bei neuen Interessenten.

Da ich ein schrecklicher Morgenmuffel bin, sieht mich die Welt selten vor neun Uhr, falls vormittags keine Einkäufe, Politik-Veranstaltungen, Sportkurse oder sonstige Erledigungen anstehen. Bei einer Tasse Tee sichte ich zuerst meine Mails und beantworte den ersten Schwung. Irgendwann zwischen zehn und elf fühle ich mich dann meistens schon echten Gesprächen gewachsen und schalte mein Telefon ein. Je nachdem, wie viele Anrufe ich bekomme und wann ich den ersten Termin habe, wird es im Bad hektisch und ich telefoniere auch schon mal mit der Zahnbürste in der anderen Hand.

Normalerweise arbeite ich montags bis freitags am Nachmittag. Insgesamt ergibt das eine Handvoll Termine pro Woche, selten treffe ich mehr als zwei Gäste an einem Tag. Die Anfragen versuche ich so zu bündeln, dass mir mindestens ein reiner Bürotag pro Woche bleibt: für unterbrechungsfreie Website-Updates, längere E-Mails, Buchhaltung oder Bloggen. Und spätestens alle zwei Wochen brauche ich zusätzlich einen Tag für längere Kosmetik-Rituale. Ich bin schon privat ziemlich eitel, und spätestens in Vorbereitung auf Kundentermine übersteigt das Ausmaß meines Aufwandes für Äußerlichkeiten dann doch das der meisten Frauen, deren beruflicher Schwerpunkt nicht in einer Selbstinszenierung besteht.

Gelegentlich sind meine Termine halbstündige Quickies, in der Regel dauern sie aber mindestens ein bis zwei Stunden, oft auch länger. Zusätzlich zur gebuchten Zeit braucht der Gast meist eine gute halbe Stunde für ein Vorgespräch und eine Dusche vor und nach dem Spiel. Je nach Ausmaß der Materialschlacht reinige und desinfiziere ich Werkzeug, Spezialmöbel und Liegeflächen, beziehe das Bett neu, wische das Badezimmer, dusche selbst und ziehe mich um, bevor ich wieder einsatzfähig bin. Für Escorttermine ist Koffer packen angesagt, um alle möglicherweise notwendigen Spielzeuge und Outfits dabeizuhaben. Dazu die Organisation von An- und Abreise sowie Covermaßnahmen zu meiner Sicherheit. Wenn man bedenkt, wie viel Zeit für das »Drumherum« einer Buchung draufgeht, ist eine BDSM-Dienstleistung gar nicht mehr so hochpreisig im Vergleich zu einem Apartment mit Laufkundschaft, bei dem das Vorgespräch aus »Anal und Zungenküsse kosten extra« besteht, der Gast vor der Tat einmal kurz die Hände und das Gemächt unter den Wasserhahn hält und nach der Aktion oft nur das Handtuch auf dem Bett zu wechseln ist. Feierabend mache ich, von gelegentlichen Dinner-Begleitungen abgesehen, meist gegen achtzehn Uhr. Am Wochenende arbeite ich gar nicht. Das ermöglicht mir eine entspannte Teilhabe am sozialen Leben mit Freunden und Familie.

Eine Frage, die mir in Vorträgen und Workshops immer wieder gestellt wird, ist die nach meinem Privatleben. Verträgt sich Sexarbeit mit einer Partnerschaft, mit Kindern? Habe ich abends überhaupt noch Lust auf unbezahlten Sex?

Grundsätzlich schließen Sexarbeit und ein intaktes Beziehungs- und Familienleben einander nicht aus. Viele Kolleg_innen sind privat monogam und sehen ihren Job nicht als Teil ihrer eigenen Sexualität. Andere leben in offenen Beziehungen oder polyamoren Strukturen. Einige von uns können die Sexarbeit gar nicht mit einer Liebesbeziehung vereinbaren und arbeiten nur in Phasen, in denen sie Single sind. Und manche führen ein Doppelleben, bei dem nicht einmal der eigene Partner von der Sexarbeit weiß.

Ich selbst bin auch in meinem Privatleben nicht monogam und kann mir schon sehr lange keine Partnerschaften mehr mit Menschen vorstellen, die damit ein Problem haben. Mein Job ist für mich und mein Umfeld so alltäglich, so selbstverständlich, dass ich im selben Plauderton von einer schönen Studiosession erzähle wie mein Gegenüber von einem erfolgreichen Projekt im Büro. Und meine größtenteils sehr entspannte Work-Life-Balance behindert mein privates Sexleben weitaus weniger als manchen Angestellten der stressige Vollzeitjob mit regelmäßigen Überstunden.

Grundsätzlich kann man als Sexdienstleisterin zu jeder Tages- und Nachtzeit beschäftigt sein, Bedarf gibt es immer. Tagsüber sind die Kunden häufiger Geschäftsreisende, Selbstständige, Touristen oder diejenigen, die sich für ein ausführliches Erlebnis auch schon mal einen halben oder ganzen Tag Urlaub nehmen. Abends sind eher einsame Singles auf der Suche nach erotischer Unterhaltung, am Wochenende je nach Einsatzort auch das typische Club- und Party-Publikum.

Gelegentlich bewege ich mich außerhalb meiner Studio-Routine: Escorttreffen in gehobenen Restaurants, lange Nächte in luxuriösen Hotels. Flatrate-Partys in Suiten oder Swingerclubs. Ausflüge in Pornokinos, sommerliche Outdoor-Spiele im Wald, Telefonsex und Webcam-Sessions, Aufnahmen von Audiodateien mit erotischer Hypnose. Working Holidays in Terminwohnungen, im Laufhaus oder bei befreundeten Kolleginnen. Wenn ich zum Arbeiten in eine andere Stadt oder gar in ein anderes Land fahre, verlasse ich den Puff übrigens auch nur, wenn's unbedingt sein muss, arbeite lange Schichten und schlafe in meinem Arbeitszimmer, wie die meisten anderen Pendelmigrant_innen auch. Es ist eine absolut sinnvolle wirtschaftliche Entscheidung, möglichst viel meiner Zeit in der Ferne zum Arbeiten zu nutzen, um später meine Freizeit ebenso ausführlich dort verbringen zu können, wo mein Lebensmittelpunkt liegt.

Viele der genannten Arbeitsweisen, vor allem das unkomplizierte kollegiale Netzwerken und auch die Geld sparende Übernachtung in der Arbeitswohnung, sind nach dem Willen des Gesetzgebers übrigens nun nicht mehr legal möglich.

Neulich wollte mich eine Kollegin vom Straßenstrich im Hamburger Stadtteil Sankt Georg unbedingt zur Zusammenarbeit bewegen, aber das war mir wegen des Sperrbezirks zu heikel. Wir sprachen über Geld, und sie meinte, ich sei schön blöd mit meinem lächerlichen Umsatz – selbst die Bußgelder mit eingerechnet könnte ich auf ihre Weise deutlich mehr verdienen. Den Arbeitsplatz Straße kenne ich bisher nur von Gesprächen mit Kolleginnen und täglich als Passantin auf meinem Weg durch Sankt Georg. Mal sehen, vielleicht nehme ich das Angebot irgendwann doch noch an, allein aus Neugier.

Das ist meine Motivation: ein Teil Work-Life-Balance, ein Teil Selbstverwirklichung. Ich kenne viele Kolleg_innen, die ähnlich motiviert sind. Und einige, die lieber etwas anderes machen würden, wenn es dieselben Vorteile für sie hätte: zum Beispiel freie Zeiteinteilung und relativ gutes Geld ohne teure oder langwierige Ausbildung. Und weniger Nachteile wie die gesellschaftliche Stigmatisierung. Ich kenne auch ein paar, die den Job hassen, aber aus verschiedenen Gründen keine andere Möglichkeit sehen, und die seit Jahren den Absprung nicht schaffen. Da sich gleich und gleich gern gesellt, möchte ich nicht behaupten, dass die rund tausend Kolleg_innen, die ich in den letzten zwanzig Jahren kennengelernt habe und die mit ihrem Beruf überwiegend zufrieden bis glücklich waren, belastbar repräsentativ sind. Aber die große Ausnahme sind wir ganz sicher auch nicht.

## Die Reaktionen der anderen

Der Schritt in die Öffentlichkeit als Sexworker war insofern recht einfach für mich, als dass dieser mit meinem Umzug nach Hamburg zusammenfiel. Zuvor war ich offiziell Studentin, und Student_innen fragt selten jemand nach ihren Nebenjobs. So hatte ich von meiner Karriere als Stripperin nur denjenigen meiner Freund_innen erzählt, die es vertragen konnten. Nur eine langjährige Beziehung ist letztendlich an meiner Freiheitsliebe, auch in Bezug auf meinen Job, gescheitert.

In Hamburg baute ich mir einen neuen Freundeskreis mit Leuten auf, die mich von Anfang an als Sexarbeiterin kennenlernten. Da gab es keine Reibungspunkte, zumindest keine, die ich mitbekommen hätte. Bis heute finde ich es erstaunlich, wie entspannt Menschen mit dem Thema umgehen, die mich aus anderem Kontext kennen – ich weiß zwar nicht, was möglicherweise hinter meinem Rücken getuschelt wird, aber die Reaktionen mir gegenüber reichen von »Aha, das ist ja mal was anderes« bis zu stundenlangem Löchern nach Details. Empört den Raum verlassen ob der Präsenz einer Hure hat bisher noch keiner.

Alles in allem ist die ganze Angelegenheit für mich bisher erstaunlich glatt gelaufen. Die Gründe dafür sehe ich in einer gewissen Selbstverständlichkeit, die Dinge zu tun, die ich für richtig halte. Diese Entscheidungen auch gelassen nach außen zu vertreten und darüber zu sprechen. Zudem in einer guten Wahl in Bezug auf die Menschen, die ich in mein Leben lasse. Und sicherlich auch mit etwas Glück, das ja bekanntermaßen gern mit den Mutigen ist.

Andere Kolleg_innen hatten und haben es diesbezüglich weniger leicht. Von Erpressungsversuchen, Zwangsoutings, Mobbing im oder Entlassung aus dem Hauptjob, Eier werfenden Nachbarn, Familiendramen und Enterbungen wurde mir schon berichtet. Ich habe auch von massiven Problemen gehört, einen Vermieter (für eine nicht geschäftlich genutzte Privatwohnung!) zu finden oder mit der korrekten Berufsbezeichnung ein Geschäftskonto bei einer ländlichen Sparkasse zu eröffnen. Auch wenn die meisten Bundesbürger_innen laut diverser Umfragen wohl inzwischen der Meinung sind, man solle uns doch in Ruhe arbeiten lassen, ist es doch oft noch etwas anderes, wenn die Nachbarin, die Kollegin oder gar die eigene Tochter »so was« macht.

Und Gewalt, die gibt es auch. Damit meine ich nicht nur Gewalt durch Straftäter, die sich durch das gesellschaftliche Unwerturteil legitimiert fühlen, Sexdienstleister_innen kriminell auszubeuten, zu nötigen, zu vergewaltigen und zu verletzen. Ich meine auch die staatliche Gewalt, die uns noch immer und jetzt sogar noch zunehmend durch zahlreiche Sonderparagrafen außerhalb der »normalen« Gesellschaft stellt. Diese Phänomene kann man nicht getrennt betrachten, denn sie bedingen einander. Was wir brauchen, ist nicht Entmündigung und Diskriminierung unter dem Vorwand des »Schutzes«, sondern schlicht eine rechtliche Gleichstellung mit anderen Berufen. Dieser Schritt ist absolut notwendig, damit es in unserer Branche zu mehr Normalität kommen kann.

# Huren-Politik

2002 kam das Prostitutionsgesetz. Wie so ziemlich alle anderen Kolleg_innen, die ich kannte, hatte ich damals keine Ahnung, was da drin stand und wozu es gut sein sollte. Wir wussten nur, dass unser Job jetzt irgendwie anerkannter und offizieller war, und darüber freuten wir uns. Auch die Fachberatungsstellen, die ich deswegen kontaktierte, wussten nicht, welche praktischen Auswirkungen das neue Gesetz haben würde, und ob wir nun irgendwas ändern mussten oder konnten. Und da bisher ja alles einigermaßen funktioniert hatte, blieb außer einem diffus guten Gefühl für die nächsten Jahre erst mal alles beim Alten.

Eigentlich bin ich kein sonderlich politischer Mensch. Ich bin immer wählen gegangen, davon abgesehen ging mein Engagement allerdings gegen Null. Ich hab mich über manche Dinge aufgeregt, aber nicht genug, um etwas dagegen zu tun. Bis ich die Schlinge um meinen eigenen Hals nicht mehr ignorieren konnte. Es dürfte Anfang 2012 gewesen sein. Die Stimmen in Presse und Politik wurden immer lauter: »Das Prostitutionsgesetz ist gescheitert!« – »Der Staat fördert Ausbeutung und Menschenhandel!« – »Für ein Europa ohne Prostitution!«

Ich war erschüttert. Wo kam das denn jetzt plötzlich her? Man wollte uns … was? Helfen? Indem man uns bevormundet, uns die Lebensgrundlage entzieht? Weil angeblich niemand sich freiwillig prostituiert und wir deswegen alle befreit werden müssen? Kann das wahr sein?

Zu diesem Zeitpunkt hatte ich über fünfzehn Jahre Sexwork hinter mir, eine große Zahl an Kolleg_innen von allen Kontinenten kennengelernt und die abenteuerlichsten Lebensgeschichten gehört. Aber eine »Zwangsprostituierte« war mir noch nie über den Weg gelaufen. Manche Kolleginnen hatten in der Vergangenheit Gewalterfahrungen gemacht, die meisten nicht. Manche erzählten von anderen, die so was wie einen Manager hatten, mit dem sie sich mal einig waren und mal nicht. Ich fragte mich, von welchem Paralleluniversum die Leute im Fernsehen redeten, in dem offenbar standardmäßig Frauen in Kellern angekettet und gegen Zahlung an ihre Zuhälter massenvergewaltigt wurden. Ich fing an, mich mit dem Thema zu beschäftigen: Paragrafen zu studieren, Urteile zu lesen. Einen Menschenhandelsprozess habe ich über alle Sitzungen hinweg als Zuschauerin begleitet: ein komplexes Drama aus einvernehmlicher Sexarbeit, einem Versuch der Einflussnahme auf Arbeitsweise und -dauer, dysfunktionaler Liebesbeziehung und schließlich eskalierender häuslicher Gewalt. Im Kofferraum über die Grenze geschmuggelt wurde da übrigens niemand – die Protagonisten waren zwar allesamt nicht in Deutschland geboren, hatten sich aber erst hier kennengelernt, während die Betroffene bereits in der Sexarbeit tätig war. Dass Erpressung und körperliche Gewalt strafbar sein müssen, ist doch selbstverständlich. Warum aber so was »Menschenhandel« heißt, ein Begriff, der in den Köpfen der Leute ein Bild von »Verkauf in die Sklaverei« auslöst, konnte ich nicht verstehen. So richtig viel hatte das Wort mit den darunter zusammengefassten Delikten jedenfalls nicht zu tun.

Ich wurde aktiver in den internationalen Sexworker-Foren, fing an, politische Veranstaltungen zum Thema Sexarbeit zu besuchen, und wurde regelmäßige Teilnehmerin des Ratschlag Prostitution Hamburg.[2] Der Ratschlag ist ein Zusammenschluss von Hamburger Sexworkern, Fachberatungsstellen, Verbänden und Wissenschaftler_innen, die sich alle mit dem Thema Sexarbeit beschäftigen. Wir treffen uns meist monatlich, tauschen uns aus und koordinieren gemeinsame Aktionen, Projekte und Veranstaltungen. Die Arbeitstreffen finden wechselnd in den verschiedenen Einrichtungen statt, manchmal auch in einem Aufenthaltsraum im Bordell. So lernte ich die Menschen kennen, deren Beiträge bei Podiumsdiskussionen und in Fernsehreportagen zuvor immer wieder ein Hoffnungsschimmer im öffentlichen Sexwork-Diskurs für mich gewesen waren. Auch über Hamburg hinaus fing ich an, stärker zu netzwerken, mich mit erfahrenen Aktivist_innen auszutauschen und den Kontakt zur Politik zu suchen.

Was informell gar nicht so schwierig, offiziell aber höchst problematisch war. »Sobald einer von uns für euch eintritt, heißt es: Der geht doch bloß selbst in den Puff. Ihr müsst unbedingt eure eigene Lobbyarbeit machen!«, erklärte uns ein wohlwollender Bundespolitiker in einem persönlichen Gespräch.

Schließlich kam Johanna Weber, damals eine meiner Studiokolleginnen, von einer Fachtagung zurück, voller Feuer und mit der irren Idee, einen bundesweiten Sexworker-Zusammenschluss zu gründen, um unser Engagement zu bündeln und Aufklärungsarbeit zu leisten. Ich war verhalten begeistert – das klang nach Arbeit, aber schien leider auch bitter nötig. Im Laufe der folgenden Monate wuchs die Idee. Wir nutzten unsere vorhandenen Netzwerke, um Mitstreiter_innen zu finden, und waren ganz erstaunt, wie viele genauso besorgt waren wie wir und sich nicht lange bitten ließen. Ich traf auf erfahrene Vorreiterinnen, Frauen der ersten und zweiten Welle der Hurenbewegung in den Achtzigern und Neunzigern, deren Bücher ich gelesen hatte. Wir fanden Unterstützung in Beratungsstellen, Gewerkschaften, Parteien – manchmal von überraschender Seite. Es gab ein erstes Vorbereitungstreffen in Frankfurt im Frühjahr 2013 mit über fünfzig Kolleginnen und Kollegen, mehr als ein ganzes Großbordell zusammen. Und so gründeten Sexarbeiterinnen und Sexarbeiter aus dem ganzen Bundesgebiet – Escorts, Tantramasseurinnen und -masseure, Straßenstrich-Frauen, Wohnungs- und Bordell-Dienstleister, Dominas, Stricher und Callboys – nach gut einem halben Jahr intensiver Vorbereitung im Oktober 2013 den »Berufsverband erotische und sexuelle Dienstleistungen« e.V.[3] (in Folge kurz: BesD).

»Der bundesweite Verband verfolgt das Ziel, die Arbeits- und Lebensbedingungen von Sexarbeiterinnen und Sexarbeitern zu verbessern. Er möchte über die unterschiedlichen Aspekte von Prostitution informieren und gegenüber Politik, Medien und Öffentlichkeit ein realistisches Bild der Sexarbeit vermitteln. Damit will er der Diskriminierung und Kriminalisierung von Menschen in der Sexarbeit entgegenwirken.« So unsere Intention aus der Satzung.

Das Timing war perfekt: Zwei Wochen später veröffentlichte die Zeitschrift EMMA ihren »Appell gegen Prostitution« als neuen Höhepunkt der Hassreden gegen uns. Ja, richtig: »Hass«. Denn es ging bei dieser Kampagne ganz im Gegensatz zu dem Eindruck, den sie erwecken wollte, ausdrücklich nicht um das Verhindern von Ausbeutung und Gewalt. Beides ist ja bereits verboten! Jedes über Straftaten hinausgehende Verbot der Sexarbeit betrifft ausschließlich den einvernehmlichen Teil, und selbstverständlich wehren wir uns entschieden dagegen, entmündigt und zwangsgerettet zu werden. Johanna Weber und Carmen Amicitiae, Gründungsmitglieder des BesD, lancierten zusammen mit Sonja Dolinsek, der Herausgeberin des Online-Magazins *menschenhandel heute* umgehend einen »Appell für Prostitution – für die Stärkung der Rechte und für die Verbesserung der Lebens- und Arbeitsbedingungen von Menschen in der Sexarbeit«[4]. Dieser wurde innerhalb kürzester Zeit über zweitausend Mal unterzeichnet, von Organisationen gegen Menschenhandel, Bundespolitiker_innen, Wissenschaftler_innen, Ärzt_innen, Sozialarbeiter_innen, Fachberatungsstellen und natürlich von zahlreichen Sexworkern aus ganz Deutschland.

## Medienrummel – durchaus erwünscht

Berlin im November 2013, Veranstaltungszentrum Urania. Alice Schwarzer moderiert ein Gespräch zwischen Sexarbeitsgegner_innen. Die angekündigte Diskussion sollte »die Vielfalt an Blickwinkeln auf das Thema« widerspiegeln. Doch Frau Schwarzer leitet die Veranstaltung etwas anders ein: »Hier oben sitzt, wer Prostitution generell für ein Übel hält.«

Rund fünfzig Sexarbeiter_innen verschiedener Nationalitäten sowie Unterstützer_innen aus Fachberatungsstellen, Gesundheitsämtern und der Deutschen AIDS-Hilfe beteiligen sich an der Diskussion im Saal, erzählen von ihren Erfahrungen. Eine bulgarische Kollegin fragt, wo die Frauen auf dem Podium denn die ganzen verschleppten und kranken Migrantinnen kennenlernten – sie sei denen nämlich in vielen Jahren in der Sexarbeit nicht begegnet. Sie wird rüde abgewimmelt. Zwei Sexarbeiterinnen entrollen ein Transparent mit der Aufschrift »Mein Beruf gehört mir« und werden des Saales verwiesen. Eine Pornodarstellerin hat für das Podium nur noch ihren nackten Hintern übrig, den aber ausgiebig. An einem Infostand vor dem Gebäude sprechen wir währenddessen mit Besucher_innen der Veranstaltung, halten Plakate hoch und verteilen Flyer mit dem »Appell für die Stärkung der Rechte und für die Verbesserung der Lebens- und Arbeitsbedingungen von Menschen in der Sexarbeit« des BesD. »Halt die Klappe, Alice« ist sicher das meistfotografierte Plakat des Abends und erscheint in fast jedem Pressebericht.

»Dass viele Gäste nicht einmal daran Anstoß nahmen, als Alice Schwarzer, eine privilegierte Frau in einer Machtposition, die Äußerungen einer bulgarischen Sexarbeiterin als grotesk und unglaubwürdig bezeichnete, verdeutlicht, wie wenig Schwarzer und ihre Anhänger_innen von den unterschiedlichen Erfahrungen von Menschen in der Sexarbeit verstehen«, ärgert sich der Sozialwissenschaftler Matthias Lehmann, einer der Initiatoren der Proteste.

Eins muss man Alice Schwarzer lassen: Sie sorgte zuverlässig für Medienrummel. Und da die meisten Medienvertreter durchaus erkannten, dass hier nicht die ganze Wahrheit erzählt wurde, bekamen wir als Berufsverband nach der Veröffentlichung des »EMMA-Appells gegen Prostitution« und unseres »Appells *für* Prostitution« mehr Anrufe und E-Mails von Journalist_innen, als wir uns jemals hätten träumen lassen. Die meisten Berichte ergaben durch unsere Beteiligung ein durchaus differenziertes Bild. Manche von uns gaben über Wochen bis zu zehn Interviews täglich, und bei denjenigen, die sich ein solches Outing erlauben konnten, gaben sich die Fernsehteams die Klinke in die Hand.

Als Sexarbeiterin an Learning by Doing gewöhnt, stürzte ich mich kopfüber in die Arbeit und nahm die Wahl zur BesD-Pressesprecherin an, obwohl sich meine Erfahrung mit Pressearbeit und Journalismus bis dahin auf Veranstaltungsberichte für das Lokalblatt meiner ehemaligen Heimatgemeinde beschränkt hatte.

Auch diese Lernkurve war steil. Bei meinen ersten Beiträgen in Fernsehreportagen habe ich mich nicht mit Ruhm bekleckert. Und ich mache heute immer noch Fehler. Es ist irrsinnig schwer, jeden einzelnen Satz so zu formulieren, dass er auch aus dem Zusammenhang genommen noch das aussagt, was mir wichtig ist. Aus anderthalb Stunden Drehzeit wird am Ende ein Beitrag von anderthalb Minuten, und ich bin der Gnade des Journalisten oder der Redakteurin ausgeliefert, am Ende alles in meinem Sinn zusammenzusetzen. Daher war es oft der wichtigste Teil meiner Pressearbeit, möglichst schnell ein Gespür dafür zu bekommen, wie mein Gegenüber tickt. Das ist übrigens nicht die einzige Parallele zur Sexdienstleistung – am meisten hat mir der Rat einer Kollegin geholfen, bei Journalist_innen mit einer ähnlich professionellen Intimität zu agieren wie mit Escortkunden beim Abendessen. Berichterstatter sind genau wie Sexworkkunden weder Feinde noch Freunde. Oft gibt es ein durchaus ehrliches Interesse aneinander, trotzdem wird nicht wild drauflos geplappert. Jeder will was vom anderen, und im Idealfall geht das ganze als Win-win-Ergebnis aus: Meine Botschaft gegen deine Story. Sei sympathisch und authentisch, und kenne die Grenzen der Transaktion.

Entstanden ist durch unsere Pressearbeit schon nach wenigen Monaten ein beeindruckendes Echo in diversen großen Tageszeitungen und Magazinen. Es erschienen viele ausgewogene Berichte in Radio und Fernsehen. Auch die Fachöffentlichkeit schien auf uns gewartet zu haben: Vertreterinnen des BesD wurden als Referentinnen zu Konferenzen eingeladen, nahmen an Fachgesprächen teil, wurden als Expertinnen angehört. Unsere Kontakte zur Politik verstärkten sich.

Parallel organisierten wir eigene Veranstaltungen in verschiedenen Städten: Lesungen von Sexarbeitsautorinnen, Vorträge, Podiumsdiskussionen, Kunstprojekte, Demos und Aktionen, um der Öffentlichkeit ein realistisches Bild unserer Arbeit näherzubringen.

In der Kürze der Zeit haben wir mit unserem jungen Berufsverband erstaunlich viel bewegt – und das, obwohl wir uns ehrenamtlich und fast vollständig unbezahlt engagieren und alles neben unserem Tagesgeschäft erledigen.[5] Die Aussage, dass alle über uns und keiner mit uns redet, müssen wir inzwischen relativieren: Die Presse, die Fachöffentlichkeit und einige Politiker_innen nehmen uns inzwischen als Gesprächspartner_innen ernst.

Doch »einige« sind leider nicht genug. Die politische Lage ist nach wie vor und zunehmend verheerend – dazu später mehr. Aber: Wer weiß, wie viel schlimmer es noch gekommen wäre, wenn wir *nicht* diesen Verband gegründet und eingegriffen hätten.

## Wer Erfolg hat, macht sich Feinde

Doch je bekannter wir wurden, desto heftiger wurde auch die Kritik. Wer sich gegen Berufsverbote (also zum Beispiel gegen die Beibehaltung der Sperrbezirke und gegen andere diskriminierende Sondergesetze) und für Arbeitsrechte von Sexarbeiter_innen einsetzt, wird von Sexarbeitsgegner_innen gern als Teil einer imaginären »Zuhälterlobby« dargestellt – seien es internationale Menschenrechtsorganisationen, die europäischen AIDS-Hilfen oder der Deutsche Frauenrat. Wenn die EMMA nicht vor Schlagzeilen wie »Amnesty von Sexindustrie-Lobby unterwandert« zurückschreckt, kratzt es mich deshalb wenig, wenn das Blatt versucht, den BesD und seine Sprecherinnen zu diskreditieren. Damit sich die durchschnittliche EMMA-Leserin so richtig schön ekeln kann, werden beispielsweise möglichst abgedrehte Sexpraktiken aus unseren professionellen Webauftritten zitiert. Oder es wird dominant arbeitenden Sexdienstleisterinnen pauschal »Männerhass« unterstellt.[6]

Doch nicht nur die EMMA, auch einige Vertreter mehr oder weniger seriöser Medien sind sich nicht zu schade, gegen Sexworker-Selbstvertretungen zu hetzen. Zum Beispiel schreibt eine Journalistin im SPIEGEL über »dubiose Verbände«, die sich »gemeinsam mit Bordellbetreibern« »gegen Regeln für die Sexbranche« einsetzten.[7] Neben zwei Betreiberverbänden geht es da auch um den BesD. Da wird schlecht recherchiert, es werden Fakten verdreht, Zitate aus dem Zusammenhang gerissen und auch nicht davor zurückgeschreckt, die Beschreibung der angeblichen Bekleidung der Interviewpartnerin frei dem gewünschten Klischee anzupassen. Klar, das kennen wir ja aus dem Nachmittagsfernsehen – wenn Huren auch vor Gericht im Leo-Mini auflaufen, weil außer Arbeitskleidung nichts im Schrank hängt, dann ist das durchsichtige Oberteil zum Interview im Café natürlich ein Stilmittel, das dem Leser plausibel erscheint. Die in der Fantasie einer SPIEGEL-Journalistin so freizügig bekleidete Kollegin

Fabienne Freymadl bedankte sich in ihrem Blog für die Lektion in Sachen Journalismus. Dort lassen sich auch die Aussagen lesen, die der SPIEGEL lieber weglassen wollte.[8] Zu dem besagten Interview erschien Fabienne übrigens in Jeans und Pullover.

Kritiker wundern sich manchmal darüber, wie es sein kann, dass sich in unserer Branche Investoren und Arbeiter so einig sind. Dass sich politische Forderungen von Sexarbeiter_innen mit Forderungen von Bordellbetreiber_innen oder auch von Sexarbeitskunden in einigen (bei Weitem nicht in allen!) Punkten überschneiden, ist allerdings wenig überraschend. Sie alle teilen einen realistischen Einblick in die tatsächlichen Probleme und Bedürfnisse der verschiedenen Protagonisten in der Branche. Eine »Regulierung« von Betrieben, die in der Praxis tatsächlich vielmehr der »Prostitutionseindämmung« nach kommunaler Willkür dient, schadet beispielsweise nicht nur den Inhabern der wegregulierten Bordelle, sondern auch den Sexarbeitenden. Die können, ihrer Optionen beraubt, in den wenigen verbleibenden Betrieben umso weniger leicht mit den Füßen abstimmen, wenn die Arbeitsbedingungen zu wünschen übrig lassen. Ein Vergleich mit dem Arbeitskampf und den damit einhergehenden Konflikten zwischen Arbeitgebern und Arbeitnehmern in anderen Branchen hinkt insofern, als Sexarbeiter_innen so gut wie nie angestellt arbeiten, sondern sich als Selbstständige in die Infrastruktur eines Betriebes einmieten, oft nur für kurze Zeit. Außerdem ist das Ausmaß an Stigmatisierungen, alltäglichen Diskriminierungen und unvorhersehbaren rechtlichen Stolpersteinen, denen alle Beteiligten auf die eine oder andere Weise ausgesetzt sind, mit keiner anderen Branche zu vergleichen.

Die Verbände von Sexarbeiter_innen, Verbände von Bordellinhaber_innen, das Bündnis der Fachberatungsstellen, der Deutsche Frauenrat, der Deutsche Juristinnenbund, die Deutsche AIDS-Hilfe, die Deutsche Gesellschaft zur Förderung der sexuellen Gesundheit, der Bundesverband der Ärztinnen und Ärzte des öffentlichen Gesundheitsdienstes und Amnesty international stimen in vielen Kritikpunkten an einem geplanten Gesetz zur Sexarbeit überein: das neue »Prostituiertenschutzgesetz« schützt Sexarbeiter_innen nicht, sondern verletzt unsere Menschenrechte, schadet unserer Gesundheit und führt zum Verlust vieler guter Arbeitsplätze. Eine mögliche Schlussfolgerung daraus wäre, dass diese Kritik berechtigt ist. Eine Verschwörungstheorie, nach der all diese Organisationen von Bordellbetreiber_innen unterwandert oder gekauft sind, macht dagegen vielleicht mehr Auflage, dient aber ansonsten ausschließlich den Interessen derjenigen, die Sexarbeit in jeder Form am liebsten ganz abschaffen würden.

Ich find es unfassbar zynisch, über die Köpfe der Betroffenen hinweg Entscheidungen zu treffen und dabei von Schutz und Menschenwürde zu reden. Früher musste man die Gesellschaft vor uns Huren bewahren, heute muss man uns wahlweise vor unseren Vermieter_innen, vor unseren Kunden oder vor uns selbst retten. Die geforderten repressiven Maßnahmen sind dieselben. Dahinter stecken ganz andere Ziele: von konservativ-christlicher Seite die Kontrolle über die Sexualität des Menschen, von patriarchaler Seite Kontrolle über die Sexualität der Frau, und von radikalfeministischer Seite Kontrolle über die Sexualität des Mannes. Als Ursache dieser Kontrollwut lässt sich nur ein erstaunliches Ausmaß an Angstfantasien vermuten. Passend zum derzeitig allgemeinen konservativen Backlash, der auch in anderen Lebensbereichen persönliche Freiheiten vermeintlicher Sicherheit opfert. Was bedeutet die zügellose Sexualität einer Hure für die Werte einer Gesellschaft? Bedroht Sexarbeit das kirchliche »Kuppeleiprivileg«? Wie gehe ich mit dem Wissen um, dass eine Frau, die ich kenne, mit Hunderten von Männern Geschlechtsverkehr hatte? Ist die Möglichkeit, dass mein Partner legal sexuelle Dienstleistungen in Anspruch nehmen könnte, eine Gefahr für meine Beziehung? Diese Ängste werden dann auf Sexarbeitende projiziert, und als Konsequenz werden Einschränkungen und Verbote gefordert. Und dabei schiebt man dann auch noch unser angebliches Wohlergehen als Argument vor, statt mit uns zusammen auf Augenhöhe über pragmatische Lösungen für real existierende Probleme zu sprechen.

## Zuhälterei, Zwangsprostitution, Menschenhandel?

Egal ob in der Presse oder in politischen Debatten: Das Thema »Menschenhandel« scheint in vielen Köpfen kaum von der Sexarbeit trennbar zu sein. Warum diese Verknüpfung sich so hartnäckig hält, lässt sich erklären:

Wenn es um Menschenhandel geht, werden drastische Bilder gezeichnet, über die es sich schön schaudern lässt. Die Detailverliebtheit, mit der vor allem sexuelle Gewalt geschildert wird, lässt mich oft an den Motiven derer zweifeln, die davon berichten oder so etwas lesen. In diesem Kapitel werde ich daher keine gruselig-unterhaltsamen Puff-Anekdoten beschreiben. Zum einen finde ich, es gibt genug derartige Ersatzpornografie, zum anderen kann ich selbst nach langjähriger Erfahrung in der Sexarbeit nichts dergleichen aus erster Hand bieten.

Das heißt nicht, dass ich die Schicksale der Menschen kleinreden will, die von Gewalt und Ausbeutung betroffen sind, egal ob in unserer oder in anderen Branchen. Das klischeehafte »jeder Fall ist einer zu viel« spare ich mir an dieser Stelle. Wir müssen dringend über ein rein emotionales »So etwas darf nicht passieren!« hinausdenken. Ein gesetzgeberisches Handeln aufgrund von gefühlter Realität nützt nicht viel und kann sogar denjenigen schaden, denen man eigentlich helfen möchte.

Besonders schäbig finde ich die Forderung, wir, die »Privilegierten«, sollten uns gefälligst nicht gegen restriktive Maßnahmen wehren, die angeblich denen nützen, die es nicht so gut getroffen haben. Ein klein wenig Solidarität sei doch angebracht, muss ich mir immer wieder sagen lassen. Schließlich seien wir die Minderheit, für die solche Gesetze ja eigentlich gar nicht gemacht seien.

Dass Betroffene von Menschenhandel, krimineller Ausbeutung oder Armut auf diese Weise gegen Sexarbeiter_innen ausgespielt werden, die mit ihrem Job zufrieden sind, ist tragisch. Es schadet beiden – genauso wie dem großen Feld dazwischen, der Mehrheit, zu der weder »Zuhälterlobby«-Verschwörungstheorien noch pornografisch-detaillierte Schilderungen sexuellen Missbrauchs passen.

»Das ist, als würde man glückliche Ehefrauen für das Leid jener Ehefrauen verantwortlich machen, die Gewalt erfahren. Das ist so, als würde man Frauen, die Spaß am Sex haben, für die Vergewaltigung anderer Frauen verantwortlich machen«, schreibt Sonja Dolinsek für *menschenhandel heute*. Tatsächlich widersprechen sich Rechte für Betroffene von Menschenhandel und Rechte für Sexworker nämlich in keinster Weise, ganz im Gegenteil. Dazu gleich mehr.

Aber wie sieht sie denn nun aus, die Realität? Tatsächlich ist mir persönlich in den über zwanzig Jahren in meinem Arbeitsalltag keine einzige Betroffene von Menschenhandel begegnet. Weder in Großbordellen noch in Apartments, auf Flatrate-Partys, in SM-Studios oder in Striplokalen. In enger Zusammenarbeit mit sicherlich über tausend Kolleginnen und einigen Kollegen aus aller Herren Länder. Mir wurde durchaus von Betreiber_innen erzählt, die mit dem Gast abrechneten, bevor sie die Kollegin aufs Zimmer schickten, sodass nie sicher war, wie viel Geld eigentlich geflossen war. Da wurde also das Unwissen von Einsteigerinnen ausgenutzt. Mehrere Frauen berichteten mir auch von Gewalterfahrungen in der Vergangenheit, von kriminellen Situationen, die sie verlassen hatten, um künftig selbstbestimmt anzuschaffen. Aber dass akuter Handlungsbedarf bestand, der das Einschalten einer Fachberatungsstelle für Menschenhandel oder der Polizei erfordert hätte, habe ich nie erlebt. Geschichten von Zuhältern kursierten aus zweiter Hand oder als abgeschlossene Episoden. Und ich hörte immer wieder: Das nimmt ab, die Frauen werden selbstbewusster und lassen sich immer weniger bieten. Selbstbewusstsein, Empowerment und Zugang zu Rechten – das schien mir schon in meinen Anfängen ganz logisch – sind die Schlüssel dazu, solche Zustände zu beenden. Denn natürlich geht es nicht darum, die Augen vor dem zu verschließen, was in der Branche schiefläuft, sondern um möglichst sinnvolle Gegenmaßnahmen. In fast allen mir bekannten Fällen nutzten die Profiteure in erster Linie Menschen aus, die sie absichtlich uninformiert hielten. Ich habe über die Jahre immer wieder mit Kolleginnen Gespräche darüber geführt, wie anderswo die Arbeitsbedingungen aussehen. Dass es zum Beispiel nicht selbstverständlich ist, das Vorgespräch mit dem Kunden der »Chefin« oder dem »Chef« zu überlassen. Oft führte das dazu, dass diese Kolleginnen sich emanzipierten und sich einen anderen Arbeitsplatz suchten.

Erst als ich anfing, mich politisch zu engagieren und aktiv nach Betroffenen zu suchen, etwa als Zuschauerin bei Gerichtsprozessen oder über Verbindungen zu Fachberatungsstellen, wurden mir Fälle von schlimmerer Ausbeutung überhaupt mehr als vom Hörensagen bekannt. Nach wie vor ist es mir unbegreiflich, wie irgendjemand behaupten kann, solche Fälle seien in unserer Branche die Regel.

Wie definieren die Vereinten Nationen das Delikt »Menschenhandel«? Hier die entsprechende Passage aus dem Übereinkommen gegen die grenzüberschreitende organisierte Kriminalität:

> *[…] die Anwerbung, Beförderung, Verbringung, Beherbergung oder Aufnahme von Personen durch die Androhung oder Anwendung von Gewalt oder anderen Formen der Nötigung, durch Entführung, Betrug, Täuschung, Missbrauch von Macht oder Ausnutzung besonderer Hilflosigkeit oder durch Gewährung*

*oder Entgegennahme von Zahlungen oder Vorteilen zur Erlangung des Einverständnisses einer Person, die Gewalt über eine andere Person hat, zum Zweck der Ausbeutung. Ausbeutung umfasst mindestens die Ausnutzung der Prostitution anderer oder andere Formen sexueller Ausbeutung, Zwangsarbeit oder Zwangsdienstbarkeit, Sklaverei oder sklavereiähnliche Praktiken, Leibeigenschaft oder die Entnahme von Organen*[9] *[…]*

In Deutschland besagt der § 232a StGB »Zwangsprostitution« (ehemals »Menschenhandel zum Zweck der sexuellen Ausbeutung«), dass es strafbar ist, jemanden durch Drohung, Gewalt oder durch Ausnutzen einer Zwangslage oder auslandsbedingter Hilflosigkeit zur Sexarbeit zu bringen oder in der Sexarbeit zu halten. Bei Menschen zwischen achtzehn und 21 Jahren muss keinerlei Zwang vorliegen: Diese darf man unter keinen Umständen zur Aufnahme oder Fortsetzung der Sexarbeit bringen.

Letzteres ist ein großes Problem für junge Berufsanfänger_innen. Jede Form der Unterstützung, zum Beispiel die Vermietung eines sicheren Arbeitsplatzes, fällt automatisch unter »Menschenhandel«. Kein Wunder, dass jedes Jahr rund 40 Prozent der »Opfer« junge deutsche Frauen zwischen achtzehn und 21 sind – was in der aktuellen Debatte wiederum als Begründung für die Forderung herangezogen wird, unter 21-Jährigen die Sexarbeit gleich ganz zu verbieten. Als ich noch Arbeitsräume untervermietete, war ich selbst schon in der Situation, junge Einsteigerinnen aufgrund dieser Rechtslage abweisen zu müssen. Da sitzt mir dann eine zwanzigjährige Studentin in der Puffküche gegenüber, die seit vier Jahren SM-Erfahrung mit wechselnden Partnern hat und sich seit ihrem achtzehnten Geburtstag zwei Mal monatlich auf SM-Partys der privaten Szene und in Swingerclubs herumtreibt – aber ihr Räume vermieten, damit sie für das, was sie ohnehin macht, Geld nehmen und ihr BAFöG aufbessern kann, das darf ich nicht, sonst bin ich wegen Menschenhandels dran. Was soll ich einer solchen Frau denn raten? Lade die Kunden zu dir nach Hause ein (damit sie deine Privatadresse kennen)? Oder triff sie allein im Hotel?

Und wie sehen Fälle von Menschenhandel ansonsten aus? Auch wenn die Medien am liebsten detailreich Situationen schildern, in denen Frauen gewaltsam zur Sexarbeit gezwungen werden, kommt das viel seltener vor als dargestellt. Viel häufiger tritt der Sachverhalt auf, dass Sexarbeiterinnen sehr wohl wissen, welche Tätigkeit sie in Deutschland ausführen werden. Oft waren sie schon im Heimatland entsprechend tätig und nehmen die Dienste von Arbeitsvermittlern oder Reiseagenturen bewusst in Anspruch. Sie werden häufig über die Arbeitsbedingungen und Verdienstmöglichkeiten getäuscht, erhalten nur einen geringen Anteil des erwirtschafteten Geldes oder werden in einer Schuldenfalle finanziell abhängig gehalten. Manchen wird damit gedroht, den Familien zu Hause von der Sexarbeit zu erzählen – das Hurenstigma wird also als Druckmittel eingesetzt. Zum Teil ist der Verdienst in Deutschland allerdings trotz der ausbeuterischen Bedingungen immer noch besser als das mögliche Einkommen im Heimatland, was ein Grund sein kann, warum es nicht zu einer Anzeige kommt.[10]

Bei »Menschenhandel« haben die Leute oft das Bild von der Migrantin im Kopf, der in Deutschland ein Job als Kellnerin versprochen wurde, und die hier dann in einem dunklen Keller festgekettet und gegen Geld vergewaltigt wird. Die dann unter Tränen der Polizei um den Hals fällt, wenn sie befreit wird. »Menschenhandel ist ein Kontrolldelikt wie Schwarzfahren« heißt es (was für ein widerlicher, zynischer Vergleich) – wenn keine Kontrollen stattfinden, dann wird nichts aufgeklärt, denn die Opfer schweigen natürlich aus Angst und sind angeblich unfähig zu sinnvollen Entscheidungen.

Fakt ist, dass von den wenigen hundert Ermittlungsverfahren, die es jährlich aus dem Bereich Menschenhandel gibt, ein ganzes

Drittel deutsche Frauen zwischen achtzehn und 21 betreffen, die, wenn jemand sie unterstützt, automatisch als Opfer von Menschenhandel in die Statistik eingehen. Fakt ist ebenfalls, dass über zwei Drittel der Anzeigen von den Betroffenen und deren Umfeld eingehen. Durch proaktive Polizeikontrollen und Razzien werden nur ganze zwei Prozent der Fälle aufgedeckt![11] Der »typische« Menschenhandelsfall ist ein betrügerisches Verstricken in eine Schuldenfalle, eine Mischung aus einvernehmlicher Arbeitsvermittlung in die Sexdienstleistung und falschen Versprechungen bezüglich der Umstände. Manchmal fallen auch dysfunktionale Beziehungen darunter – die Grenzen zwischen »Menschenhandel«, »Ausbeutung von Prostituierten« und »Zuhälterei« sind fließend. Da helfen Polizeikontrollen dann gar nichts, denn selbst geschulten Beamten ist es so gut wie unmöglich, solche destruktiven Beziehungsstrukturen zu durchdringen. Manchmal kommt Rechtlosigkeit aufgrund von Illegalisierung hinzu. Studien zeigen übrigens, dass Sexarbeiter_innen ohne legalen Aufenthaltsstatus oft einfach abgeschoben werden. Nur die wenigsten werden als Betroffene von Menschenhandel anerkannt – auch wenn sie ausgebeutet wurden.

Die vom Bundeskriminalamt ermittelten Verdachtszahlen nach dem ehemaligen § 232 »Menschenhandel zur sexuellen Ausbeutung« sind seit fünfzehn Jahren stagnierend bis rückläufig.[12] Der BKA-Lagebericht nennt für das Jahr 2015 364 abgeschlossene Ermittlungsverfahren. Diese Zahl liegt wiederum deutlich unter dem Durchschnitt der vergangenen fünf Jahre und ist das dritte Jahr in Folge rückläufig.[13]

Die Anzahl an verurteilten Tätern und gerichtlich bestätigten Opfern ist entsprechend noch geringer. Das Verhältnis von Tätern zu Opfern liegt bei etwa eins zu eins. Rechnet man die komplette »Rotlichtkriminalität«, also Menschenhandel, zur sexuellen Ausbeutung, Ausbeutung von Prostituierten und Zuhälterei zusammen, kommt man auf derzeit etwa hundert rechtskräftige

Verurteilungen pro Jahr. Diese Zahlen fallen stetig. Im Jahr 2013 waren es 94 gerichtlich bestätigte Täter. Im ganzen Land.[14] Dunkelfeldstudien existieren nicht, wären schwer durchführbar und sind nach Aussagen der Bundesregierung auch nicht geplant. Spekulationen über das »tatsächliche Ausmaß« sind also genau das: Mutmaßungen. Laut der Antwort auf eine kleine Anfrage der Grünen von 2013 hielt die damalige Bundesregierung das »Gefährdungspotenzial für begrenzt«. Das Landeskriminalamt NRW schreibt im Lagebericht 2012 sogar ausdrücklich: »Auswirkungen des Prostitutionsgesetzes auf die Situation von Menschenhandelsopfern nicht erkennbar.«[15] Aber spielen wir doch einmal ein Zahlenexperiment durch: Nehmen wir an, die Dunkelziffer der »Rotlichtdelikte« läge in derselben Größenordnung wie die bei sexueller Nötigung und Vergewaltigung. Verbrechen, die so angst- und schambehaftet sind, dass trotz ihrer Schwere außergewöhnlich viele Betroffene nicht zur Polizei gehen. Hier wird davon ausgegangen, dass nur 5 Prozent der Fälle aufgeklärt werden.[16] Auf die oben genannten hundert Verurteilungen kämen dann also zweitausend tatsächliche Tathergänge. Nehmen wir weiterhin an, dass von den geschätzten 64 000 bis 400 000 Sexdienstleistern in Deutschland[17] irgendeine Anzahl in der Mitte stimmen könnte – bessere Zahlen haben wir nicht –, nehmen wir also zweihunderttausend für eine einfache Rechnung. Zweitausend Betroffene von »Menschenhandel zur sexuellen Ausbeutung«, »Ausbeutung von Prostituierten« und »Zuhälterei« zusammen ergibt unter 200 000 Sexworkern einen Anteil von einem Prozent. Ein. Prozent.

Selbst wenn diese Rechnung von *Annahmen* ausgeht – sie ist plausibel genug, um eine Größenordnung abschätzen zu können. Und diese Größenordnung sieht doch ein wenig anders aus als die gebetsmühlenartig wiederholten »neunzig Prozent Zwangsprostituierten«.

Auch die gesamteuropäischen und internationalen Fallzahlen lassen keinen Schluss auf eine Zunahme des Menschenhandels zu. Diese Zahlen sind ohnehin wenig zuverlässig, da sich die Gesetzgebungen und der Umgang von Polizei und Gerichten mit dem Thema in den verschiedenen Ländern stark unterscheiden. Die Fallzahlen werden teilweise von Regierungen, teilweise von NGOs zur Verfügung gestellt. Manche Organisation berichtet eher großzügig, um die eigene Finanzierung zu rechtfertigen oder um eine politische Agenda zu verfolgen. »Übertrieben hohe Schätzungen von Fällen von Menschenhandel werden in der Forschung ständig kritisiert«, schreibt Sonja Dolinsek.[18] »Auch Zahlen und Statistiken für einflussreiche und hochkarätige Berichte, wie z. B. der Global Slavery Index, beruhen nicht auf Studien aus erster Hand. Dieser Index wurde stark kritisiert,[19] weil Zahlen anderer Berichte einfach abgeschrieben wurden, ohne sie zu prüfen. Dieses Abschreib-Verhalten ist in allen Berichten über Menschenhandel vorhanden.«[20] Je nach Sichtweise der jeweiligen Regierung und Gesellschaft geht eine Sexarbeiterin, die bei einer Fachberatungsstelle irgendeine Art von Hilfe sucht, oder jede irreguläre Migrantin, die in der Sexarbeit tätig ist, als Betroffene von Menschenhandel in die Statistik ein. Männer, die Ausbeutung erleben, werden dagegen zu selten erfasst. »Dennoch geben die verfügbaren Zahlen Auskünfte«, sagt Sonja Dolinsek. »Eine ansteigende Zahl von identifizierten Opfern von Menschenhandel über Jahre hinweg ist z. B. ein Indikator für eine zunehmende Sensibilisierung der Strafverfolgungsbehörden gegenüber Menschenhandel, sowie einer[21] steigenden Priorität der Verfolgung solcher Fälle. Die Zahlen zeigen also nicht eine Zunahme von Fällen, sondern eine Zunahme gesellschaftlicher und behördlicher Aufmerksamkeit.«[22] Das alles hält Sexarbeitsgegner_innen nicht davon ab, Deutschland zur »Drehscheibe des Menschenhandels in Europa« zu erklären. Obwohl Menschenhandel in jedem Land dieser Welt stattfindet, inklusive jenen, in denen Sexarbeit vollständig verboten ist. Auch die »neunzig Prozent Zwangsprostituierten« dürfen in keinem Pamphlet fehlen. Und auf dieser Grundlage werden nun Gesetze verschärft und die Rundumüberwachung einer ganzen Branche legitimiert? Wenn wir aufgrund von Schätzungen handeln, die sich vielmehr als Erfindungen herausstellen, kann dabei nichts Sinnvolles herauskommen. Selbst wenn die Maßnahmen wirksam wären, sind sie nicht verhältnismäßig. Begrenzte Ressourcen werden verschwendet statt sinnvoll eingesetzt.

Wenn nun selbst offizielle Polizeistatistiken nichts über eine Zunahme oder ein großes Ausmaß des Menschenhandels aussagen, wo um Himmels willen kommen solche Ideen dann bloß her?

Die meisten beziehen sich auf eine einzige EU-Studie von 2011, »Does Legalized Prostitution Increase Human Trafficking?«, die einen (theoretischen) Zusammenhang zwischen legaler Sexarbeit und Menschenhandel feststellt. Diese Studie ist von verschiedenen Seiten harsch kritisiert worden. Man muss allerdings gar nicht zu den Kritikern gehören, um *nicht* den Schluss daraus zu ziehen, dass das Prostititutionsgesetz zurückgenommen und Sexarbeit am besten ganz illegalisiert werden sollte. Selbst Axel Dreher, Mitautor der Studie, spricht sich gegen eine Kriminalisierung der Sexarbeit aus: »Ein im Durchschnitt positiver Zusammenhang zwischen legaler Prostitution und Menschenhandel bedeutet doch nicht, dass die Legalisierung immer, in jedem Land und zu jeder Zeit schädlich ist. Zum einen kann der Zusammenhang durch geeignete Gesetze und deren Umsetzung verhindert werden. Zum anderen ist der Menschenhandel nur ein Aspekt der legalen Prostitution. Das heißt doch nicht, man müsste sie deshalb verbieten.« Aus seiner Sicht überwiegen die positiven Aspekte der legalen Sexarbeit. »Eine liberale Gesellschaft muss Regeln setzen, die Ausbeutung verhindern, darf aber den freiwilligen Austausch von Erwachsenen nur in sehr extremen Fällen verbieten. Die Prostitution gehört meiner Ansicht nach nicht zu diesen Extremfällen.«[23]

Um die Menschenhandelshysterie emotional zu befeuern, wird von Sexarbeitsgegner_innen häufig von »Frauen und Mädchen« gesprochen, als seien Minderjährige in unserer Branche an der

Tagesordnung und erwachsene Frauen gleichermaßen hilflos und unmündig. Das Ganze wird mit rassistischen Pseudo-Beweisführungen garniert, wenn die (richtige) Tatsache, dass die meisten hierzulande tätigen Sexdienstleister_innen nicht in Deutschland geboren sind, flugs gleichgesetzt wird mit »die können sich nicht verständigen« und »die verstehen auch nicht, was sie tun«, gefolgt von »die wissen nicht mal, in welcher Stadt sie sich aufhalten« und »wurden verschleppt«. Ich frage mich, ob Leute, die so einen Blödsinn reden, jemals ein Bordell von innen gesehen und mit den Kolleginnen gesprochen haben. Arbeitsmigration erfordert Mut und Einsatz und ist beim besten Willen nichts für schwache Gemüter. Trotzdem liegt durch die Brille derer, denen kulturelle Unterschiede Angst machen, bei einer Sexarbeiterin mit Akzent natürlich »Zwangsprostitution« vor. Dieses Unwort, das alles zusammenfassen soll von Vergewaltigung und Freiheitsberaubung bis hin zur Abwesenheit unbegrenzten Reichtums und der damit einhergehenden Notwendigkeit einer erwerbsmäßigen Betätigung, dem »wirtschaftlichen Zwang«. Dieses Bullshit-Bingo könnte ganz unterhaltsam sein, wenn die Konsequenzen nicht so katastrophal wären.

Der uns pauschal unterstellte Opferstatus und die damit einhergehende Entmündigung führt dazu, dass Entscheidungen, die uns betreffen, über unsere Köpfe hinweg getroffen werden. Unter dem Deckmantel der »Hilfe« geht es darum, Sexarbeit zu begrenzen oder Migrationspolitik zu betreiben. Der »Frankfurter Verein für die sozialen und politischen Rechte von Prostituierten« Doña Carmen e.V. berät und vertritt die Kolleg_innen des Frankfurter Bahnhofsviertels mit einem hohen Anteil an Migrant_innen. Doña Carmen bezeichnet Menschenhandel ganz grundsätzlich als politischen »Kampfbegriff« zur Legitimierung einer restriktiven Sexarbeits- und Migrationskontrolle:

*Niemand spricht von »Zwangsautomechanikern«. Die Rede von »Zwangsprostitution« dagegen ist Ausdruck der Tatsache, dass Prostitution in dieser Gesellschaft nicht wirklich als »wirtschaftliche Betätigung«, nicht wirklich als Ausübung eines »Berufs« anerkannt wird. […] Die Anwerbung der so genannten »Gastarbeiter« in den 50er und 60er Jahren galt selbstverständlich als eine wirtschaftliche Notwendigkeit – es ging ja nicht um Prostitution! Kenntnisse des Rechts oder der deutschen Sprache waren kein Thema. Geht es dagegen um die Migration in die Prostitution, so wird aus wirtschaftlicher Notwendigkeit – sei es auf Seiten der Frauen, sei es auf Seiten der Bordellbetreiber – plötzlich wieder Zwang, nämlich »Menschenhandel«. Hier werden vermeintlich prostitutionsspezifische Zwangslagen im wahrsten Sinne des Wortes konstruiert, nur um eine Legitimation für eine fortgesetzte strafrechtliche Verfolgung im Prostitutionsgewerbe, um ein Recht auf Razzien in der Hand zu haben.*[24]

Die gesellschaftlichen Diskussionen um Sexarbeit und Migration waren schon lange vor meiner Zeit dieselben wie heute. In den Achtzigern ging es um die Thai-Frauen, später um die Polinnen, die Südamerikanerinnen, die Kolleginnen aus Ghana. Erinnert sei nur an den legendären »Thaimädchen-Eklat« in der ältesten noch laufenden bundesdeutschen Talkshow »3 nach 9«. In der Sendung vom 9. März 1984 entwickelte sich zwischen den Talk-Gästen eine verbale Schlacht um Sexarbeit, Migration und Ausbeutung. »Das Problem ist, dass die auflagenstarken Illustrierten das alles hochgespielt haben«, so Günter Menger, ein Heiratsvermittler, »denn die können ohne nackte Mädchen auf der Titelseite gar keine Zeitungen mehr verkaufen.« Die feministische Sexarbeitsgegnerin Gerlinde Schilcher kippte dem Bordellchef Karl-Heinz Germersdorf im Verlauf der Sendung ihr Getränk über den Kopf. Und was tat Germersdorfs Ehefrau, eine thailändische Sexarbeiterin und angeblich armes Opfer? Sie schüttete ihrerseits ein volles Glas der Schilcher hinterher. Selbstbewusste Sexworker waren eben noch nie gut auf die Rettungsindustrie zu sprechen.

Dieselben Protagonisten, dieselben Argumente heute wie vor dreißig Jahren. Die größten politischen Unterschiede liegen in der Herkunft der Migrant_innen und dem Wachsen der europäischen Union. Konnte man damals noch munter alles abschieben, was keine strategische Heirat mit einem Deutschen eingegangen war, sind heute die meisten Migrant_innen in der Sexarbeit EU-Bürger_innen, die sich legal bei uns aufhalten. Um hier weiter restriktive Migrationskontrolle zu betreiben, bedurfte es also einer anderen Herangehensweise.

Doña Carmen nennt es ein offenes Geheimnis, dass es bei der Bekämpfung des Menschenhandels nicht um Opferschutz, sondern um den Schutz des Staates vor Migration geht. »Das ›Konstrukt Menschenhandel‹ verleiht dabei der Bekämpfung von Migration den Schein und die höhere Weihe eines Kampfes um die Einhaltung von Menschenrechten, obwohl es in Wirklichkeit um die Schaffung gesellschaftlicher Akzeptanz für einen repressiven Umgang mit Migranten geht, wenn man den Reichtum der Wohlhabenden vor der Armut der Habenichtse schützt.«[25]

Nun bin ich als Sexarbeiterin keine Expertin für Menschenhandel, sondern lediglich eine Expertin dafür, wie der Menschenhandelsdiskurs dazu missbraucht wird, Repressionen gegen einen ganzen Wirtschaftszweig zu legitimieren. Da kriminelle Ausbeutung und sklavereiähnliche Verhältnisse in verschiedenen Branchen vorkommen, aber niemand deswegen fordert, die Landwirtschaft, die Fleischindustrie, das Baugewerbe oder die Tätigkeit als Au-pair oder Pflegekraft einzudämmen, zu Tode zu regulieren oder gleich ganz zu verbieten, muss es doch andere Mittel und Wege geben, solchen Auswüchsen wirksam zu begegnen.

»Keine Berufsgruppe würde es sich gefallen lassen, wenn die Regulierung ihrer Branche ausschließlich unter den Stichwörtern ›Opferschutz‹ und ›Menschenhandel‹ stattfände«, schreibt die Kriminologin Monika Frommel. »Wenn man strittige Fragen nicht in Tarifverhandlungen klären würde. Oder wenn Selbstständigen statt normalem Berufsrecht eine Opferschutzberatung angeboten würde. Bei Sexarbeiterinnen geschieht genau dies, und keiner merkt es. Dabei gilt der Menschenhandelsparagraf für alle Branchen. Bestraft wird danach die Vermittlung in ausbeuterische Arbeitsverhältnisse. Nur bei Prostituierten wird darüber geredet. In allen anderen Branchen werden kluge Alternativen zu einer strafrechtlichen Repressionspolitik zumindest gesucht. Einen rationalen Grund für diese Ungleichbehandlung gibt es nicht. Offenbar hat sich die Ideologie, Prostitution sei kein Beruf, geschickt hinter den Vokabeln ›Opferschutz‹ und ›Menschenhandel‹ verborgen.«[26]

Tragisch ist, dass so wenige Kolleginnen und Kollegen sich offen wehren können. Stigmatisierung, gesellschaftliche Ächtung, ein Doppelleben und die Angst vor einem Outing machen es schwer, für das eigene Tun einzustehen. Viele Sexworker sind nur vorübergehend tätig oder planen zumindest keine langfristige Karriere in der Sexarbeit. Daraus ergibt sich eine geringe Bereitschaft, in die Zukunft zu investieren – das betrifft die Schaffung eigener, langfristig viel kostengünstigerer Infrastruktur und Werbung genauso wie ein politisches Engagement.

Welche Maßnahmen wären denn für Betroffene von Ausbeutung und Menschenhandel wirklich sinnvoll? Fragen wir doch diejenigen, die einerseits täglich mit der Materie zu tun haben, sich andererseits aber nicht auf die Abschaffung unserer Branche spezialisiert haben. So fordert zum Beispiel der bundesweite Koordinierungskreis gegen Menschenhandel e. V. (KOK) die Schaffung von einheitlichen Regelungen für die finanzielle Unterstützung der Betroffenen von Menschenhandel. Die Gewährleistung eines gesicherten Aufenthaltstitels, unabhängig von Aussagen gegenüber Ermittlungsbehörden – auch nach Abschluss des Strafverfahrens. Die Schaffung eines eigenständigen, eheunabhängigen Aufenthaltsrechtes. Schutz und Rechte für Minderjährige und Kinder, die von Menschenhandel betroffen sind. Und den Ausbau des Hilfesystems.[27]

Gerade beim Aufenthaltsrecht wird deutlich, dass es die Politik mit dem Opferschutz doch nicht so ernst meint. Wenn es darum geht, Betroffenen von Ausbeutung Aufenthaltsrechte zu gewähren, wird immer schnell zurückgerudert, denn »dann würden sich ja alle als Opfer inszenieren«.

Von Menschenhandelsexperten werden also *Rechte* für Betroffene statt Eindämmung oder Verbot eines ganzen Wirtschaftszweiges gefordert. Wer hätte das gedacht! Andererseits erstaunlich logisch, denn Gewalt und kriminelle Ausbeutung sind ja bereits verboten. Jede weitere Einschränkung der Sexarbeit oder anderer betroffener Branchen würde lediglich zu einer Einschränkung der selbstbestimmten Arbeit in diesen Wirtschaftszweigen führen. Und repressive Kontrollmaßnahmen der Behörden sind sogar kontraproduktiv: Die entführte und im Keller angekettete osteuropäische Sexsklavin wird bei Bordellrazzien jedenfalls nicht gefunden. Im Gegenteil lassen sich Menschen mit der Angst vor Behörden besonders leicht in Abhängigkeiten halten. Zudem kommen viele Sexarbeiter_innen aus Ländern mit korrupten Behörden. Sie verbinden mit Polizei nicht »Schutz«, sondern Gewalt, Strafe und Schikane. Damit spielt jedes martialische Auftreten seitens der Polizei den Ausbeutern direkt in die Hände. Ich kenne persönlich viele Kolleginnen, die durch Razzien traumatisiert sind, in denen sie selbst wie Verbrecher behandelt wurden.

Was Opfern von Menschenhandel zur sexuellen Ausbeutung wirklich helfen würde, sind zum einen Maßnahmen, die die selbstbestimmte Sexarbeit gar nicht tangieren: mehr Rechte für Betroffene einschließlich greifbarer Hilfsangebote wie Aufenthaltsrecht und finanzielle Entschädigung. Mehr Gelder für Beratungsstellen. Vorgehensweisen, die weit über die Belange unserer Branche hinausgehen: humane Grenz- und Migrationspolitik, die grundsätzliche Bekämpfung von Arbeitsausbeutung, von Armut und

Diskriminierung von Minderheiten, die Beendigung der wirtschaftlichen Ausbeutung armer Länder durch reiche Länder.

Zum anderen hilft jede Form von Weiterbildung, Professionalisierung, Empowerment, Information und Förderung starker kollegialer Netzwerke sowie berufsständischer Vertretungen allen Menschen in der Sexarbeit. Selbstbewusste, informierte Sexarbeiter_innen finden leichter den Zugang zu Kolleg_innen, die von Gewalt und Ausbeutung betroffen sind, als noch so wohlmeinende Außenstehende. Sie können Kontakte herstellen, Optionen aufzeigen und Hilfsangebote vermitteln – besser als jeder Behördenvertreter.

Die Forderung nach legaler Anerkennung und Empowerment in der Sexarbeit und der Kampf gegen kriminelle Auswüchse bilden also gar keine Widersprüche – ganz im Gegenteil!

# Raus aus der kriminellen Ecke

Da ich meinen Job schon seit Mitte der Neunzigerjahre mache, werde ich oft gefragt, wie sich denn die Arbeit seit der Legalisierung von 2002 verändert habe. Viele meinen, das Prostitutionsgesetz von 2002 habe Sexarbeit in Deutschland »legalisiert«, und schließen daraus umgekehrt, das Anbieten sexueller Dienstleistungen sei zuvor illegal gewesen. Tatsächlich entspricht beides nicht der Wahrheit. Versuchen wir also, den Nebel ein wenig zu lichten.

Es gibt in der Debatte um die Sexarbeit zwei Begriffe, die nur auf den ersten Blick austauschbar scheinen und die dringend unterschieden werden sollten: Entkriminalisierung und Legalisierung.

## Entkriminalisierung

Entkriminalisierung ist die zentrale Forderung der Sexarbeiterbewegung weltweit. Damit ist die Abschaffung aller Gesetze gemeint, die das Angebot, die Nachfrage oder die Unterstützung und Vermittlung sexueller Dienstleistungen als kriminell einstufen oder im Vergleich zu anderen Berufen unverhältnismäßig behindern. Das können Strafgesetze sein oder andere Vorschriften wie zum Beispiel das Ordnungswidrigkeitengesetz oder die Polizeigesetze. International werden manchmal zusätzlich »Decriminalisation« (Reform des Strafrechts) und »Depenalisation«

(Reform nichtstrafrechtlicher Gesetze bzw. deren Anwendung auf die Sexarbeit) unterschieden.

Gesetze sanktionieren Verhaltensweisen, die nach Ansicht des Gesetzgebers gesellschaftsschädigend sind. Das Strafrecht definiert dabei die härtesten Vergehen, das heißt, hier können Haft- oder hohe Geldstrafen verhängt werden. Wer strafrechtlich verurteilt wird, gilt als »vorbestraft«. Wer eine Ordnungswidrigkeit begeht, hat meist »nur« mit einer Geldbuße zu rechnen – sofern er diese bezahlen kann. Wer sie nicht bezahlen kann, landet in Haft – das betrifft vor allem die ärmsten Sexarbeiter_innen.

Straf- und Ordnungswidrigkeitengesetz können ineinandergreifen. Sperrbezirke beispielsweise sind kommunale Gebiete, in denen Sexarbeit verboten ist. Das betrifft sowohl die Durchführung der Dienstleistung als auch jegliche Verhandlungen zwischen Sexdienstleister_innen und ihren Kunden. Diese Verbote können sich auf den Straßenstrich beziehen, hier also die Verhandlung im öffentlichen Raum. Die *Durchführung* von (kommerziellen wie nichtkommerziellen) sexuellen Handlungen im öffentlichen Raum, an denen Dritte Anstoß nehmen könnten, ist ohnehin bereits durch andere Gesetze verboten. Sperrbezirksverordnungen können auch generell jede Art von Sexarbeit inklusive Haus- und Hotelbesuchen im Privatbereich des Kunden untersagen, was zum Beispiel in München fast das komplette Stadtgebiet betrifft. Verstöße gegen eine Sperrbezirksverordnung werden zunächst als Ordnungswidrigkeit, im Wiederholungsfall allerdings als Straftat verfolgt. Die Arbeit in einem Sperrbezirk kann also ein Bußgeld (gegebenenfalls inklusive Erzwingungshaft) oder eine Haftstrafe von bis zu sechs Monaten nach sich ziehen. Und das ist nicht bloße Theorie – hier in Deutschland sitzen Menschen im Gefängnis, weil sie sich im falschen Stadtteil mit einem anderen Menschen über das falsche Thema unterhalten haben.

Strafgesetze, die sich explizit auf Sexarbeit beziehen, können Sexarbeiter_innen selbst kriminalisieren, aber auch ihre Kunden,

Partner, Familien oder Dritte. »Dritte« sind Bordellbetreiber, Wirtschafter, Sicherheitspersonal, Fahrer, Vermieter, Hoteliers, Websitebetreiber oder andere, die Dienstleistungen für Sexarbeiter erbringen, Infrastruktur zur Verfügung stellen oder die Ausübung von Sexarbeit erleichtern. So war bis 2002 in Deutschland die »Förderung der Prostitution« ein Straftatbestand. Praktisch war damit die Schaffung angenehmer Arbeitsbedingungen verboten. Wer Sexdienstleistenden mehr als ein möbliertes Zimmer zur Verfügung stellte, zum Beispiel Kondome oder saubere Handtücher, konnte strafrechtlich belangt werden. Auch wenn Bordelle mit guten Arbeitsbedingungen schon lange vor 2002 vielerorts oft geduldet wurden, war die »Förderung der Prostitution« ein beliebter Anfangsverdacht, mit dem die Polizei nahezu jede Person im Sexarbeitsumfeld erst einmal willkürlich einkassieren konnte. Rechtssicherheit für Betreiber_innen gab es nicht. Dieser Paragraf wurde 2002 durch die Strafbarkeit der »Ausbeutung von Prostituierten« ersetzt – ein richtiger, aber längst nicht ausreichender Ansatz zur Entkriminalisierung.

Denn auch Gesetze, die vordergründig dem »Schutz« von Sexarbeitenden dienen, sind bei näherem Hinsehen häufig diskriminierend. Sie sprechen uns unsere Handlungsmacht ab, beschneiden unsere Rechte und zementieren das Stigma der Sexworker als hilflose Opfer. Ich frage mich, wozu braucht es den Straftatbestand »Ausbeutung von Prostituierten«, wenn doch die Ausbeutung der Arbeitskraft oder die Verletzung der sexuellen Selbstbestimmung aller Menschen bereits verboten sind? Wir müssen uns immer wieder vor Augen halten, dass selbst bei der schlagartigen Abschaffung aller Sondergesetze Sexarbeit nicht im rechtsfreien Raum stattfinden würde, da dennoch alle anderen Gesetze greifen, die allgemein unser Miteinander regulieren.

Der Begriff »Entkriminalisierung« führt manchmal zu Verwirrung, wenn Sexarbeitsgegner_innen von einer »partiellen Entkriminalisierung« sprechen. Gemeint ist damit, allein die Strafbarkeit des Anbietens sexueller Dienstleistungen abzuschaffen, wo diese strafbar ist. Stattdessen soll die Nachfrage kriminalisiert werden (Freierbestrafung) und meist auch jede Unterstützung der Sexarbeit anderer. So ist in Schweden nicht nur der »Sexkauf« verboten, sondern auch das Vermieten von Räumlichkeiten an Sexarbeitende – auch wenn es sich um die Privatwohnung einer Frau handelt, die dort nur gelegentlich Kunden empfängt. Ein Hauseigentümer, der befürchtet, dass eine Mieterin möglicherweise in ihren Räumen Kunden empfangen könnte, wird aus Angst vor Strafverfolgung von einer Vermietung Abstand nehmen. Das macht das Anmieten von Wohnraum für geoutete Sexworker praktisch unmöglich. Wer von den Einkünften einer Sexarbeiterin lebt, wird der Zuhälterei angeklagt. Selbstverständlichkeiten wie die Versorgung einer Familie als Alleinverdiener_in, während der Partner sich um die Kindererziehung kümmert, oder die Versorgung pflegebedürftiger Eltern oder erwachsener Kinder im eigenen Haushalt sind für Sexarbeiter_innen in Schweden nicht legal machbar. Die gesellschaftliche Ächtung geht so weit, dass Müttern allein wegen ihrer Berufswahl die Kinder weggenommen werden.

So wurde Petite Jasmine, einer schwedischen Sexarbeiterin und Aktivistin im Vorstand der Sexworker-Organisation Rose Alliance, das Sorgerecht für ihre beiden Kinder entzogen. Sie hatte sich der staatlichen Umerziehungsversuche widersetzt und wollte ihren Beruf weiter ausüben. Man unterstellte ihr einen Realitätsverlust, da sie nicht begreife, dass Sexarbeit grundsätzlich eine Form von selbstverletzendem Verhalten sei. Die Kinder wurden dem Vater zugesprochen, obwohl der in der Vergangenheit nachweislich gewalttätig geworden war, nicht zuletzt Jasmine gegenüber. In der Folge unterband er den Kontakt zwischen ihr und den Kindern und verfolgte und bedrohte Jasmine wiederholt. Mittels insgesamt vier Gerichtsverfahren setzte sie durch, ihre Kinder wenigstens wieder sehen zu dürfen. Am 11. Juli 2013 kam es zur Eskalation: Bei einem von einer Sozialarbeiterin überwachten

Treffen zwischen Jasmine und ihren Kindern zog der vorbestrafte Gewalttäter ein Messer, erstach Petite Jasmine und verletzte die Sozialarbeiterin schwer.

Selbst Vertreter_innen schwedischer Behörden räumen ein, dass das »Schwedische Modell« nicht dazu dient, die Lebensbedingungen von Menschen in der Sexarbeit zu verbessern. Neben dem »Sexkauf« und der Zimmervermietung an Sexworker sind auch Zusammenschlüsse von Sexarbeiter_innen untereinander verboten. Das Gleiche gilt für gegenseitige Sicherheitsanrufe, die ebenfalls als Zuhälterei verfolgt werden. Das Gesetz ist also kein Schutz *in*, sondern soll ein Schutz *vor* der Sexarbeit sein. Es soll also die Arbeit behindern, Kunden abschrecken und Sexworker dazu bewegen, die Branche zu verlassen. Tatsächlich findet die Kriminalisierung von Kunden inzwischen auch eine mehrheitliche Unterstützung in der schwedischen Bevölkerung. Verschwiegen wird dabei aber gern, dass seit der Einführung des »Sexkaufverbots« auch die Stimmen in Schweden zugenommen haben, die zusätzlich das Anbieten sexueller Dienstleistungen gern unter Strafe gesetzt sähen. »Liebt den Sünder, hasst die Sünde« funktioniert nicht wirklich – es ist schlicht nicht möglich, das »System Prostitution« zu »ächten«, ohne allen Protagonist_innen innerhalb dieses Systems aktiv zu schaden.

Ein Outing in Schweden hat heute aufgrund des Verbots fatale Folgen. Das Ergebnis ist, dass Sexarbeiter_innen, wann immer möglich, im Verborgenen arbeiten und Übergriffe von Kunden oder von tatsächlich gewalttätigen Zuhältern nicht zur Anzeige bringen. »Wir sind mehr damit beschäftigt, unsere Kunden vor der Polizei zu schützen, damit wir Geld verdienen können, als auf unsere eigene Sicherheit zu achten«, erzählte mir eine schwedische Kollegin.

Im August 2015 hat sich auch Amnesty International nach langen internen Debatten positioniert und unterstützt die Forderung nach vollständiger Entkriminalisierung aller Aspekte einvernehmlicher Sexarbeit. AI verfolgt damit einen menschenrechtsbasierten Ansatz zur Verbesserung der Lebensbedingungen von Menschen in der Sexarbeit. Denn: Kriminalisierung fördert Gewalt und behindert den Zugang zum Recht. Staaten selbst begehen Menschenrechtsverletzungen, wenn wie in den USA Polizisten straffrei Sex von Sexarbeiter_innen erpressen, wenn diese einer Verhaftung entgehen wollen.[28]

Eine Entkriminalisierung der Sexarbeit bedeutet übrigens nicht, dass es keine Vorgaben und Maßnahmen zur Sicherung von guten Arbeitsbedingungen gibt. Die Gewährung von Arbeitsrechten unterscheidet sich daher von einer *Legalisierung* der Sexarbeit, die eine staatliche, meist polizeiliche Kontrolle und Begrenzung von Sexarbeit zum Ziel hat.

## Legalisierung heißt nicht »Legalize it«

Wer bei dem Begriff »Legalisierung« an »Legalize it«, den alten Slogan zur Entkriminalisierung des Cannabis-Konsums denkt, liegt leider daneben. Tatsächlich wird Legalisierung aber häufig mit Entkriminalisierung verwechselt. Falsch: Legalisierung bezeichnet in diesem Zusammenhang nicht etwa die Abschaffung hinderlicher Paragrafen, sondern die Schaffung neuer Gesetze und Vorschriften, um Sexarbeit staatlich zu regulieren und zu kontrollieren. Diese Regeln gehen über die Schaffung guter Arbeitsbedingungen hinaus und sehen stattdessen Sondergesetze für Sexarbeiter_innen und deren Umfeld vor. Beispiele sind: eine Erlaubnispflicht (Konzessionierung) für Bordelle, eine Registrierungspflicht für Sexarbeiter_innen, Zwangsuntersuchungen, Verbote bestimmter Sexualpraktiken oder Abrechnungsmodelle, Kondomzwang, oder die Einschränkung von Orten der Sexarbeit durch das Baurecht und die Sperrbezirksverordnungen. Die für die Umsetzung vieler solcher staatlicher Vorgaben zuständige Behörde ist auch heute noch die Polizei – allein schon diese einzigartige Stigmatisierung einer ganzen Berufsgruppe ist eine

Ungeheuerlichkeit. Historisch steht diese in der Tradition einer Bekämpfung der »Gesellschaftsschädigung« durch Sexarbeit (zum Beispiel aufgrund der unter Sexarbeiter_innen angeblich allgegenwärtigen »Geschlechtskrankheiten« und der inhärenten »milieubedingten Begleitkriminalität«) und der Trennung der »anständigen« von der »nicht anständigen« Bevölkerung. Die Wilhelminischen »Kontrollmädchen« waren auf Gedeih und Verderb polizeilicher Willkür ausgesetzt.

Auch wenn eine Legalisierung mit klar definierten Regeln bei der Einhaltung aller Vorschriften eine höhere Rechtssicherheit bieten kann – allerdings nicht muss – als eine reine Duldungspraxis, werden durch jede Form der Legalisierung immer automatisch diejenigen illegalisiert, die sich diesen staatlichen Kontrollen nicht unterwerfen möchten (oder können, beispielsweise wegen eines irregulären Aufenthaltsstatus). Je nachdem, wie restriktiv und stigmatisierend die Bestimmungen sind, ist das sogar die Mehrheit der Sexdienstleister_innen. Ihr Unwillen wird verständlich, wenn man sich anschaut, wie solche Maßnahmen durchgeführt werden und welche Folgen sie haben.

Die Anordnungen der Stadt München sind ein Beispiel für die Art von restriktiver Politik, die inzwischen der ganzen Bundesrepublik droht. Die Sperrgebietsverordnung untersagt jede Art von Sexarbeit auf 97 Prozent der Stadtfläche, was eine unabhängige Arbeit – außerhalb der größeren Betriebe in den Toleranzzonen der Gewerbegebiete – praktisch unmöglich macht. Die Polizei versucht als Abschreckungsmaßnahme, Escorts mit fingierten Buchungsanfragen in die Hotels im Sperrbezirk zu locken. Das bayerische Landespolizeigesetz erlaubt jederzeit anlasslose Kontrollen und Razzien in den wenigen verbleibenden Bordellen, was als Druckmittel verwendet wird: Wer als Betreiber_in seine Mieter_innen proaktiv bei der Polizei zur Registrierung vorbeischickt, darf mit selteneren Besuchen rechnen. Wer nicht kooperiert, wird so häufig »aufgemischt«, dass immer mehr Kunden ausbleiben. Damit wird die polizeiliche Zwangsregistrierung von Sexdienstleistenden in München trotz fehlender Rechtsgrundlage bereits seit vielen Jahren faktisch umgesetzt.

Nadine, die in München in einer Terminwohnung gearbeitet hatte, ohne zuvor bei der Polizei vorstellig geworden zu sein, war bei einer Kontrolle »erwischt« worden und erzählt mir vom Verhalten der Beamten. »Die haben das so dargestellt, als wäre es illegal, ohne Meldung bei der Polizei hier zu arbeiten. Dann haben sie mich erkennungsdienstlich behandelt, also Fotos von mir gemacht und Fingerabdrücke genommen. Dass das alles ›freiwillig‹ war und ich es hätte verweigern können, wusste ich nicht, so wie die aufgetreten sind. Später habe ich mich beschwert. Ob meine Daten dann wirklich gelöscht worden sind, weiß ich natürlich nicht sicher.«

Offenbar sind die so aufgenommenen »Hurenkarteien« mindestens für die gesamte bayerische Polizeibehörde offen einsehbar, selbst bei Straßenverkehrskontrollen, wie eine andere junge Kollegin entsetzt feststellen musste: »Mir ist es einmal bei einer Routinekontrolle nach Ausweischeck passiert, dass der Beamte mir meinen Ausweis mit den fröhlichen Worten ›Geh ma anschaffen, was?‹ zurückgab. Neben mir saß ein männlicher Bekannter, der von meinem Beruf nichts wusste … bis zu diesem Augenblick. Weiter wurde meiner Mutter von einer Nachbarin, deren Sohn wiederum bei der örtlichen Polizei arbeitet, mitgeteilt, dass ich Prostituierte sei. Hinzu kommt noch ein ähnlicher Vorfall, den ich aber im Augenblick nicht absolut sicher verifizieren kann … wenn, wäre er aber so gravierend, dass er zumindest meine studentische Laufbahn enorm hätte beeinflussen können.«

Und das sind keine Einzelfälle. Cleo, hauptberuflich Sozialpädagogin, wollte in einem Münchner Massagestudio tätig werden. Sie informierte sich aus Sorge vor einem Outing bei der Sitte. Zur Antwort bekam sie lapidar, dass man so etwas nicht absichtlich mache, aber: »Kann halt mal passieren, haben wir auch schon von gehört.« Die Kollegin entschied sich dann aus Angst gegen die Arbeit in München.

Selbst in Betrieben, in denen es nie irgendwelche Vorfälle gab, wird regelmäßig kontrolliert. »Die Sitte weiß sehr genau, dass es bei uns noch nie irgendeinen Anlass zur Problemvermutung gegeben hat«, erzählt mir eine Kollegin aus einem Münchner Tantra-Studio. »Deshalb können wir uns glücklich schätzen, dass sie bei uns statt wie üblich ein bis zwei Mal pro Woche nur alle ein bis zwei Monate aufschlagen. Aber wir wurden schon direkt damit bedroht – ich war dabei, habe es also selbst gehört –, dass die Tür aufgebrochen wird, wenn wir nicht unverzüglich nach dem Läuten der Polizei öffnen.« Ihr Einwand, dass sie sehr lange und höchst meditative Massagen im geschützten Rahmen anbieten und deshalb während einer Session nicht unterbrechen und die Tür öffnen könnten, wurde ignoriert. Im Zweifel würde man die Tür zwangsweise öffnen und den Massageraum stürmen. »Dies führt dazu, dass wir oftmals nicht mehr in Ruhe arbeiten können, wenn alle belegt sind. Wir sind in der Regel nur zu zweit und lauschen dann ständig paranoid auf das Klingeln. Ein Hereinstürmen der Polizei in eine laufende Massagesession, die ja durchaus therapeutische Facetten hat, wäre für uns und unsere Gäste der traumatisierende Albtraum schlechthin.«

Was den Servicebereich betrifft, der über Massagen hinausgeht, berichten mir mehrere Kolleginnen, dass die Sitte im Verdachtsfall die Einhaltung der bayerischen Kondomverordnung durch blitzartiges Richten einer Taschenlampe auf den Genitalbereich überprüft. Das Recht auf Intimsphäre haben Sexarbeiter_innen und ihre Kunden in diesem Bundesland offenbar verwirkt – und das ist ganz klar eine repressive Verletzung von Grund- und Menschenrechten.

Warum überhaupt noch irgendwer in München anschaffen geht? Weil der Markt es regelt. Der uferlose Sperrbezirk und die Polizeischikanen schrecken viele Sexworker ab; die verbleibenden verdienen umso besser. Ich finde es immer wieder befremdlich, dass mir persönlich vorgeworfen wird, ich betreibe aus Profitgier Lobbyarbeit gegen restriktive Gesetzesvorhaben.

Vom Standpunkt meiner Einnahmen kann mir, einer allgemein geouteten Sexarbeiterin, die schon seit Jahren in irgendwelchen polizeilichen Datenbanken gespeichert ist, gar nichts Besseres passieren, als dass es schwieriger für diejenigen wird, deren gesellschaftlicher Ruf noch nicht ruiniert ist. Um meinen Verdienst mache ich mir wirklich keine Sorgen, sehr wohl allerdings um meine Rechte und die meiner Kolleginnen und Kollegen.

Zurück zur Kondompflicht nach bayerischem Vorbild, die inzwischen auch bundesweit gesetzlich verankert ist. Nicht nur ist die Überprüfung nicht unter menschenwürdigen Bedingungen durchführbar, das Konzept an sich ist bereits kontraproduktiv. Selbstverständlich ist die Verwendung von Kondomen bei der Sexarbeit sinnvoll. Aber: »Repression führt nicht zu mehr Schutz vor HIV und Gewalt, sondern verdrängt Sexarbeit in dunkle Ecken«, schreibt die Deutsche Aidshilfe auf ihrer Website. »Dort sind weder Sexarbeiterinnen noch Freier für Prävention und Beratung erreichbar. Das Risiko der Frauen, Opfer von Gewalt zu werden, erhöht sich drastisch. Die Kondompflicht wird zu mehr Kriminalisierung von Sexarbeiterinnen und Freiern führen. Damit ist niemandem geholfen.« Es gilt vielmehr, Sexarbeiter_innen zu stärken, damit sie aufgeklärt und selbstbewusst ihre Interessen vertreten können. Dafür braucht es eine starke Präventionsarbeit vor Ort, Aufklärung vor allem auch für unsere Kunden und eine Weiterentwicklung des liberalen Prostitutionsgesetzes – keine Verschärfung. International arbeiten Sexarbeiter_innen daran, das Risiko von STI-Ansteckungen zu minimieren, indem sie Kondome kostenlos zur Verfügung stellen, ihre Kolleg_innen aufklären, ihnen Strategien zur Verhandlung mit Kunden vermitteln und durch Community Building Solidarität unter Sexarbeiter_innen stärken. Und was macht Deutschland? Ein Gesetz entwickeln, das es für die, die am dringendsten Geld brauchten, attraktiver macht, ohne Schutz zu arbeiten, weil sie durch die Illegalität der Praktik mehr Geld verlangen können …[29]

Ähnliches gilt auch für die erneute Einführung von Zwangsuntersuchungen von Sexworkern, auch wenn sich diese spezielle Forderung der Union bisher sich in Deutschland glücklicherweise nicht wieder durchsetzen konnte. Solche Maßnahmen dienen vorgeblich dem Gesundheitsschutz. Die Experten der deutschen Gesellschaft für sexuell übertragbare Krankheiten (DSTIG) sind sich dagegen einig, dass diese Untersuchungen weder der Gesundheit des Individuums noch der Gesellschaft dienen. Im Gegenteil: »Pflichtuntersuchungen beeinträchtigen die Förderung der sexuellen Gesundheit, sind grundgesetzwidrig und verletzen die Würde der Menschen, erfüllen den Tatbestand der Körperverletzung und verhindern weder Menschenhandel noch sexuelle Ausbeutung.«[30] Eine weitere Menschenrechtsverletzung, die im benachbarten Ausland übrigens nach wie vor an der Tagesordnung ist.

Eine Legalisierung und damit Reglementierung der Sexarbeit geht also als eine Form struktureller Gewalt häufig mit Verletzungen der Intimsphäre, der sexuellen Selbstbestimmung und der Menschenrechte einher. Kein Wunder, dass Sexwork-Aktivist_innen weltweit Sturm laufen und dass dort, wo solche Modelle bereits in Kraft sind, oft ein Großteil der Branche außerhalb dieser Regulierungen agiert. Mit allen Folgen, die ein illegalisierter Status mit sich bringt: Erpressbarkeit, eine höhere Gefahr wirtschaftlicher Ausbeutung und eine geringere Bereitschaft, Straftaten anzuzeigen.

## Sexarbeit ist Arbeit

Die gesetzlichen Rahmenbedingungen einer Legalisierung sollten nicht mit dem Status von Sexarbeit als legaler Tätigkeit oder mit rechtlicher Anerkennung von Sexarbeit als Beruf verwechselt werden. »Sexarbeit ist Arbeit« ist die zentrale Grundlage unserer Bewegung. Die kompromisslose Anerkennung von Sexarbeit als legitime (wenn auch – wie viele andere Berufe – nicht für jeden Menschen geeignete) Erwerbstätigkeit setzt die vollständige Entkriminalisierung aller Aspekte des selbstbestimmten und einvernehmlichen Tausches von Geld oder anderen materiellen Gütern gegen erotische und sexuelle Dienstleistungen voraus. Wir fordern eine rechtliche Gleichstellung mit Angehörigen anderer Berufe. Das beinhaltet auch ein Recht auf sinnvolle und gemeinsam mit Menschen aus der Branche entwickelte Arbeitschutzmaßnahmen, nicht aber Legalisierung/Regulierung im Sinne einer staatlichen Gängelung und diskriminierender Kontrollwut.

## Neuseeland als gutes Beispiel?

Das Sexarbeitsgesetz von Neuseeland aus dem Jahr 2003 wird häufig als Gegenentwurf zur Kriminalisierung nach dem »Schwedischen Modell« genannt. Sexworker in Neuseeland arbeiteten vor 2003 in einer rechtlichen Grauzone. Bordelle wurden als »Massagesalons« geduldet, diese galten allerdings als »öffentliche Orte«. Damit war das Anwerben von Kunden für die dort arbeitenden Sexarbeiter_innen illegal. Die Kolleg_innen wurden polizeilich registriert, und durch die häufigen Razzien war das Verhältnis zwischen Sexworkern und Behörden katastrophal.

Der Prostitution Reform Act, kurz PRA, ist ein menschenrechtsbasierter Ansatz zur Entkriminalisierung, der zusammen mit dem New Zealand Prostitutes' Collective, der nationalen Sexworker-Organisation, entwickelt wurde. Der PRA betont die grundsätzliche Legalität von Sexarbeit und Bordellbetrieben und ähnlich wie das deutsche Prostitutionsgesetz die Gültigkeit – also das Ende der grundsätzlichen Sittenwidrigkeit – von Verträgen innerhalb der Branche. Trotzdem wird die sexuelle Selbstbestimmung gewährleistet: Die Einwilligung zur sexuellen Dienstleistung kann jederzeit entzogen, und niemand darf zur Sexarbeit gezwungen werden. Bordellbetreiber_innen benötigen eine formal recht einfach zu beschaffende behördliche Lizenz, die vor allem Menschen mit einschlägigen Vorstrafen ausschließen soll. Kleinbordelle mit bis zu vier gleichberechtigten Sexworkern müssen keine Betreiber_in ausweisen.

Eine vollständige rechtliche Gleichstellung der Sexarbeit mit anderen Berufen ist durch den PRA freilich auch nicht erfolgt. So werden in Neuseeland keine Arbeitsvisa für Sexarbeiter_innen oder Betreiber_innen ausgestellt, und Werbung für sexuelle Dienstleistungen ist nach wie vor nur begrenzt möglich. Kommunale Regulierungen sind teilweise noch restriktiver. Es gilt nicht nur eine Pflicht zur gesundheitlichen Information durch Betreiber_innen, sondern auch eine Kondompflicht für Sexworker und Kunden – ein höchst umstrittenes Konzept.

Trotzdem stellt der PRA im Vergleich zur früheren Handhabung in Neuseeland eine deutliche Verbesserung der rechtlichen Situation von Sexdienstleistenden dar. Das Verhältnis zwischen Sexarbeiter_innen und Polizei hat sich enorm verbessert, kriminelle Übergriffe werden häufiger angezeigt und verfolgt. Das neuseeländische Arbeitsministerium hat sogar offizielle Arbeitsschutz-Richtlinien für die Sexarbeitsbranche herausgegeben. Die Anzahl der Sexworker in Neuseeland blieb, im Gegensatz zu den Befürchtungen der Gegner des PRA, weitgehend unverändert.

Sicher lässt sich nicht alles von der abgelegenen Insel eins zu eins auf andere Länder übertragen. Doch woran sich Gesetzgeber hierzulande ein Beispiel nehmen sollten, ist die Zusammenarbeit auf Augenhöhe mit den in der Branche Aktiven im Gesetzgebungsprozess.

## Schluss mit der Diskriminierung

Doch selbst die vollständige Entkriminalisierung der Sexarbeit reicht nicht aus. Das glücklicherweise abnehmende, aber noch immer weit verbreitete »gesellschaftliche Unwerturteil« wird sich dadurch allein nicht abschaffen lassen. Das Hurenstigma begleitet uns jeden Tag, egal ob wir aktiv in der Sexarbeit tätig sind oder uns in andere Berufe umorientieren wollen. Ein möglicher Schutz dagegen wäre, die Berufswahl als zusätzlichen Punkt in das allgemeine Gleichbehandlungsgesetz aufzunehmen. Menschen, die aufgrund ihrer Tätigkeit in der Sexarbeit oder in anderen Berufen von öffentlichen oder privaten Einrichtungen und Dienstleistern oder auch von gegenwärtigen und zukünftigen Arbeitgebern diskriminiert werden, sollten kompetente Beratung und Hilfestellung in Anspruch nehmen und gegebenenfalls vor Gericht ziehen können, um eine Entschädigung zu erwirken.

Solange die gesellschaftliche Stigmatisierung noch besteht, ist außerdem dem Schutz unserer Privatsphäre und Anonymität eine hohe Priorität einzuräumen. Dazu gehört ein flächendeckendes Angebot anonymer, kostenloser und parteilicher berufsbegleitender Beratung, gesundheitlicher Aufklärung, Untersuchung und gegebenenfalls Behandlung. Solche Angebote werden von Sexarbeiter_innen freiwillig und regelmäßig in Anspruch genommen, wo sie bestehen. Diese Angebote sind auch grundsätzlich im Infektionsschutzgesetz festgelegt, doch für eine ausreichende Versorgung fehlen die Gelder.

Im Fall von real auftretenden Konflikten zwischen Sexarbeitenden und anderen Erwerbstätigen oder Anwohnern fordern wir eine Regulierung der Sexarbeit nur im gleichen Maße, wie sie auch bei Angehörigen anderer Berufe praktiziert wird. Sogenannte »ideelle Emissionen«, also eine *empfundene* Störung durch das bloße Vorhandensein von Sexarbeit in der Nachbarschaft kann und darf kein Grund für eine Reglementierung sein. Flächendeckende Berufsverbote wie die Sperrbezirke sind im Rahmen einer rechtlichen Anerkennung der Sexarbeit nicht hinnehmbar. Dasselbe gilt für die grundsätzliche Einordnung kleiner, störungsfrei betriebener Wohnungsbordelle als störendes Gewerbe nach dem Baurecht.

# Puff, Studio oder Strich? Wo man uns findet

Um verstehen zu können, wie wichtig der Erhalt der Vielfalt von Organisations- und Arbeitsformen in unserer Branche ist, braucht es genauere Einblicke. Selbst wenn wir uns nur auf den Teilbereich der Sexarbeit mit direktem körperlichem Kundenkontakt beschränken (also das, was im rechtlichen Sinn unter »Prostitution« fällt, im Gegensatz zu Sparten wie Telefonsex, Pornodrehs und Webcam-Shows) gibt es eine Fülle von Branchenzweigen mit unterschiedlichen Service-Angeboten und Preissegmenten. Die zugehörigen »Prostitutionsgewerbe« sind vielfältig organisiert und beherbergen Sexdienstleister mit einem oder mit verschiedenen Schwerpunkten.

*Bordell* wird häufig als Überbegriff für alle Räume gebraucht, in denen Sexarbeit stattfindet. Im engeren Sinne bezeichnet ein Bordell eine Betriebsform, in der eine Gruppe von Sexarbeiter_innen sich einige Arbeitszimmer, einen oder mehrere Aufenthaltsräume und häufig ein Empfangszimmer teilt. Die Sexarbeiter_innen halten sich in den Aufenthaltsräumen auf. Klingelt ein Gast, wird er von der Inhaberin oder Hausdame ins Empfangszimmer geleitet. Sofern er nicht bereits eine bestimmte Wahl getroffen oder eine feste Terminvereinbarung hat, stellen sich nacheinander alle Kolleginnen kurz vor. Dann teilt der Gast seine Wahl der Empfangsdame mit, und die Betreffende zieht sich mit dem Kunden in eines der Arbeitszimmer zurück.

Das kleine *Wohnungsbordell* ist eine beliebte Betriebsform. Hier wird eine Wohnung oder auch eine Büro-Gewerbefläche als Arbeitsstätte genutzt, je nach Größe manchmal nur von zwei oder drei Kolleg_innen. Im Aufenthaltsraum, zum Beispiel in der ursprünglichen Küche, halten sich die Dienstleister_innen auf, im Wohnzimmer wird die Kundschaft empfangen und in den Schlafzimmern gearbeitet. Den Job der Empfangsdame übernimmt dabei die manchmal auch selbst mitarbeitende Betreiberin oder eine der jeweils gerade freien Kolleginnen.

Auch in einer *Terminwohnung* dient eine Wohnung als Arbeitsplatz, die von einer oder manchmal auch mehreren Sexarbeiter_innen auf Zeit angemietet wird. Diese sind hier meist autark tätig und wohnen auch in den Räumen, die Betreiber_innen sind nur selten anwesend. In Terminwohnungen herrscht eine geplante Fluktuation und Rotation, typische Aufenthaltsdauer an einem Ort sind eine bis zwei Wochen. Terminwohnungen sind auch, aber nicht nur interessant für Pendelmigrant_innen, die für eine Weile im Ausland arbeiten, um dann wieder zu Hause Zeit bei ihrer Familie zu verbringen. Es gibt übrigens Vermieter_innen, die Terminwohnungen in verschiedenen Städten verwalten und den Transfer zwischen diesen Wohnungen als zusätzlichen Service für ihre Mieter_innen mit anbieten. Daraus wird dann in der Presse gern mal ein »Zuhälter-Ring« und »Frauen, die nicht einmal wissen, in welcher Stadt sie sich gerade aufhalten«. Ehrlich gesagt: Wenn ich mich in einem Land ausschließlich zum Geldverdienen aufhalte und zwei große Koffer mit Klamotten, Schuhen, Sexspielzeug und Kosmetik mit mir herumschleppe, nehme ich selbstverständlich den Fahrservice meines Vermieters in Anspruch – und als Nichtmuttersprachlerin wäre es mir auch wurscht, in welchem Kaff mit einem unaussprechlichen Namen zwischen Gelsenkirchen und Mönchengladbach ich die nächsten sechs Tage verbringe, solange es einen Pizzaservice und irgendwo um die Ecke einen Supermarkt gibt und der Rubel rollt.

Arbeitswohnungen aller Art nennen sich manchmal *Privat-Apartment* oder *Modellwohnung*. In manchen Fällen handelt es sich dabei wirklich um ein Arbeitszimmer in der Privatwohnung der Sexarbeiter_in oder sogar um ihr sonst privat genutztes Schlafzimmer. Häufig sind die Räume aber primär als Arbeitsstätte angemietet, selbst wenn die Kolleg_innen während ihres Aufenthalts dort auch übernachten.

Ein *Laufhaus*, früher »Dirnenwohnheim« genannt, ist wie ein Hotel organisiert. Sexdienstleister_innen mieten hier tageweise ein möbliertes Zimmer, in dem sie arbeiten und meist auch schlafen. Wenn sie Kunden anwerben möchten, lassen sie ihre Zimmertür offen, stellen sich in den Türrahmen oder auf den Flur, oder setzen sich dort auf einen Barhocker. In manchen Laufhäusern haben die Zimmer Fenster zum Flur, die mit einem Vorhang verschlossen werden können. Kunden spazieren durch das Laufhaus (daher der Name), unterhalten sich mit den Sexarbeiter_innen und können in Ruhe auswählen. Das Laufhaus ist eine beliebte Betriebsstätte für »Rotlicht-Liebhaber« – man kann als Kunde stundenlang die verruchte Atmosphäre genießen, umherwandern und Pläuschchen halten, bevor man dann vielleicht eine Dienstleistung in Anspruch nimmt.

Zimmer in Laufhäusern werden sowohl von zeitweise arbeitenden Selbstständigen, als auch von Dauermieter_innen in Anspruch genommen. Häufig ist es möglich, mittels einer Reservierungsgebühr ein bestimmtes Zimmer auch bei vorübergehender Abwesenheit zu behalten, was den Vorteil hat, anschließend von Stammgästen wiedergefunden zu werden. Große Laufhäuser bieten meist eine umfassende Infrastruktur für ihre Mieter_innen: eine Kantine, Einkaufsmöglichkeiten für Arbeitsmaterialien und Berufsbekleidung, Waschsalon, Friseur, Beauty- und Nagelstudio bis hin zu hauseigenen Mietwagen oder einem Fahrservice. Auch Werbekampagnen sind in der Zimmermiete enthalten. Dass der Betrieb über die gesamte Mietdauer nicht verlassen werden muss, wird manchmal in den Medien zum Nachteil für die dort Arbeitenden verdreht; tatsächlich folgt das aber mehr dem Wunsch vieler Kolleg_innen, in kompakten Zeiträumen so viel Geld wie möglich zu verdienen.

In *Sauna-* oder *Wellnessclubs* wird dem Kunden ein Rundum-Wohlfühlprogramm angeboten. Es gibt meist einen oder mehrere opulent gestaltete Gemeinschaftsräume mit Bars, Buffets und Tanzflächen, wo sich Kunden und Dienstleister_innen aufhalten. Dazu einen mehr oder weniger aufwendigen Wellnessbereich mit Saunen, Whirlpools oder Schwimmbad. Speisen und Getränke, manchmal Stripshows und die Nutzung des Wellnessbereichs, sind im Eintrittspreis enthalten. Die Zeit mit den anwesenden Sexworkern wird unterschiedlich abgerechnet. In manchen Clubs zahlen sowohl Kunden als auch Sexarbeiter_innen einen Eintrittspreis, und die Betreiber halten sich aus den weiteren Verhandlungen zumindest offiziell heraus. Inoffiziell sind durch eine Hausordnung und sogenannte »Clubstandards« die Arbeitsweise, Preise und Services der Dienstleister_innen dann doch meist in einem gewissen Umfang geregelt. Auch die berüchtigten »Flatratebordelle« bzw. Pauschalclubs gehören in die Kategorie der Saunaclubs: Hier ist für den Kunden der Sex mit den Dienstleister_innen in unterschiedlichem Umfang ebenfalls im Eintrittspreis enthalten. Für die Abrechnung zwischen Betrieb und Sexarbeiter_in gibt es auch in Pauschalclubs wiederum ganz unterschiedliche Modelle, vom volumenunabhängigen Tageshonorar (das manchmal je nach grundsätzlichem Serviceangebot der jeweiligen Person variiert) bis hin zu Bonussystemen, bei denen Kunden mit Jetons bezahlen, die dann anschließend mit dem Betrieb abgerechnet werden.

Auf dem *Straßenstrich* finden Anbahnungsgespräche im öffentlichen Raum statt. Die Sexarbeiter_in steht meist am Straßenrand, der Kunde fährt mit dem Auto vor und wird am Fenster angesprochen oder ist zu Fuß unterwegs. Die Dienstleistung wird im Auto des Kunden, in einem Stundenhotel (»Steige«), selten auch in der näheren Umgebung unter freiem Himmel erbracht. Der Straßenstrich ist die am deutlichsten sichtbare Version der Sexarbeit und prägt die Vorstellung, die viele Menschen von unserer Dienstleistung haben. Hier kommt es oft zu Kontroversen: Manche Anwohner fühlen sich durch das schiere Vorhandensein sichtbarer Sexarbeit in ihrem moralischen Empfinden gestört. Gelegentlich kommt es auch zu realen Interessenskonflikten, zum Beispiel bei erhöhtem Verkehrsaufkommen in dicht bebauten Gebieten (»Freierkreisel«) oder bei lauten nächtlichen Auseinandersetzungen.

Straßenstrich-Gebiete können sich in ganz unterschiedlichen Gegenden etablieren: von traditionellen Rotlichtvierteln wie den Nebenstraßen der Reeperbahn im Hamburger Stadtviertel Sankt Pauli über Durchgangsstraßen in Gewerbegebieten bis zur nächtlichen Zwischennutzung von Großparkplätzen wie dem des Duisburger Zoos. Mancherorts wurden Straßenstriche erfolgreich in städtisch ausgewiesene »Toleranzzonen« verlegt, durch das Angebot sinnvoll nutzbarer und gut erreichbarer Ausweichflächen. Die dort zur Verfügung gestellte Infrastruktur mit Securitypersonal, öffentlichen Toiletten, Sozialberatung und »Verrichtungsboxen« (Car-Ports) mit Alarmknopf für brenzlige Situationen wissen die dort arbeitenden Kolleg_innen trotz mangelnden Charmes solcher Flächen durchaus zu schätzen. Versuche, einen etablierten Straßenstrich mit gewachsener und funktionierender Infrastruktur ausschließlich mittels Illegalisierung durch Sperrgebiete zu verdrängen, führen dagegen so gut wie nie zu einer Abnahme der Sexarbeit. Allerdings führen sie zu einer Zunahme der Gewalt gegen Sexarbeiter_innen, da diese die Anbahnung schnell und heimlich hinter sich bringen müssen, statt ihre potenziellen Kunden durch ein ausführlicheres Gespräch in der Sicherheit des öffentlichen Raumes besser kennenlernen und einschätzen zu können. Gibt es keine sinnvollen Alternativen, bleibt den Dienstleister_innen häufig nur, trotz Sperrgebietsverordnung wieder am selben Ort zu stehen und weitere Bußgelder zu riskieren, die sie wiederum nur aus Einnahmen aus der Sexarbeit begleichen können – ein Teufelskreis, der im Wiederholungsfall sogar im Gefängnis enden kann.

An manchen Straßen außerhalb bewohnter Gebiete finden sich am Straßenrand sogenannte *Love-Mobile* – mehr oder weniger diskret beleuchtete Wohnmobile oder Wohnwagen, in denen Sexarbeiter_innen auf Kunden warten. Zweckmäßig eingerichtet bieten diese Betriebsstätten ein Bett, einen Hygienebereich und ein Dach über dem Kopf und werden vor allem von Dienstleister_innen geschätzt, die gern allein arbeiten. Die Fahrzeuge gehören dabei entweder der Sexarbeiter_in selbst oder werden von Betreiber_innen angemietet.

Neben festen Betriebsstätten mit regelmäßigen Öffnungszeiten gibt es auch einzelne *Sexwork-Events*, für die Partylocations, Swingerclubs, Hotelsuiten oder Ferienhäuser angemietet werden. Häufig wird für solche Veranstaltungen von den männlichen Kunden ein einmaliger Eintritt für die gesamte Partydauer verlangt, und es herrscht eine Orgien-Atmosphäre. Bei einem »Herren-Überschuss« handelt es sich um eine sogenannte »Gangbang-Party« wie sie auch in manchen Swingerclubs unter Privatpersonen praktiziert wird. Solche Partys werden sowohl von selbstständigen Sexarbeiter_innen gemeinsam veranstaltet als auch von Dritten organisiert.

*Swingerclubs* sind eigentlich Treffpunkte für private, sexuell aufgeschlossene Paare und Singles ohne finanzielle Interessen. Sie sind allerdings auch ein beliebter Ort für Ausflüge von Sexarbeiter_innen mit ihren Kunden – und man munkelt, dass in manchen Clubs besonders »fleißige« weibliche Stammgäste von den Betreibern auch mal ein »Taschengeld« zugesteckt bekommen.

Manche Sexarbeiter_innen sind nicht besuchbar, sondern treffen ihre Kunden in deren Räumen. Meist stellt man sich unter *Escort* die Begleitung zu einem Abendessen oder kulturellen Event mit gehobener Konversation und anschließendem Sex wie mit einer privaten Geliebten (»Girlfriend Experience«) im luxuriösen Hotel des Gastes vor. Das kommt vor – genauso wie teure Reisen in alle Welt. Häufig steht »Escort« allerdings auch nur dafür, dass die Dienstleistung in der Wohnung oder im Zimmer des Kunden erbracht wird (Haus- und Hotelbesuche, Outcall). Arbeitsweise und Honorar unterscheiden sich in letzterem Fall nicht weiter von anderen Sexwork-Segmenten wie beispielsweise dem Wohnungsbordell.

*SM-* oder *Dominastudios* sind meist sehr aufwendig mit Spezialmöbeln, Ein- und Umbauten und vielerlei Equipment ausgestattet. Manche Studios sind auf die Umsetzung bestimmter Rollenspiele oder Fetische spezialisiert, bieten beispielsweise Räume voller Latexkleidung oder sind für Klinik-Rollenspiele fast wie echte Arztpraxen eingerichtet. Die in SM-Studios erbrachten Dienstleistungen sind vielfältig und beinhalten generell seltener traditionellen Geschlechtsverkehr als in anderen Teilen der Branche. Dass Sexarbeiter_innen, die in SM-Studios arbeiten, grundsätzlich keinen Sex im engeren Sinne mit ihren Kunden haben, ist allerdings ein Mythos. Unabhängig von den durchgeführten Praktiken steht auch hier am Ende der »Session« fast immer der Orgasmus des Kunden.

In *Tantra-* oder *Erotikmassagestudios* werden Massagen im weitesten Sinne angeboten. Das kann ein ausgefeiltes Ganzkörper-Ritual sein, das den Genitalbereich mit einschließt, oder eine schnelle »Handentspannung« mit ein bisschen Rückenkraulen vorweg – und alles dazwischen. Manche Masseur_innen, vor allem in den in verschiedenen Verbänden organisierten Tantrastudios, durchlaufen vor Beginn ihrer Tätigkeit eine mehrwöchige Ausbildung. Der Begriff »Tantra« ist allerdings nicht geschützt. In deutschen Massagestudios wird meistens kein Oral- oder Genitalverkehr angeboten. In Ländern, in denen Sexarbeit repressiv reguliert oder sogar verboten ist, wird »Massage«, genau wie »Begleitung«, dagegen häufig als Tarnbegriff für den »vollen Service« verwendet.

In *Stripshows*, *Peepshows/Liveshows* und *Table Dance-Lokalen* besteht häufig die Möglichkeit, sich mit den Tänzer_innen in ein Separée zurückzuziehen. Die »Private Dances« dort sind entweder Striptease, Lapdances oder Sexshows ohne intimen Körperkontakt, oder es werden weitergehende Dienstleistungen angeboten.

Größere *Pornokinos* ähneln oft dunklen Labyrinthen aus kleinen Filmsälen und Video-Einzelkabinen mit Bildschirmen und Wahlprogramm auf Knopfdruck. Häufig gibt es zudem Räume, die sich für Sex unter abenteuerlustigen Besucher_innen oder für die Begegnung mit Sexarbeiter_innen eignen: Tanzstangen, Sofas, Slings (eine Art erotisch nutzbarer Hängematte), SM-Möbel, Betten oder Mattenlandschaften bestimmen die Einrichtung. In vielen Pornokinos sind Sexarbeiter_innen ständig, zu bestimmten Zeiten oder auf Verabredung anwesend, oder sie treffen ihre Kunden an einem anderen Ort und begleiten sie in das Kino.

Es gibt spezielle *Bars*, *Clubs* oder *Kneipen* ganz unterschiedlicher Preisklassen, in denen sich überwiegend Dienstleister_innen und Kunden treffen. Manche Bars sind Teil einer Bordellstruktur mit Zimmervermietung aus einer Hand, andere sind Teil eines Komplexes aus Straßenstrich, Anbahnungsgastronomie und Stundenhotels. Stricherkneipen sind neben Pornokinos und einschlägigen Internetportalen eine der zentralen Organisationsformen der Sexarbeit von Mann zu Mann.

*Hotelbars* und andere Gastronomie, deren Schwerpunkt eigentlich nicht die Vermittlung von Sexarbeit ist, werden auch öfter von Sexarbeiter_innen und Kunden zur Geschäftsanbahnung genutzt. Dies wird von den Inhabern mehr oder weniger gern gesehen, geduldet oder gefördert. So müssen solche Treffen manchmal besonders diskret ablaufen, oder sie werden sogar vom Gastro- oder Hotelpersonal gegen eine Vermittlungsgebühr in die Wege geleitet. Manche selbstständigen Sexarbeiter_innen, Bordelle oder Escortagenturen arbeiten regelmäßig mit Hotelpersonal zusammen, das wiederum Kontakte zu potenziellen Kunden vermittelt. Andere Kolleg_innen setzen sich auch einfach unter der Woche abends in die Bar eines gehobenen Hotels, flirten mit einsamen Geschäftsreisenden und lassen charmant einfließen, dass sie für eine finanzielle Gegenleistung zu einem Abenteuer bereit wären.

Und welche Arbeitsweise ist nun die beste? Welche Betriebe, welche Form der Sexarbeit sollte bevorzugt gefördert werden? Sind Escorts und Dominas privilegiert? Ist Flatrate-Sex frauenverachtend?

## Der Tod der Peepshow

Ich habe ja schon berichtet, dass meine eigene Sexarbeitskarriere Mitte der Neunziger in einer kleinen Provinz-Peepshow begann. Allerdings waren Peepshows bereits 1981 nach einem Urteil des Bundesverwaltungsgerichts verboten worden. Die Begründung:

> *Die durch die Art der Bezahlung vermittelte Atmosphäre eines mechanisierten und automatisierten Geschäftsvorganges; bei dem der Anblick der nackten Frau wie die Ware eines Automaten durch Münzeinwurf verkauft und gekauft wird; die durch den Fensterklappenmechanismus und den einseitigen Sichtkontakt hervorgehobene verdinglichende Isolierung der als Lustobjekt zur Schau gestellten Frau vor im Verborgenen bleibenden Voyeuren; der durch diesen Geschehensablauf besonders kraß hervortretende Eindruck einer entpersonifizie-*

*renden Vermarktung der Frau; die Isolation auch des allein in der Kabine befindlichen Zuschauers und das damit verbundene Fehlen einer sozialen Kontrolle; die durch das System der Einzelkabine bewußt geschaffene Möglichkeit der Selbstbefriedigung und deren kommerzielle Ausnutzung. Diese Umstände bewirken in ihrer Gesamtheit, daß die zur Schau gestellte Frau durch den Veranstalter wie eine der sexuellen Stimulierung dienende Sache zur entgeltlichen Betrachtung dargeboten und jedem der in den Einzelkabinen befindlichen, der Frau nicht sichtbaren Zuschauer als bloßes Anregungsobjekt zur Befriedigung sexueller Interessen angeboten wird. Dies rechtfertigt das Urteil, daß die zur Schau gestellte Frau durch diese – die sogenannte Peep-Show als gewerbsmäßige öffentliche Veranstaltung im Sinne von § 33a GewO in ihrer typischen Eigenart kennzeichnende – Art und Weise der Darbietung erniedrigt und dadurch in ihrer Menschenwürde verletzt wird.*[31]

Angeblich wurde ich also dadurch entwürdigt, dass ein Zuschauer, den ich nicht sehen konnte, sich auf den Anblick meiner gespreizten Pussy einen runterholte.

Zu meiner Zeit gab es daher nur noch eine Handvoll echter Peepshows in ganz Deutschland, die zähneknirschend geduldet wurden. Neueröffnungen waren als sogenannte »Liveshows« so gestaltet, dass die Tänzerin sich auf einer allseitig einsehbaren Bühne befand, oft in einer Art Glaskasten, sodass jeder jeden durchgehend beobachten konnte und musste – auch die Kunden einander.

Das Peepshow-Urteil war oft Thema unter uns Kolleginnen. Die Frauen, mit denen ich über Jahre regelmäßig zusammenarbeitete, tingelten durch die verbleibenden Peepshows – und nur durch diese. Wir hatten weder Lust auf Tabledance mit Barbetrieb und Alkoholkonsum, noch auf die neuen Live-Shows, von uns als »Goldfischgläser« bezeichnet, die dem Kunden keine

Gelegenheit mehr zur Selbstbefriedigung an der Bühne boten, sondern ausschließlich darauf ausgerichtet waren, die Jungs zum interaktiven Sex in den Solokabinen zu animieren. Viele von uns verstanden sich nicht als »Prostituierte«, sondern als »Tänzerinnen« – weil sie wirklich keine über erotische Shows hinausgehenden Dienstleistungen anbieten oder dem Stigma der Sexarbeit entgehen wollten.

Leider interessierten unsere Wünsche die damalige Rechtsprechung nicht im Geringsten:

> *Diese Verletzung der Menschenwürde wird nicht dadurch ausgeräumt oder gerechtfertigt, daß die in einer Peep-Show auftretende Frau freiwillig handelt. [...] Dieser Schutz verlöre für den hier in Rede stehenden Bereich seine normative Kraft und seine für die verfassungsmäßige Ordnung des sozialen Zusammenlebens konstitutive Bedeutung, wenn die Frage, ob sozialrelevante gewerbliche öffentliche Veranstaltungen durch die Art und Weise ihrer Darbietungen die Menschenwürde der Darstellerinnen verletzen, dem Belieben des Unternehmers oder der Darstellerinnen anheimgegeben würde.*

Ja, wo kämen wir denn da hin, wenn ein paar dumme Huren besser wüssten, was für sie gut ist, als die Gesellschaft, in der sie leben?

Glücklicherweise wandelte sich in den folgenden zwanzig Jahren die gesellschaftliche Sicht auf Sexarbeit nicht nur, sondern es gab auch Menschen, die diesen Vorgang erkannten und hinterfragten. Im legendären Prozess um die Gaststättenkonzession der Berliner Anbahnungskneipe »Cafe Pssst!« befragte Richter Percy MacLean, ein Mitbegründer der Flüchtlingsarbeit von Amnesty International in Deutschland und mehrfach wegen seines Engagements für die Menschenrechte ausgezeichnet, fünfzig Wissenschaftler_innen, Verbände, Gewerkschaften und kirchliche Stellen hinsichtlich der aktuellen sozial-ethischen Bewertung der

Sexarbeit. Er kam zu dem Schluss, dass die gesellschaftliche Akzeptanz unserer Dienstleistung so weit gestiegen war, dass sie nicht mehr als generell sittenwidrig betrachtet werden konnte, und urteilte entsprechend – einer der Prozesse, die in der Folge zum Prostitutionsgesetz von 2002 führten.

Aus seiner Urteilsbegründung:

*Der Schutz der Menschenwürde kann sich (...) nicht gegen die darin mitgeschützte Freiheit der Selbstbestimmung richten (...), und die staatliche Verpflichtung zum Schutz der Menschenwürde (...) darf nicht dazu mißbraucht werden, den einzelnen durch einen Eingriff in die individuelle Selbstbestimmung gleichsam vor sich selbst zu schützen. Denn dadurch würde das dem Grundgesetz immanente Grundrechtsverständnis in seinem Kern getroffen: Aus Freiheitsverbürgungen gegenüber staatlichen Eingriffen würden Ermächtigungsgrundlagen gerade für solche Eingriffe.*

Ich dachte, wir wären schon weiter – und genau jetzt sind wir wieder am Ausgangspunkt vor MacLeans Urteil. Über unsere Köpfe hinweg wird entschieden, welche Arbeitsformen akzeptabel und welche »entwürdigend« sind und verboten werden sollten. Feind Nummer eins: der »Flatrate-Sex«.

## Voll die Orgie – Reizthema Gangbang-Partys

Was soll ich sagen? Gelegentlich lasse auch ich mich auf kommerziellen, von bösen Ausbeutern organisierten Gangbang-Partys – die ja angeblich nicht mit der Würde der Frau vereinbar und was ganz anderes sind als die elitäre Beschäftigung mit kultivierten Perversionen – von den sprichwörtlichen »zehn Freiern am Tag« gut gelaunt durchnageln. Der Verdienst ist nicht schlecht, und die Orgienatmosphäre eine nette Abwechslung zur hyperfokussierten Arbeit im BDSM- und Rollenspielbereich. Ich kenne Kolleg_innen, die ausschließlich auf »Flatrate«-Basis arbeiten oder lange gearbeitet haben. Die sind weder geistig minderbemittelt, noch werden sie von einem Zuhälter zur Arbeit gezwungen.

Karina zum Beispiel, Anfang dreißig, die ich vor ein paar Monaten auf einem Sexworker-Treffen kennengelernt habe. Wir unterhielten uns über ihre Erfahrungen im Escort, im SM-Studio und bei Pornodrehs. Sie lässt sich inzwischen hauptsächlich für Flatrate-Partys im ganzen Bundesgebiet buchen. In ihrer Heimatstadt organisiert sie die Veranstaltungen auch selbst zusammen mit ihrem Partner. »Ich mach gern Gangbang-Partys, weil sie oft in einer entspannten Atmosphäre stattfinden«, erzählt sie mir. »Der Organisationsaufwand für mich hält sich in Grenzen, und ich kann gutes Geld auf einen Schlag verdienen. Es ist eine Einnahmequelle, auf die ich mich verlassen kann. Eine einmal ausgemachte Party findet in der Regel auch statt. Auch erlebe ich gern, wie ich von vielen Männern begehrt werde, ohne mit jedem Einzelnen allzu persönlich werden zu müssen.«

Die Organisation läuft von Veranstaltung zu Veranstaltung immer etwas unterschiedlich ab. Karina arbeitet auf Partys allein oder zusammen mit bis zu vierzehn Kolleginnen. Auf eine dieser Frauen kommen ihrer Erfahrung nach etwa fünf bis acht männliche Besucher. Diese sind Stammgäste oder auch Fremde, die über eine Werbung auf die Veranstaltung aufmerksam geworden sind. Die Partys, an denen Karina teilnimmt, erstrecken sich in der Regel auf einen Zeitraum von vier bis zehn Stunden, während derer sich »Action auf der Matte« mit Pausen zum Unterhalten, Trinken und Essen abwechseln. Je nach Veranstaltung entscheiden die anwesenden Frauen die Dauer ihrer Runden und Pausen eigenverantwortlich, oder es ist ein strukturierter Ablauf vorgegeben. Manchmal stehen erotische Vorstellungen oder Showeinlagen der Frauen auf dem Programm, manchmal wird – natürlich nach Absprache – ein kleinerer oder größerer Teil der Zeit auch gefilmt.

Bei der körperlichen Anstrengung, die bei Gangbang-Partys auch mal in eine schmerzhafte Überreizung übergehen kann, achtet Karina auf ausreichende und regelmäßige Pausen: »Ich habe gute Erfahrungen damit gemacht, den Männern rechtzeitig zu sagen, wenn eine bestimmte Praktik, z. B. Analsex oder Fisten, phasenweise nicht geht. Das ist bisher immer gut akzeptiert worden.« Einen Nachteil sieht sie nur in der kaum vorhanden Privat- und Intimsphäre während einer Party: »Teilweise verbringt man auch die Pausen mit den Männern, da man die Umkleide teilt oder gemeinsam duschen geht. Auch der in meinen Augen für eine kurze Entspannung sehr geeignete Gang zur Toilette kann wegfallen, wenn Natursektspiele gewünscht werden.«

Angeblich soll es ja gerade beim pauschal bezahlten Sex, also genau in dem Teil der Branche, den Karina seit Jahren bestens kennt, ständig vorkommen, dass Sexarbeiterinnen nicht selbstbestimmt arbeiten. Die Frage, ob sie schon je einer solchen Kollegin begegnet sei, verneint Karina: »Ich hatte noch nie das Gefühl, dass eine Frau nicht freiwillig auf einer Gangbang-Party gearbeitet hat. In dem Flatrate-Club, in dem ich im Rahmen einer Party tätig war, kannte ich zum Beispiel Frauen, die Urlaub gemacht haben, die wurden meines Wissens nach auch nicht zur Arbeit gezwungen.«

Karina will sich – im Gegensatz zu einigen Politiker_innen, Journalist_innen, oder sonstigen »Expert_innen« – nicht anmaßen zu beurteilen, wie es sämtlichen Frauen in der Sexarbeit geht und aus welchen Gründen sie letztlich ihrer Arbeit nachgehen. Dass Sexarbeit nicht immer einen Wunsch-Beruf darstellt, kann Karina aus eigenen Beobachtungen bestätigen: »Man trifft schon immer wieder auf Frauen auf Gangbang-Partys, bei denen das Geld sehr im Vordergrund zu stehen scheint. In dem Flatrate-Club, in dem ich einmal tätig war, wirkten die Frauen wenig motiviert, hatten alle einen Migrationshintergrund, wohnten oft im Club und sprachen teilweise kaum deutsch. Die Bezahlung war dort auch deutlich schlechter als auf Gangbang-Partys, und ich habe es so verstanden, dass die Frauen wohl täglich zehn bis vierzehn Stunden gearbeitet haben. Natürlich habe ich mich bei diesen Umständen gefragt, ob die dort arbeiten wollen, oder einfach nur keine andere Perspektive für sich sehen. Doch auch dort habe ich nicht erlebt, dass Frauen zum Beispiel unter Androhung von Gewalt tätig waren.«

Karina selbst kommt sowohl mit ihrer Tätigkeit als auch mit ihren Kunden gut zurecht: »Wenn ein Mann etwas macht, was ich nicht möchte, sage ich ihm das freundlich, aber deutlich. In der Regel funktioniert das gut. Zur Not muss ich energischer werden oder den Veranstalter um Hilfe bitten – der Gast wird dann, wenn nötig, von der Party verwiesen.«

Sie kann sich noch gut an eine Party erinnern, während der es ihr nicht gut ging – und an die Reaktionen ihrer Arbeitskolleginnen und des Veranstalters: »Ich war gesundheitlich angeschlagen, wahrscheinlich hatte ich auch Fieber. Ich hätte einfach absagen können, aber ich dachte, ich wäre fit genug. Nach drei Runden und jeweils circa einer Stunde Action konnte ich einfach nicht mehr.« Eine Kollegin bemerkte ihren Zustand und ermutigte sie, sich die letzten Stunden der sechsstündigen Veranstaltung auf Gespräche mit den Gästen zu beschränken. Auch dem Veranstalter war aufgefallen, dass Karina weniger aktiv war, als er es von ihr kannte: »Als ich gesagt habe, dass es mir gesundheitlich nicht gut geht, war er beruhigt. Er hatte befürchtet, ich wäre aus irgendeinem Grund ärgerlich auf ihn. Ich habe ganz normal mein Geld bekommen und werde weiterhin von ihm gebucht.«

Es geht mir hier übrigens gar nicht darum, Pauschalmodelle als eine grundsätzlich überlegene Arbeitsweise zu verteidigen. Sie sind nur ein Beispiel, an dem sich besonders gut die Abweichung zwischen dem Blick von außen und dem Erleben der Menschen in der Branche illustrieren lässt. Wer von »Flatrate-Sex« hört, womöglich schon geschmacklosen »All you can fuck«-Werbeslogans ausgesetzt war, hat emotional besetzte Bilder im Kopf und fragt sich als empathiebegabtes Wesen automatisch: Könnte ich so was machen? Und wenn ich mir das nicht vorstellen kann – was vermutlich auf die meisten Menschen zutrifft –, wer macht dann so was freiwillig? Das wirkliche Problem liegt darin, dass Letzteres oft eine rhetorische Frage bleibt. Den Lebenswandel einer hochbezahlten Kurtisane kann manch einer vielleicht noch nachvollziehen, aber fünf Stunden ficken mit zehn fremden Männern, gegen Geld, ist das nicht wirklich würdelos …?

Was dabei herauskommt, wenn man tatsächlich interessiert Kolleginnen danach befragt, warum sie sich eine spezielle Sparte ausgesucht haben: Diejenigen, die überwiegend oder sogar ausschließlich in Pauschalclubs oder auf Sexpartys arbeiten, nennen mir mehrere Vorteile dieser Art der Abrechnung. Ein festes Tageshonorar und damit ein geringeres unternehmerisches Risiko. Weniger Konkurrenzdruck der Frauen untereinander. Kein »Kobern« (Anwerben von Kunden) oder Feilschen um Extras. Es gibt Absprachen der Anbieterinnen untereinander, je nach persönlichen Befindlichkeiten (»Du nimmst die ganz jungen Kerle, auf die kann ich nicht, ich erledige dafür die Dauerrammler«). Man unterstützt einander tatkräftig, wenn ein Kunde mal nicht zum Ende kommt. Wo wie bei vielen »Partytreffs« die Zimmertüren ausgehängt und durch Perlenvorhänge ersetzt sind, ist eine Kollegin immer in Rufweite und damit ein hohes Maß an Sicherheit gegen Übergriffe gewährleistet.

In einem Flatrate-Club kann die Geschäftsleitung genauso mehr oder weniger hinter den Sexdienstleister_innen stehen wie in jedem anderen Betriebsmodell auch. Aber auch in einem guten Flatrate-Bordell gilt: Wer ficken will, muss freundlich sein. Und wer sich danebenbenimmt, fliegt raus. Läden, in denen zu viele Gäste auf zu wenige Frauen losgelassen werden, erledigen sich von selbst, denn das hält weder Kunden noch Kolleginnen bei der Stange. In den meisten Fällen sind die Verdienstmöglichkeiten ähnlich wie in anderen Sexwork-Segmenten, nur unterliegt das

Honorar geringeren Schwankungen, da der Veranstalter das Risiko trägt. Und was stellen sich denn bitte diejenigen vor, die davon schwärmen, dass mehr Sexarbeiter_innen angestellt arbeiten sollten? In Angestelltenverhältnissen gibt es im Allgemeinen ein festes Gehalt pro Zeiteinheit, und dafür wird abgearbeitet, was im Betrieb anfällt. So ähnlich also wie im Flatrateclub. Oder?

## Undercover im Billigpuff

Noch einmal möchte ich betonen, dass ich keine einzelne Betriebsart über andere stellen will. Genau wie bestimmte Sexpraktiken und Kunden-Zielgruppen ist auch die Entscheidung für eine bestimmte Infrastruktur etwas sehr Individuelles. Die Wahlmöglichkeiten innerhalb der Sexarbeit sind nicht unbegrenzt und hängen manchmal von Faktoren wie der sozialen Schicht oder dem Bildungsniveau der jeweiligen Sexarbeiter_in ab. Auch Rassismus von Betreiber_innen oder Kunden kann eine Rolle spielen. Je mehr Möglichkeiten wir haben, desto besser können wir für akzeptable Arbeitsbedingungen sorgen. Manch eine_r schätzt die Unabhängigkeit und das Fehlen von Mietkosten auf dem Straßenstrich und nimmt dafür die öffentliche Sichtbarkeit der Tätigkeit in Kauf. Andere Kolleg_innen bevorzugen den Rundum-Service großer Bordelle und Laufhäuser, die Werbung, Verpflegung, Schlafplätze und jederzeit die Möglichkeit des Ortswechsels oder auch des Ausstiegs ohne Verpflichtungen bieten, und zahlen dafür hohe Tagesmieten. Es gibt Sexarbeiter_innen, die grundsätzlich völlig selbstorganisiert arbeiten, bis hin zur eigenhändigen Programmierung ihrer Website. Diese können ortstreu im eigenen Apartment tätig sein oder Terminwohnungen in verschiedenen Städten oder im Ausland anmieten – bei deutschen Pendelmigrant_innen ist zum Beispiel die Schweiz sehr beliebt. Viele Sexarbeiter_innen probieren im Laufe ihrer Karriere verschiedene Arbeitsformen aus und bleiben dann bei einer, oder sie fahren auch langfristig mehrgleisig. Einige der Kolleg_innen, die ich hier vom Hamburger Straßenstrich kenne, haben auch eigene Websites und bieten Escortservice an – zwei Segmente, die an angeblich völlig unterschiedlichen Enden einer konstruierten »Whorarchy« (»Huren-Hierarchie«) liegen.

Ich selbst habe in der Vergangenheit in verschiedenen Betrieben gearbeitet, schaffe mir inzwischen aber am liebsten meine eigene Infrastruktur. Das hält mich nicht davon ab, mir auch heute noch gelegentlich Einblicke in andere Arbeitsweisen zu suchen, auch außerhalb meiner Komfortzone.

So habe ich im Sommer 2014 einige Tage in einem Laufhaus in einer Großstadt in Deutschland verbracht.

Das Rotlichtviertel, das ich mir ausgesucht hatte, bestand aus einem Straßenzug voller Laufhäuser unterschiedlicher Größen und Standards in der Nähe der innerstädtischen Fußgängerzone. Die Mieter_innen waren weit überwiegend Frauen aus Südosteuropa, die Kundschaft unter der Woche meist Einheimische, am Wochenende internationale Sextouristen in Feierlaune.

Ich hatte mich in einem der moderneren Gebäude eingemietet, einem verschachtelten Komplex mit etwa hundert Betten, der beim Bau schon als Laufhaus konzipiert wurde. Ich hatte dort ein Zimmer von etwa zehn Quadratmetern, Boden gefliest, mit einem eins vierzig breiten, von roten Neonröhren beleuchteten Bett. Über den Zustand der Matratze schweigen wir. Dazu gab's einen Barhocker, Spiegel, Nachttisch mit Telefon, Kleiderschrank und Kommode, einen Fernseher und eine mäßig gut arbeitende Klimaanlage. Außerdem gehörte zum Zimmer ein kleines Bad mit Toilette, Dusche, Waschbecken und Bidet. Bettwäsche und Handtücher waren selbst mitzubringen oder wie gegebenenfalls auch alle anderen Arbeitsmaterialien im hauseigenen Shop zu kaufen. Das Zimmer war recht dunkel, hatte aber ein großes Panoramafenster mit Vorhang zur Eingangshalle, sodass man sich für die Besucher sichtbar auf dem Bett rekeln konnte und zum Anwerben von Kunden nicht in der Tür stehen musste. Es gab im

Haus auch Zimmer mit Fenster nach draußen, was für einen längeren Aufenthalt vermutlich eine gute Idee ist, um die eigene geistige Gesundheit zu bewahren – ein wenig Tageslicht ab und an, und der Blick auf einen Grünstreifen sind da schon recht hilfreich. Der Normalpreis für ein Zimmer lag bei 130 Euro pro Tag inklusive Pauschalsteuer – ich musste also »freiwillig« am »Düsseldorfer Verfahren« teilnehmen, einem Sonderbesteuerungsverfahren, das für unsere Branche von manchen Kommunen ohne Rechtsgrundlage praktiziert wird. Statt der üblichen 130 Euro zahlte ich allerdings 150, weil ich nur ein paar Tage statt der eigentlichen Mindestmietdauer von einer Woche bleiben wollte.

Verpflegung war inklusive. Es gab eine Wohnküche, in der rund um die Uhr Müslis, Obst, verschiedene Brote und Brötchen und ein großer Kühlschrank voller Wurst und Käse zur Verfügung standen. Einmal am Tag wurde eine einfache warme Mahlzeit serviert, deren Reste man sich später auch in der vorhandenen Mikrowelle aufwärmen konnte. Alles kein Gourmet-Standard, aber eine ausreichende Grundversorgung. Die Küche war groß, hell und sauber.

Es gab wohl auch noch einen kleinen Fitnessraum, dessen Nutzung in der Zimmermiete enthalten war, den habe ich mir aber nicht angeschaut. Nach Möglichkeiten, Wäsche zu waschen, hatte ich vergessen zu fragen. Ich tippe auf Münzwaschmaschinen im Keller oder einen Wäscheservice, das ist der in Laufhäusern übliche Standard.

Ich hatte mich im Haus natürlich nicht als Aktivistin geoutet, sondern ganz normal eingemietet. Und es war eine komplexe Erfahrung. Sehr skurril, was die Kundschaft dort anging. Manchmal bin ich mitten in einem völlig absurden Dialog in schallendes Gelächter ausgebrochen: »Du ficki zwanzig Euro?« – »Nein, Verkehr ist bei mir ab dreißig Euro möglich.« – »Aber guckst du, so geiler Schwanz!«, erwiderte der Herr, während er sich daranmachte, seine Hose zu öffnen. Wer kann einem solchen Angebot wohl widerstehen?

Deutsch als Muttersprache nutzte mir im Laufhaus übrigens wenig, da viele der Gäste aus dem Ausland angereist waren, um hier ein Wochenende lang möglichst viel zu erleben. Die Arbeit war anstrengend. Selbst drei konzentrierte Zwölf-Stunden-Schichten brachten mir nur knapp meine Unkosten ein: Miete, Fahrtkosten und kleinere Spesen. Gewinn habe ich an diesem Wochenende keinen gemacht. Ferien, Hitze und Ramadan haben nicht geholfen. Alle Kolleginnen, mit denen ich gesprochen habe, haben gejammert, und einige Kunden meinten auch, es sei viel weniger Betrieb gewesen als üblich.

Als Neue bekam ich hauptsächlich die Frischfleischjäger und Sextouristen ab, und ich hatte mich schon sehr, sehr lange nicht mehr so geballt mit dermaßen toxischen Menschen abgegeben. Einige haben versucht, den Preis für die Viertelstunde von dreißig auf zwanzig Euro zu drücken. Ich wurde ungefragt (und unbezahlt) angetatscht, mein Badezimmer wurde hinterlassen wie ein Schweinestall. In meinem Studio hätte ich die meisten dieser Kunden schon beim ersten Telefonat innerhalb von zwei Minuten abgewürgt.

Die Kolleginnen erzählten mir, dass sie überwiegend von Stammgästen leben, die deutlich angenehmer sind. In der Umgebung gibt es mehrere große Gewerbebetriebe, deren Angestellte unter der Woche tagsüber vorbeikommen und dann auch nicht stundenlang herumlaufen und feilschen, sondern wissen, wen sie besuchen wollen, manchmal sogar mit Terminvereinbarung. Das ist sicher ein entspannteres Arbeiten, was aber vermutlich auch nichts daran ändert, dass man sich bei dem Preisniveau und den Grundkosten keine goldene Nase verdient. Ich habe mein Möglichstes getan, um mit vielen Kolleginnen ins Gespräch zu kommen, was aber auch immer wieder mal an einer Sprachbarriere oder bestehenden Cliquen scheiterte. Es ist klar, dass man nicht mal eben schnell ein Vertrauensverhältnis zu einer Neuen aufbaut. Umso mehr habe ich mich gefreut, wenn ich trotzdem längere Unterhaltungen führen konnte. Die meisten Kolleginnen litten an Langeweile wegen der schlechten Auftragslage, einige waren überhaupt nur deshalb auch ausnahmsweise am Wochenende vor Ort.

Das Personal in den beiden hauseigenen Bars war dagegen sehr gesprächig. Einer der Barkeeper erklärte mir, in Laufhäusern arbeiteten keine Frauen, nur Kinder (»Blagen« war die genaue Formulierung), und an Kundschaft verkehre nur »Gesocks«. Reizend. Ich war offenbar in dem ganzen Laden mit hundert Zimmern zu dem Zeitpunkt und auch schon seit einer ganze Weile die einzige Deutsche und habe mit über vierzig auch den Altersschnitt ein gutes Stück angehoben.

Ich war die wenigen Tage, die ich dort verbrachte, ziemlich hochgedreht, und der Irrsinn der Kundengespräche hat mich hauptsächlich amüsiert. Auf lange Sicht hätte mich die Situation dort vermutlich in die Verzweiflung getrieben. Am letzten Morgen hatte selbst ich, mit all meiner Erfahrung mit professioneller Verführung und Abgrenzung, einen kurzen, aber heftigen Nervenzusammenbruch.

Allerdings: Auch in so einem Laden ist nicht die Sexarbeit das Problem. Französisch und Verkehr sind mir im Laufhaus genauso leichtgefallen wie im Hotel oder im SM-Studio. Es ist die Respektlosigkeit und Grenzverletzung der Sorte Kunden, die dort zu dieser Zeit verkehrten, die krank macht. Ich würde sagen, dass von den Männern, die ich dort bedient habe, vielleicht ein Drittel anstandslos meine Grenzen respektiert hat, der Rest hat während der Aktion verbal oder handgreiflich wiederholt versucht, mich zu Dingen zu bringen, die ich zuvor bereits abgelehnt hatte oder für die sie nicht zusätzlich bezahlen wollten. Der unter der Kundschaft herrschende Alkoholpegel machte das Miteinander nicht einfacher. In meiner alltäglichen Arbeitsweise im Studio oder Privat-Apartment, als Escort oder auf Sexpartys sind selbst verbale Drängeleien die absolute Ausnahme.

Das Haus, in dem ich mich befand, hatte ein recht massives Security-System, Videoüberwachung auf allen Fluren, in jedem

Zimmer einen Alarmknopf und acht Mann Sicherheitspersonal in Festanstellung. Das war offenbar auch nötig, da manche Kunden so drängelig wurden, dass nicht jede Frau das alleine in den Griff bekam.

Es gibt in der Sexarbeit wie überall sonst auch Geschäftsbeziehungen, die von gegenseitiger Wertschätzung geprägt sind, und solche, die es nicht sind. Die einen sind bereichernd, die anderen machen krank. Was ich erlebt habe, würde bei mir über kurz oder lang in ein Burn-out führen. In den ersten Wochen im Studio hatte ich allerdings ähnlich viel Stress, insofern maße ich mir nicht an zu beurteilen, wie sich die Arbeit im Laufhaus auf Dauer anfühlt, vor allem, wenn man sich erst einen Gästestamm aufgebaut hat. Vielleicht wiederhole ich das Experiment demnächst einfach noch einmal für einen längeren Zeitraum.

Mit einer besonders sympathischen Kollegin habe ich mehrfach lange in der Küche zusammen gesessen und geredet. Eine kluge Frau, Intensivkrankenschwester aus Ungarn, arbeitete hauptsächlich dominant, hatte viele Stammgäste und nahm studioübliche Preise ab zweihundert Euro die Stunde. Sie zahlte an das Laufhaus 130 Euro Miete pro Arbeitstag und 55 Euro Reservierungsgebühr, während sie nicht anwesend war. Ich habe sie gefragt, wieso sie sich nicht einfach eine kleine Privatwohnung nimmt, ihre Gäste würden ihr sicher folgen. Nun, sie wolle das ja nur noch ein halbes Jahr machen und dann wieder als Krankenschwester arbeiten, aber zu Hause komme sie wegen der Familie nicht dazu, Bewerbungen zu schreiben, und im Puff komme man ja sowieso zu nichts. Ich vermute, das sagt sie schon seit Jahren und wird es auch noch eine Weile länger erzählen. Bis dahin hat sie dem Laden monatlich zwischen 1600 und 4000 Euro für ein Zehn-Quadratmeter-Zimmer in den Rachen geworfen. Muss man die Frau nun zwangsretten, weil sie sich ausbeuten lässt, oder kann sie als erwachsener Mensch ihre Prioritäten so setzen, wie sie es für richtig hält?

Mich hat nicht viel von dem, was ich an diesem Sommerwochenende erlebt habe, wirklich überrascht – ich habe nie behauptet, dass es keine Arbeitsbedingungen in der Sexarbeit gäbe, die für mich eher nicht geeignet sind. Von Zwang, der über das hinausgeht, was wir überall sonst im Rahmen unseres kapitalistischen Wirtschaftssystems mehr oder weniger selbstverständlich akzeptieren, habe ich allerdings wieder mal nichts mitbekommen.

Das Gebäude war sinnvoll konzipiert, die Infrastruktur und das Sicherheitssystem durchdacht und das Personal weitgehend professionell und freundlich. Auch eine ordentliche Rechnung für meine Buchhaltung habe ich auf Nachfrage bekommen. Dieses Haus ist also ein hervorragendes Beispiel für einen Betrieb, der alle Voraussetzungen für eine Bordellkonzession erfüllt. Ist es deshalb ein guter Arbeitsplatz? Für mich wahrscheinlich nicht. Für die hundert anderen Kolleginnen dort offenbar schon, denn die meisten, mit denen ich gesprochen habe, arbeiten dort regelmäßig oder durchgehend, obwohl es reichlich Alternativen gäbe.

Ich weiß nicht einmal, ob es etwas nützen würde, Bordellmieten gesetzlich zu deckeln, oder ob das nur zu einem weiteren Preisverfall aufgrund des Konkurrenzdrucks der Mieter_innen untereinander führen würde. Offenbar gibt es ja jede Menge Sexworker, für die sich das Ganze lohnt oder doch jedenfalls attraktiver ist als die Alternativen. Ich halte einen ungebremsten Kapitalismus, nicht nur in unserer Branche, für ein großes Problem. Nur – wie schafft man ein Mindesteinkommen für eine Gruppe von international hochmobilen Selbstständigen, wenn wir das in anderen Wirtschaftszweigen nicht einmal für lokal Angestellte hinbekommen?

# Große Vielfalt – die Kunden

Mein Laufhaus-Experiment im letzten Kapitel hat ein recht negatives Bild der Männer gezeichnet, die unsere Dienstleistungen in Anspruch nehmen. Ich hatte mir für diesen Ausflug ein Rotlichtviertel mit einem möglichst schlechten Ruf ausgesucht. Ich war dort neu, ohne eingespielte Stammgäste. Ich übernahm bewusst die beiden Wochenend-Nachtschichten, die in erster Linie von Trupps betrunkener Sextouristen frequentiert wurden. Einige davon sind die Typen, die das Privatfernsehen in diesem Zusammenhang am liebsten zeigt: »Scheißegal, Alter, Loch is Loch, für dreißig Euro kannste nix falsch machen.« Niemand im Sexgewerbe leugnet die Existenz solcher Leute.

Doch daraus zu schließen, dass die Mehrzahl der Freier ähnlich tickt, ist unzulässig.

Sie sind Männer, und manchmal Frauen, jeden Alters: Ich habe mir schon von Besuchern den Ausweis zeigen lassen, weil ich mir nicht sicher war, ob sie überhaupt volljährig waren. Ich habe älteren Herrschaften aus und wieder in ihre Kleidung geholfen, weil sie allein nicht mehr dazu in der Lage waren. Unsere Gäste kommen aus allen Gesellschaftsschichten. In der Sexarbeit gibt es eine ungeheuerlich große Preisspanne, vom Hartgeld-Blowjob im Auto bis zu Tausenden von Euro für eine Partynacht mit Champagner und mehreren Gespielinnen. Ich bin immer wieder überrascht und fühle mich geehrt, wenn manche meiner Klient_innen für eine Stunde mit mir lange sparen. Andere bezahlen einen ganzen Abend mit mir und einer Kollegin aus der Portokasse.

Auch die Freierforschung hält die »Jedermann-Hypothese« für wissenschaftlich gesichert. Zu unseren Kunden gehören »Männer aller Altersklassen, jedes Familienstandes, jedes Bildungsniveaus, verschiedenster Tätigkeits-, Berufs- und Einkommensgruppen«, die sich »auch hinsichtlich psychischer und gewaltbezogener Parameter nicht wesentlich von der durchschnittlichen männlichen Gesamtbevölkerung unterscheiden«.[32] Es gibt also nichts, was Sexarbeitskund_innen speziell auszeichnet – außer, dass sie sexuelle Dienstleistungen in Anspruch nehmen. Wer ein bestimmtes Bild eines Freiers im Kopf hat, egal wie das aussieht, der hat wahrscheinlich recht. Solche Kunden gibt es – ungefähr in gleichen Anteilen, wie Männer beziehungsweise Frauen mit diesen Eigenschaften generell in der Gesellschaft vorkommen.

Die Gäste sind natürlich eines der Hauptthemen in jeder Puffküche. Gerade wenn eine mal ein unangenehmes Erlebnis hatte, ist es ein wichtiger Verarbeitungsmechanismus, unter Kolleg_innen Dampf abzulassen. Das Verständnis und die Bewältigungsstrategien anderer, die oft schon in ähnlicher Lage waren, ersetzen die in unserer Branche kaum übliche, aber eigentlich sinnvolle professionelle Supervision. Wir basteln uns Schubladen, um unsere Kunden zu kategorisieren. Ich persönlich unterscheide zum Beispiel »emotionale« und »professionelle« Gäste.

## »Gern bereit, für Können zu bezahlen« – der professionelle Kunde

Markus[33], der im weiteren Verlauf dieses Kapitels noch häufiger zu Wort kommen wird, ist beispielsweise ein professioneller Kunde. Er sucht bewusst die Vorteile des Paysex und weiß sie zu schätzen – und das, obwohl er wie viele der Männer, die unsere Dienste in Anspruch nehmen, nicht nur ausschließlich körperliche Befriedigung sucht. Er ist gern bereit, für Können zu bezahlen. »Die Fähigkeit einer Dienstleisterin, Sexualität auszudrücken, mich damit in Bann zu ziehen, mich im positiven Sinne zu verführen und den Alltag vergessen zu lassen, bewundere ich. Eine erotische Begegnung, ein sexuelles Spiel so zu gestalten, dass ich als Freier mich ganz hineinfallen lassen kann, die Verantwortung abgeben und mich sicher und gut aufgehoben fühlen kann, körperlich wie emotional, ist in meinen Augen eine hoch anspruchsvolle Tätigkeit, eigentlich schon eine Kunst.« Ganz wichtig ist ihm auch soziale Kompetenz, Empathie und die Fähigkeit, mit emotional intensiven Situationen umgehen zu können. »Gut, manchmal möchte ich einfach nur Entspannung, schnell und unkompliziert. Dann wieder ist es mir besonders wichtig, mich als sexuell empfindendes Wesen samt all meinen Bedürfnissen angenommen zu fühlen. Es gibt Sexworker_innen, die können und wollen mir dies vermitteln und sehen es als einen Aspekt ihrer Arbeit. Dafür zu zahlen, ist nur richtig.«

Obwohl bei Markus durchaus tiefe Emotionen und grundlegende Bedürfnisse eine Rolle spielen, ist er sich auch der Grenzen dessen bewusst, was eine professionelle Begegnung leisten kann. »Ich bekomme meistens ziemlich genau das, was vereinbart worden ist und wofür ich bezahlt habe. Das, was mir an tiefer Emotionalität in meinem derzeitigen Sexualleben sehr fehlt, kann ich im Rahmen von Paysex nicht bekommen. Ich habe schon vor langer Zeit gelernt, das zu akzeptieren und es vor allem den Sexworkern nicht anzulasten. Ich als Freier habe genauso eigenverantwortlich für die eigene Psychohygiene zu sorgen wie eine Sexarbeiterin, die ihre Arbeit unbeschadet tun will. Wenn ich nach einem Paysex-Treffen einmal unglücklich nach Hause gehe, was gelegentlich vorkommt, so liegt es einfach daran, dass körperliche Entspannung allein eben nicht immer zu umfassender emotionaler Befriedigung führt.«

Professionelle Kunden sind übrigens nicht automatisch die besseren Menschen, auch wenn sie mir persönlich mehr liegen. Ihnen ist nur gemeinsam, dass sie sich der Vorteile, aber auch der Grenzen einer sexuellen Dienstleistung bewusst sind. Sie verhalten sich meiner Erfahrung nach häufiger höflich und respektieren die Rahmenbedingungen der jeweiligen Sexarbeiterin, so wie es Markus beschreibt. Wenn sie stattdessen egoistisch und grenzüberschreitend handeln, dann geschieht das meiner Erfahrung nach eher bewusst und aus Kalkül.

## »Ich will schon mehr sein als nur ein Gast!« – der emotionale Kunde

Für *emotionale* Kunden ist es ein notwendiges Übel, für das Ausleben ihrer Fantasien bezahlen zu müssen. Sie wünschen sich sehnlich oder projizieren einseitig eine tiefere zwischenmenschliche Beziehung, als die meisten Sexarbeiter_innen einzugehen bereit sind. Manche emotionalen Kunden bauen eine negative Bindung auf und übertragen ihren Selbsthass oder schlechte Erfahrungen aus ihrer Vergangenheit auf die Sexdienstleister_innen. Andere fordern mit geradezu nervenaufreibender Penetranz, dass uns der Sex doch auch unbedingt genauso viel Spaß machen müsse wie ihnen. Sie halten sich oft einseitig für einen »besonderen Kunden« oder gar für einen Freund. Kürzlich meinte eine Kollegin zu mir, wenn sich ein Kunde verliebt, dann läge das immer auch an der mangelnden Professionalität der Sexarbeiterin, die ihn darin bestärkt. Ich glaube, sie unterschätzt das menschliche Projektionsvermögen.

Ich erinnere mich zum Beispiel gut an einen Gast, nennen wir ihn Herrmann, der mir seinen ungewöhnlichen und extremen Fetisch angetragen hatte, den ich hier nicht näher ausführen möchte, um seine Anonymität zu wahren. Jedenfalls suchte er seit vielen Jahren nach einer privaten Partnerin, die seine Neigungen teilte. Nun halte ich mich nicht für den Nabel der SM-Welt, aber wenn ich zum allerersten Mal von einer bestimmten Praktik höre, dann kann sie nicht besonders weit verbreitet sein. Dementsprechend hatte er auch noch nie eine romantisch-erotische Bindung erlebt, die ihn längerfristig wirklich erfüllte. Notgedrungen nahm er ab und an professionelle Dienste bei den wenigen Frauen in Anspruch, die sich auf seine Wünsche einlassen wollten, und landete schließlich bei mir.

Ich bin der festen Überzeugung, dass hinter jeder sexuellen Fantasie, hinter jedem Fetisch, und sei er auf den ersten Blick noch so »bizarr«, ein fundamentales Bedürfnis steht, das jeder Mensch teilt und verstehen kann. Manch einer meditiert – ein anderer wählt als Weg, vom Denken ins Fühlen zu kommen und seinen Intellekt für eine Weile ruhen zu lassen, das Abtauchen in die Rolle als Hund, der ein Gummihuhn apportiert. Der Reiz, starken Schmerz auszuhalten, treibt einige Masochisten ebenso an wie manche Extremsportler. Sie erfahren die eigenen Grenzen und gehen danach wochenlang mit einem Gefühl innerer Stärke durchs Leben: »Ich habe das überstanden, ich bin unzerstörbar!« So schien mir auch Herrmanns Fetisch auf einer bestimmten Ebene durchaus plausibel. Da ich zudem den Eindruck hatte, dass er sich mit den Konsequenzen seiner Wünsche, die bleibende Spuren hinterlassen würden, eingehend auseinandergesetzt hatte, konnte ich von informiertem Einvernehmen ausgehen. Daher sprach für mich nichts dagegen, mit ihm zu spielen.

Ich finde die Vielfalt sexueller Vorlieben ungeheuer spannend. Insbesondere, wenn mir jemand noch etwas ganz Neues erzählen kann, löst das in mir eine gewisse Begeisterung aus. Und wenn ich mich auf einen Job einlasse, dann will ich den auch gut machen.

Bedauerlicherweise verwechselte Herrmann meinen Ehrgeiz, seine Wünsche zu erfüllen, mit Begeisterung für seine Person. Und er war durch nichts und niemanden davon abzubringen. Er trug mir eine Beziehung an. Meine Antwort war selbstverständlich ein klares Nein. Dann wenigstens eine Freundschaft – er wolle schon mehr für mich sein als »nur ein Kunde«. Äh – aber auf welcher Grundlage denn nur? Schließlich ist er genau das: ein Kunde, den ich nicht mehr oder weniger schätze, als das generell bei allen meinen Kunden der Fall ist. Ich weiß nicht, ob man klarer kommunizieren kann, als ich das tat. »Wir sind nicht befreundet!« – »Ich mache meinen Job gern und gut, aber das hat nichts mit Interesse an dir zu tun, außerhalb der bezahlten Zeit.« Nichts half. Der Umgang mit ihm wurde immer anstrengender, weil ich ständig damit beschäftigt war, meine Grenzen zu verteidigen. Schließlich, als ich mir eine seiner vereinnahmenden Abschiedsumarmungen buchstäblich vom Hals hielt, musste ich mich fragen lassen, was mir denn wohl Schlimmes widerfahren sei, dass ich die Nähe zwischen uns nicht zulassen konnte, die er doch so deutlich spürte. Das brachte das Fass zum Überlaufen; ich brach den Kontakt ab.

Jahre später bekam ich von ihm übrigens eine respektvolle E-Mail mit einer Entschuldigung, die mir ernst gemeint schien und die ich annehmen konnte. Seitdem treffen wir uns gelegentlich wieder. Ich muss noch immer in regelmäßigen Abständen die Grenzen meines professionellen Interesses bekräftigen, aber es scheint mir inzwischen tatsächlich etwas mehr davon beim Empfänger anzukommen als früher.

Ich kenne Kolleg_innen, die emotionale Kunden als besonders gute Einnahmequelle schätzen. An solche Männer wird dann eine Illusion des persönlichen Interesses oder sogar der romantischen Zuneigung der Sexdienstleister_innen so verkauft, als sei sie Realität. Das kann diese Kunden langfristig an den oder die Sexarbeiter_in binden und sie so zu einer lukrativen Zielgruppe machen – sofern die Kolleg_innen aushalten können, dass das Ganze fast immer in einer großen Enttäuschung und verletzten Gefühlen endet, wenn der Schwindel irgendwann auffliegt. Ich persönlich finde ein solches Vorgehen unethisch.

Dass es auch echte gegenseitige Freundschaften oder gar Liebesbeziehungen zwischen Sexarbeiter_innen und ihren Kunden gibt, ist derweil unbenommen. Ich weiß sogar von einigen Kolleginnen, die ehemalige Gäste geheiratet haben. Die Zahl der einseitig verstrahlten »Liebeskasper« und der Anbieter_innen, die dieses Phänomen aus kommerziellen Gründen nutzen oder fördern, dürfte allerdings meiner Einschätzung nach deutlich höher liegen.

## Dein Freier, das unbekannte Wesen

Udo Gerheim unterscheidet in seiner Freierforschung – detaillierter als ich mit meinen Kunden-Schubladen – insgesamt vier grundlegende Motivationen männlicher Kunden, sexuelle Dienstleistungen in Anspruch zu nehmen.

Zum einen identifiziert er, wenig überraschend und am häufigsten vorkommend, den Wunsch, sexuelle Bedürfnisse zu befriedigen – von »überhaupt mal Sex« über bestimmte Praktiken bis hin zu sexuellen Begegnungen mit einem bestimmten Menschentyp oder Geschlecht. Dann gibt es ebenso soziale Motive, zum Beispiel das Bedürfnis nach Kommunikation, Nähe und Zärtlichkeit. Kunden, die »nur mal reden« wollen, habe ich selbst zwar so gut wie nie, Kolleg_innen erzählen mir aber immer wieder, dass das kein Mythos ist. Soziale Motive können auch destruktiv sein, wenn Macht- oder Gewaltfantasien auf Sexworker projiziert werden. Von der Sorte hatte ich ein paar »Herrchen« in meinen Anfängen als Passive im SM-Studio – Männer, die die Fantasie eines inszenierten Machtgefälles nicht hinreichend von der Realität einer sexuellen Dienstleistung auf Augenhöhe unterscheiden konnten. Klare Grenzen und ein gutes Selbstwertgefühl helfen dabei, sich solche Leute vom Hals zu halten. Die dritte, »psychische Motivebene« umfasst das Lindern von emotionalen Spannungszuständen wie Scham- oder Schuldgefühlen, Selbstwertkrisen oder Langeweile durch die Inanspruchnahme von Sexdienstleistungen. Diese Beweggründe kenne ich ebenfalls von meinen Gästen und empfinde sie als zwiespältig: Einerseits schwingt gerade im BDSM-Bereich oft eine psychische Komponente mit, weil viele Gäste die Bestätigung suchen, mit ihrer Neigung nicht allein zu sein. Sie möchten sich angenommen fühlen und Schamgefühle außen vor lassen können. Diese Bestätigung gebe ich ehrlich und gern. Wenn andererseits jemand nur aus Langeweile oder Frust zu mir kommt, ohne sich auf die Begegnung wirklich einlassen zu können, finde ich das nicht sonderlich befriedigend. Den Pausenclown zu spielen ist nicht meine Stärke. Ein Gast, der mich mal zwei Stunden lang fröhlich an Halsband und Leine auf dem Bett hin- und herzerrte und dabei immer wieder lautstark »Boah geil, ich hab jetzt eine Sklavin!« skandierte, hätte gern um zwei weitere Stunden verlängert – ich dagegen musste stattdessen leider ganz dringend mal meine Socken bügeln gehen.

Die vierte Freier-Motivation, die »subkulturelle Erotisierung des Feldes« wiederum finde ich wunderbar. Ich nenne das einen Rotlichtfetisch – und kann diese Faszination gut nachvollziehen, denn ich erlebe sie selbst, und sie ist mir in all den Jahren auch nicht verlorengegangen. So sehr ich mich als politische Aktivistin darum bemühe, dass Sexarbeit rechtlich anderen Berufen gleichgestellt wird, bin ich mir doch nicht zu schade, die positive Kehrseite der gesellschaftlichen Stigmatisierung genießen zu können: das »Verruchte«, ein Schlaraffenland der Lust außerhalb bürgerlicher Vorstellungskraft, das ich im Gegensatz zu unseren Gästen nicht nur gelegentlich besuche, sondern zu dessen Eingeborenen ich gehöre.

## Nein heißt Nein

Die Frage, ob wir bestimmte Kunden ablehnen können oder dürfen, scheint viele Menschen zu bewegen und wird vor allem als wichtiges Kriterium für die Freiwilligkeit unseres Arbeitens bewertet. Grundsätzlich gilt das Recht der sexuellen Selbstbestimmung selbstverständlich auch für Sexarbeiter_innen. Bordellbetreiber_innen dürfen diesbezüglich keine Vorschriften machen, und der Kunde hat ebenfalls kein Recht auf die Erfüllung einer bestimmten Leistung.

Der Markt hebelt die gesetzlich festgelegte Bevorteilung von Sexdienstleister_innen gegenüber ihren Geschäftspartnern in der Praxis aber an manchen Stellen wieder aus. Subtile und weniger subtile Manipulation seitens am Umsatz prozentual beteiligter Betreiber_innen, fordernde Familienangehörige, mangelndes Selbstbewusstsein, wirtschaftliche Zwänge oder finanzielle Verlockungen bringen auch Sexarbeiter_innen ohne kriminellen Zuhälter immer wieder dazu, sich mit Kunden abzugeben, die ein wenig oder auch weit außerhalb ihres eigentlichen Wohlfühlbereiches liegen. Empowerment und ein gutes Kolleg_innen-Netzwerk können oft Wege aufzeigen, die bevorzugte Zielgruppe besser anzusprechen und auf unliebsame Kunden weniger angewiesen zu sein.

Vor Kurzem fragte mich einmal ein Gast im Nachgespräch, ob ich denn auch schon mal ein Spiel mit einem Interessenten ablehnen würde. Klar, glücklicherweise ist das nicht häufig nötig, aber es kommt vor. Wir plauderten etwas länger über dieses Thema, und später sinnierte ich dann allein noch eine Weile weiter: Aus welchen Gründen habe ich in der Vergangenheit schon Kunden abgelehnt? Und was hat mich dazu gebracht, selbst manchen lukrativen Stammgast irgendwann nicht mehr zu treffen?

Ein offensichtlicher Grund war: Unsere Interessen passten so gar nicht zusammen. Dass ich eine Anfrage deshalb ablehnen muss, kommt selten vor, da mein Internetauftritt bereits ausführlich beschreibt, welche Praktiken ich anbiete und welche nicht. Sollte mich trotzdem jemand anschreiben, dessen Fantasien ich nicht erfüllen möchte, verweise ich nach Möglichkeit an eine Kollegin, die die entsprechenden Wünsche eher umzusetzen bereit ist.

Grundsätzlich hat die Selbstdarstellung auf der Website oder im Profil eines Werbeportals – auch jenseits der angegebenen Praktiken – großen Einfluss auf die Art der Kunden, die sich davon angesprochen fühlen. Dies wird von Sexarbeitenden ganz unterschiedlich eingesetzt: Manche appellieren direkt an die »niederen Instinkte« der Kundschaft und steigen bereits im Werbetext in ein Rollenspiel ein. Andere, wie ich, beschreiben ihr Angebot eher sachlich und auf Augenhöhe.

Meist klappt es, damit die richtige Zielgruppe anzusprechen, doch nicht immer: Manchmal sind dann die Praktiken weniger das Problem, eher die gewünschte Atmosphäre in der Session. Passiv bin ich nun mal keine devote Sklavin – ein solches Rollenspiel kann Spaß machen, aber nur, solange ich das Gefühl habe, dass mein Gegenüber sich des Unterschiedes zwischen Fantasie und Realität bewusst ist. »Echte« submissive Hingabe lässt sich bei mir nicht buchen, und außerhalb meines masochistischen Wohlfühlbereiches »quälen« lasse ich mich auch nicht. Auch als Aktive gibt es Rollen, die ich nur in Ausnahmefällen authentisch füllen kann – zum Beispiel finde ich es furchtbar anstrengend, meinen Spielpartner eine Stunde lang im Befehlston herumzukommandieren. Als Domina bin ich meinem Opfer am liebsten nahe genug, um ihm bedrohliche Botschaften gefährlich leise ins Ohr flüstern zu können.

Alkohol und andere Drogen gehen gar nicht. Nicht vor der Session und schon gar nicht währenddessen. Einmal musste ein Kandidat mitten im Spiel »furchtbar nötig zur Toilette« … und kam mit glasigem Blick zurück, zugedröhnt von was auch immer er offenbar vorher in meinem Badezimmer deponiert hatte. Er wurde umgehend von mir hinausbefördert und bekam Hausverbot. Dass ein Interessent merklich alkoholisiert eintrifft und dann postwendend wieder gehen darf, habe ich natürlich auch schon durchexerziert.

Realitätsverlust gibt es in verschieden schweren Formen, das habe ich inzwischen gelernt. Über schwach ausgeprägte Fälle kann ich gelegentlich hinwegsehen, spätestens aber, wenn der Gast durch übergriffiges Verhalten jenseits aller klar erklärten Tabus »eine Strafe provozieren« möchte, und sich bei der anschließenden Aufforderung, sich nun bitte anzuziehen und das Studio zu verlassen, laut um Vergebung schreiend hinter das Bett auf den Boden wirft, sieht es bezüglich weiterer gemeinsamer Termine schlecht aus. Darüber hinaus gibt es Leute, die mit ihrer eigenen Neigung in einem Maß nicht im Reinen sind, dass ihre Stimmung auf mich abfärbt. Sie schämen sich für ihre Wünsche und Fantasien und übertragen diesen Ekel vor sich selbst auf mich. Grauenhaft. Ich kann niemandem etwas Gutes tun, der mich dafür hasst, dass ich ihm geben kann, was er will. Danke, aber nein danke, wir beide treffen uns sicher nicht wieder.

Chronisch unorganisierte Menschen, die jeden zweiten Termin absagen, dann unangemeldet vor der Tür stehen, aber keine zwanzig Minuten warten können, und die beim nächsten Versuch eine Dreiviertelstunde zu spät erscheinen, können das gern dadurch ausgleichen, dass sie mich auch für die »Bereitschaftszeit« bezahlen, in der sie vielleicht (vielleicht aber auch nicht) vorbeikommen könnten. Da dies aber selten jemand tun möchte und ansonsten meine Laune in einem Zustand ist, der eine entspannte Begegnung sowieso nicht möglich macht, verzichte ich hier meist lieber, zum Besten aller Beteiligten. Das ist natürlich nur ein Thema, wenn ich feste Termine vergebe und nicht gerade in einem Betrieb für Laufkundschaft tätig bin.

Es gibt ein Maß an sozialer Inkompetenz und Merkbefreitheit, das auch durch Geld und gute Absichten nicht zu kompensieren ist. Jemand, der mit niemandem sonst über seine Fantasien sprechen kann und mich mit Inbrunst für seine beste Freundin hält, der fröhlich über jede meiner professionellen Grenzen latscht, subtile Signale wie eine weggenommene und woanders hingelegte Hand oder ein Wegdrehen im Spiel komplett ignoriert und bei höchster Verteidigungsstufe – »Lass das bitte, das mag ich nicht« – verdutzt »Aber warum denn nicht!?« fragt, ist … anstrengend. Manchmal zu anstrengend, insbesondere, wenn ich mich ständig wiederholen muss. Einerseits tut mir so was in der Seele weh, andererseits kann ich weder eine Partnerin noch eine Therapeutin ersetzen, und irgendwann sind mir meine eigenen Nerven wichtiger als das Geld, und ich trenne mich. In eine ähnliche Kategorie fällt Altersstarrsinn. Ich habe wirklich entzückende ältere Gäste, aber wenn auf meine wiederholte Ermahnung, aus Diskretionsgründen nicht im Flur herumzulaufen, während ich mich für die Session umziehe, nur kommt, »aber das macht mir doch nichts aus, wenn ich da einen anderen Kunden treffe«, dann ist das für mich nicht tragbar. Und spätestens wenn ich anfangen muss zu überprüfen, ob das Waschbecken bzw. die Dusche vor dem Spiel auch wirklich benutzt wurde, wie ich es mir explizit erbeten hatte, ist Schluss.

Auch ein allzu großes Missverhältnis zwischen Ansprüchen und Budget ist für mich frustrierend. Schnäppchenjäger, die beispielsweise für eine längere Session »mit ganz viel Zeit im Käfig, während der du dich ja auch mit anderen Gästen beschäftigen kannst« wenig bezahlen möchten, dann aber bei jedem Überprüfen der Befindlichkeit in einer Fesselung penetrant um Aufmerksamkeit und zusätzliche Bespaßung kobern, bekommen je nach Tagesform entweder spontan ein ausgesprochen unerotisches Verkaufsgespräch für ein Upgrade der Session – schließlich haben sie damit angefangen – oder die freundliche Aufforderung, sich eine andere Dienstleisterin zu suchen.

Wissentliche Grenzüberschreitungen seitens des Kunden oder der wiederholte Versuch, gegen meinen ausdrücklichen Widerstand zu agieren, führen zum Abbruch der Aktion. Wer schon bei der Kontaktaufnahme versucht, meine Grenzen »wegzudiskutieren«, kommt als Gast für mich nicht infrage. Tatsächlich hatte ich aber in den zwanzig Jahren meiner Karriere in diversen Branchenzweigen und Etablissements noch nie den Fall, dass ich mich körperlich gegen Übergriffe eines Kunden wehren musste. Klare Worte waren immer ausreichend. Begegnungen vollständig abgebrochen habe ich in dieser Zeit vielleicht fünf Mal.

Mit den Jahren habe ich natürlich immer besser gelernt, vorab eine Auswahl zu treffen, meine Grenzen zu kommunizieren und zu wahren und von vornherein die Menschen anzusprechen, die zu mir passen. In diesem sicheren Rahmen kann ich mich entspannt auf eine Begegnung einlassen, die dann durchaus auch für mich wirklich intim werden kann.

Nachdem ich aus meiner Sicht über unsere Kund_innen erzählt habe, ist es mir wichtig, auch einige von ihnen selbst zu Wort kommen zu lassen. Vier ganz unterschiedliche Menschen, die sexuelle Dienstleistungen in Anspruch nehmen, haben sich für dieses Buch auf ein Gespräch mit mir eingelassen.

## Maicon: »Ich buchte die klassische Zwanzig-Minuten-Nummer.«

Maicon ist 43 und lebt in Hamburg. Er hat studiert und ist als Musiker tätig. Maicon ist liiert, aber nicht verheiratet. Bei seinem ersten Erlebnis mit einer Sexdienstleisterin war er neunzehn und in einer Gruppe von Mitmusikern unterwegs. »Wir waren alle sehr beschwingt und wohl auch ein bisschen neugierig. Einer von uns hatte schon Erfahrungen mit Sexarbeit und drängte auf einen Besuch im Bordell. Davor waren wir schon in Stripclubs gewesen. Also fuhren wir nach Frankfurt und probierten es aus.« Maicon fand es unglaublich aufregend, sexuelle Dienstleistungen für Geld kaufen zu können. Dazu kam, dass seine Freunde und er als junge Männer an ständiger sexueller Unterversorgung litten. Im Bordell konnten sie mit dem Typ Frauen Sex haben, an die sie sonst nicht herangekommen wären. Maicon ist also wie die meisten Kunden sexuell motiviert und schätzt zudem den »Schlaraffenland«-Effekt.

Er geht recht offen damit um, Freier zu sein. Auch wenn er in einer Beziehung lebt, verheimlicht er nichts: »Manchmal gibt es deswegen Konflikte, das liegt aber sehr am Erfahrungsstand der Partnerin. Meine derzeitige Partnerin teilte mir zum Beispiel mit, dass sie einen Bordellbesuch viel eher emotional verarbeiten könnte als eine Zweitbeziehung. Das ist aber alles sehr unterschiedlich, je nach Stand der Beziehung und Beschäftigung mit dem Thema. Ich hatte auch schon Beziehungen, wo das ein absolutes No-Go war. Oder umgekehrt sogar erwünscht. Doofe Gefühle bekomme ich nur, wenn es mal nicht so lief, wie ich es mir gewünscht hätte. Da frage ich mich schon, ob es das jetzt wert war und ob ich so was in meinem Leben brauche.«

Es gab Phasen in Maicons Leben, da war er häufig in Bordellen, und dann wieder jahrelang gar nicht, je nach Einkommen, Beziehungsstatus oder sexueller Erfülltheit. Auch aktuell schwankt die Häufigkeit seiner Besuche zwischen zwei und zehn Mal pro Jahr. Hauptsächlich frequentiert er Laufhäuser in Großstädten, ab und an auch mal den Straßenstrich. Er bucht meist die üblichen zwanzig Minuten Oralsex und Geschlechtsverkehr. Dafür gibt er im Jahr bis zu vierhundert Euro aus. Eine »Stammfrau« hat er nicht. »Ich treffe meist unterschiedliche Frauen. Die Fluktuation in den Laufhäusern ist riesig! Früher habe ich auch mal versucht, dieselbe Sexarbeiterin zu besuchen, das klappte dann aber in der Regel höchstens zwei oder drei Mal, danach war sie woanders tätig.«

Wie die meisten Kunden freut sich Maicon, wenn ihm echte Leidenschaft begegnet: »Ich war in einem Frankfurter Laufhaus und suchte längere Zeit nach einer adäquaten Partnerin. Wie das bei mir immer so läuft, registriere ich erst mal, welche Dame für mich in Betracht kommt und ob ihr Zimmer frei ist, laufe dann aber weiter und schaue mich noch um, bis ich mich dann entscheide und darauf einlasse. Die Wahl fiel auf eine Dame, die etwa zehn Jahre älter war als ich – ich war damals so 25 – südländisch. Ich buchte die klassische Zwanzig-, Dreißig-Minuten-Nummer, gab ihr das Geld und wir legten los. Im Gegensatz zu anderen Erlebnissen ließ sie sich richtig darauf ein und war sogar offen für härteres, längeres Vögeln, was mich sehr erregte. Dabei streckte ich öfters meine Zunge raus und tat so, als ob ich sie küssen wollte. Dies machte ich mehrere Mal, während ich sie hart vögelte, und irgendwann küsste sie mich, und unsere Zungen ›verknoteten‹ sich dabei. Irgendwie taten wir es auf zwei zusammengeschobenen Betten, die wir auch mehrfach auseinandervögelten. Es kam mir so vor, als ob es dann doch viel länger dauerte als zwanzig Minuten. Irgendwann kam ich sehr heftig und war hellauf begeistert.«

Ob die Kollegin nun besonders geschäftstüchtig war und über ein gutes schauspielerisches Talent verfügte oder ob es ihr wirklich Spaß gemacht hat, lässt sich natürlich nicht sagen – ich weiß nur von mir und von vielen Kolleg_innen, dass authentische Leidenschaft bis hin zu echten Orgasmen mit Gästen durchaus vorkommt.

## Manuel: »Knutschen, Blasen, Ficken, Quatschen.«

Manuel ist 49 Jahre alt, Akademiker, ledig und Vater eines Kindes. Er ist der Hauptinitiator der »Freieroffensive«,[34] die im Januar 2014 mit »Dreizehn Punkten und drei Fragen an A. Schwarzer« in die öffentliche Diskussion eingegriffen hatte. Auch von Manuel wollte ich wissen, wie er dazu kam, Sex zu buchen.

»Vor ein paar Jahren«, erzählte er. »Ich war alleine, hatte viel Zeit und Geld. Eine Weile schlich ich durch die Bordelle und hab mich nicht getraut. Beim ersten Gespräch mit einer Sexdienstleisterin – sie war jung, frech und berlinerte – schlug mir das Herz bis zum Hals. Vor Aufregung konnte ich gar nicht sprechen und zog weiter. Ein paar Tage später verlor ich in einem etwas verwinkelten Laufhaus die Orientierung. Ich fragte eine schwarzhaarige Sexdienstleisterin, ob es hier weitergeht. Mit charmantem Akzent, rollendem R und einem bezaubernden Lächeln antwortete sie: ›Darf ich sagen, nein?‹ Ich ging auf den Parkplatz und setzte mich ins Auto. Ich kämpfte. Noch heute weiß ich nicht genau, wogegen: gegen die Moral, gegen die Erziehung, gegen ein

Alter Ego? Schließlich stieg ich wieder aus und war drin bei ihr. Im Zimmer, hyperventilierend. Bis ich ganz bei ihr drin war, brauchte es noch eine Weile, vor allem viel Fingerspitzengefühl von ihrer Seite. Aufregung ist nicht gut für die Erektion. Sie war liebevoll, einfühlsam, witzig, und sie hat gut an mir verdient. Sie pendelt zwischen Rumänien und Deutschland, und ich besuche sie immer noch gerne, wenn sie in der Gegend ist.«

Derzeit nimmt Manuel etwa einmal pro Woche sexuelle Dienstleistungen in Anspruch. »Mittleres Segment«, sagt er. Das bedeutet: Laufhaus, Wohnungsbordell, kein Straßenstrich, kein Escort. »Bin einfach gestrickt: Knutschen, Blasen, Ficken, Quatschen. Meistens eine halbe Stunde. Wenn ich mehr Geld habe oder es was zu feiern gibt, buche ich eine Stunde bei einer Sexdienstleisterin, die ich kenne, und komme zwei Mal.« An Ausgaben summieren sich dadurch etwa dreitausend Euro pro Jahr.

Auch Manuel entwickelte einen »Freierinstinkt«: »Natürlich steh ich auf jung und schön. Nach einiger Zeit merkte ich jedoch, dass das ›Bauchgefühl‹ wichtiger ist. Ich habe auch Superfrauen kennengelernt, die in meinem Alter waren.« Er ist bei einigen Frauen Stammkunde, sucht aber auch immer mal wieder die Abwechslung. Und er hat weit überwiegend gute Erfahrungen gemacht: »Wenn ich beim Weggehen laut singe, dann war's super. Wenn ich leise vor mich hinpfeife, war's okay. Richtig unangenehme Erlebnisse hatte ich nie. Ein paar Mal hab ich abgebrochen, ohne zum Ende gekommen zu sein, weil mich irgendwas abgetörnt hatte, sodass gar nix mehr ging. Zum Beispiel, wenn ich ununterbrochen ›Schatzi‹ genannt werde. Das kann negative Auswirkungen auf meine Performance haben. Das Geld hab ich trotzdem dagelassen. Sie hat sich ja Mühe gegeben, nur die berühmte ›Chemie‹ hat nicht gestimmt. Richtig ›abgezockt‹ wurde ich nie. Wenn man Humor mitbringt und nicht das Paradies auf Erden erwartet, kann wenig schiefgehen.«

Für Manuel ist das Freiersein ein »gesundes Hobby«, kein Ersatz für andere Beziehungen. »Innere Konflikte hab ich keine«, erzählt er. »Im Gegenteil, es war ein befreiendes Gefühl, diese mir bis dahin verborgenen Möglichkeiten kennenzulernen und wahrzunehmen. Ärgerlich ist nur, dass sowohl Freier als auch Huren von einem großen Teil der Gesellschaft verachtet werden. ›Only god can judge me‹ ist ein Tattoo, das ich bei vielen der Frauen gesehen habe.«

## Markus: »Mein jährliches Paysex-Budget liegt bei dreitausend bis viertausend Euro.«

Markus, den wir bereits als »professionellen Kunden« kennengelernt haben, ist Ende vierzig, langjährig verheiratet und hat drei erwachsene Kinder. Sexualität mit seiner Frau zu leben ist ihm aus verschiedenen Gründen nur eingeschränkt bis gar nicht möglich. Er erzählt von seiner Midlife Crisis und von seiner ersten Erfahrung als Freier. »Das ist lange her, etwa zwanzig Jahre. Schon lange Zeit vorher konnten meine Frau und ich im Bett nicht mehr so recht zueinanderfinden, was uns beide ziemlich traurig machte, so auch in der Nacht vor meinem ersten Paysex-Erlebnis: Allein unterwegs im Auto, am helllichten Tag in einem der einschlägigen Stadtviertel, sah ich plötzlich im Vorbeifahren eine Frau. Lange schwarze Haare, luftiges Sommerkleidchen, dazu hohe schwarze Stiefel. Irgendwie wusste ich sofort, sie war eine Sexarbeiterin, und der Gedanke ›Einfach mal Sex genießen‹ schoss mir durch den Kopf. Bevor innere Einwände hochkommen konnten, hielt ich an und lief zurück. Wir waren uns schnell einig: hundertfünfzig Mark ›all inclusive‹, was ich mir wünschte, wurde zugesagt. Und ab ins Hotel.« Markus musste bei seinem »ersten Mal« die Erfahrung machen, dass es in der Sexbranche leider nicht immer seriös zugeht: »Auf dem Zimmer dann die Frage: ›Bist du ein Gentleman und gibst mir freiwillig das Geld fürs Zimmer?‹ Davon war auf der Straße nicht die Rede gewesen. Klar, die Frau hatte in mir sofort den unbedarften Anfänger erkannt und erzielte mit der subtil angedeuteten Drohung in ihrer Frage selbstverständlich den gewünschten Effekt. Ich gab ihr weitere fünfzig Mark.«

Der anschließend routiniert an ihm vollzogene Akt entsprach immerhin weitgehend dem, was er sich vorgestellt hatte. »Ich hatte mein Freierdebüt hinter mir und auf glücklicherweise nicht allzu schmerzhafte Weise erfahren, wie es im ›Milieu‹ mitunter zugeht. Es hätte schlimmer kommen können, und geil genug war's allemal. Irgendwie redete mir mein Gewissen anschließend dann auch ein, dass ich es als heimlicher Freier schließlich nicht anders verdient hätte, als zumindest ein kleines bisschen ausgenommen zu werden – eine milde Art gedanklicher Selbstbestrafung. Ach ja: Das Ganze hatte etwa zwanzig Minuten gedauert …«

Im Laufe seiner »Freierkarriere« hat Markus sexuelle Dienstleistungen in unterschiedlichem Rahmen gebucht: Straßenstrich, Wohnmobil, Laufhaus, Kino, Hausbesuch, Modellwohnungen, Massage-, Tantra- und BDSM-Studios. Das Preisniveau seiner Begegnungen nahm dabei stetig zu. »Das ist so nach und nach passiert; ich bin wohl mit der Zeit anspruchsvoller geworden. Seit gut einem Jahr besuche ich regelmäßig, das heißt etwa ein bis zwei Mal monatlich, nahezu ausschließlich eine Sexarbeiterin in einem BDSM-Studio. Im deutlichen Unterschied zu meinem ersten Paysex-Erlebnis hat in ›meinem‹ Studio die halbe Stunde mehr als dreißig Minuten, und ich fühle mich so gut aufgehoben, dass ich gerne den Hauptanteil meines jährlichen Paysex-Budgets von drei- bis viertausend Euro hier investiere. Ich buche Termine von einer halben oder einer ganzen Stunde, da dies für mich aufs Jahr betrachtet das beste Verhältnis zwischen Intensität, Häufigkeit des Genusses und finanzieller Liquidität darstellt. Ja, ich habe das tatsächlich per Excel ausgerechnet und die Datei anschließend ganz schnell wieder zuverlässig gelöscht.«

Markus legt bei der Auswahl seiner Dienstleisterin nicht nur Wert auf das Äußere: »Ganz wichtig ist für mich Sprache: Frauen, die gewandt mit ihr umgehen, haben bei mir leichtes Spiel. Beim

Lesen gut formulierter Selbstdarstellungen schmelze ich dahin; sie stecken für mich voller Verheißungen und Trigger, die meine Erregung ankurbeln und mein Kopfkino mit prächtigen Bildern versorgen. Überhaupt finde ich oftmals anregender, was eine Frau über ihre Persönlichkeit schreibt, als eine lange Aufzählung ihrer sexuellen Spezialitäten. Greife ich schließlich zum Telefon, höre das branchenübliche ›Hallo?‹ und die Stimme gefällt mir, steht einem Besuch in der Regel nichts mehr im Wege. Mein Gefühl hat mich hierbei selten getrogen.«

Ausführliche Texte, von Sexarbeiter_innen selbst verfasst, sind noch nicht lange eine Selbstverständlichkeit. Die Entwicklung des Internets hat die Werbung für sexuelle Dienstleistungen gründlich verändert. Ich erinnere mich noch gut, wie wir früher abhängig von Verlegern waren, die mehrmals pro Jahr Anzeigenhefte drucken ließen, die mit grauenhaften »redaktionellen Inhalten« durchsetzt als Branchenführer in Sexshops zu kaufen waren. Nicht nur, dass wir nie wussten, ob der Anzeigentext nicht doch noch nach Gutdünken der Redaktion verändert oder die Bilder bearbeitet worden waren, bevor wir das Belegexemplar in den Händen hielten. Auch waren die Fakten bis zum Erscheinen des Heftes oft schon veraltet. Mittels Tagespresse konnten wir aktueller werben, dafür waren die Anzeigen teuer, der Platz begrenzt und es gab lange Listen »verbotener Wörter«, deren Zusammenstellung für uns keinerlei Sinn ergab: »Aktiv« oder »passiv« durfte man beispielsweise in der Hamburger Morgenpost nicht drucken lassen, »dominant« und »devot« schon, »Domina« ja, »Sklavin« nein. Kunden mussten in der direkten Ansprache grundsätzlich gesiezt werden. Eine passive Kollegin hat damals das Wort »Extremzofe« erfunden, das dann zu ihrem Markennamen wurde, nur um die Verbotsliste der MoPo zu umgehen.

In diesen Anzeigen waren dann Telefonnummern angegeben, die nervenstarke Kolleginnen direkt bedienten. Wer die ständigen Nachfragen nach BH-Größe und Servicedetails leid war, legte sich einen Anrufbeantworter zu. Meinen besäuselte ich mit den wichtigsten Informationen, und erst ganz am Ende erfuhr der Anrufer dann eine weitere Nummer, unter der er mich persönlich erreichen konnte.

Auch Markus erinnert sich: »Ich kenne noch die Zeiten, als die einschlägige Doppelseite im Innern der Tageszeitung die wichtigste Informationsquelle für Freier darstellte: Das Großformat erschwerte die Diskretion, nur wenige Daten waren im direkten Zugriff verfügbar, dafür aber viele Anrufe nötig. Damals noch ohne Handy, war ich auf abgelegene Telefonzellen angewiesen, und es war kein Spaß, im Hochsommer eine halbe Stunde dort zu stehen, hastig Notizen am Zeitungsrand anzubringen und ständig Groschen nachzuwerfen. Zum Glück ist das heute anders: Infoportale, Homepages und Blogs der Anbieterinnen lassen kaum Wünsche nach Information offen und wirken manchmal bereits für sich genommen durchaus anregend. Die vorbereitende Internetrecherche kann schon mal ein Schlaraffenlandgefühl auslösen. Die ganze ›information at my fingertips‹, und es gibt vieles, das in meinem Hirn die Stimmungsschalter in Erregungsposition einrasten lässt: Eine anregend verfasste Selbstbeschreibung wie auch – zugegebenermaßen – gute Fotos, die vielleicht ein hintergründiges Lächeln zeigen.«

Markus ist sexuell motiviert, findet es »einfach schön und befreiend, sexuelle Bedürfnisse direkt, also ohne emotionale Verstrickungen befriedigen zu können«. Aber auch das, was die Freierforschung als psychische Motivebene bezeichnet, kennt er gut. »Von der Dienstleistung erwarte ich etwas Positives für mich. Körperlichen Genuss, Befriedigung, positive Gefühle, Ablenkung von negativen Gefühlen, kurz gesagt: Ich will mich hinterher zufrieden und möglichst besser als vorher fühlen. Das klingt banal, dahinter stehen mitunter ziemlich heftige ›emotionale Großwetterlagen‹, die bisweilen wirklich belastend sind und heftig auf eine Lösung drängen. Ob Paysex dafür in jedem Falle der beste Weg ist, sei dahingestellt, manchmal erscheint es mir jedenfalls so, und dann leiste ich ihn mir eben.«

Markus wirkt zurückhaltend und höflich im Gespräch, ist bedacht darauf, niemandem zu nahe zu treten. Den oft genannten Vorwurf, dass Freier sich »Frauen kaufen« würden, kann er nicht nachvollziehen: »Bei keiner einzigen meiner Paysex-Begegnungen habe ich das Gefühl, mir ›eine Frau zu kaufen‹, die mir deshalb uneingeschränkt zu Willen sein müsse. Vielmehr bezahle ich für die mir gewidmete Zeit, das mir entgegengebrachte Engagement und das erzeugte Wohlbefinden, also für eine ehrliche Dienstleistung, für die ich dankbar bin. Ich hoffe sehr, dass keine der Frauen, denen ich im Rahmen von Paysex begegne, meinetwegen einen schlechten Arbeitstag hat.«

## Andrea: »Ich hatte devote Fantasien.«

Noch seltener als im öffentlichen Diskurs Männer erwähnt werden, die sexuelle Dienstleistungen anbieten, sind Frauen als Nachfragende ein Thema. Doch natürlich gibt es sie. Ich selbst habe regelmäßig Kundinnen im Studio, manchmal als Teil eines Paares, dabei aber durchaus als treibende Kraft, manchmal auch alleine.

Andrea ist 34, bisexuell und lebt in einer langjährigen festen Partnerschaft mit Tom, der ihre sexuellen Vorlieben nur teilweise erfüllen kann und möchte. »Als wir zusammenkamen, hatte ich noch nicht viel Erfahrung. Ich hatte devote Fantasien und habe lange versucht, Tom zu provozieren und dann abblitzen zu lassen, in der Hoffnung, dass er irgendwann endlich über mich herfällt, ob ich will oder nicht. Hat er aber nicht gemacht. Im Nachhinein war es natürlich besser so …«

Irgendwann sprach Andrea das Thema offen an. Es gab eine Beziehungskrise. Tom versuchte, seiner Partnerin zuliebe im Bett »dominanter zu werden«, weigerte sich aber, ihr die Art von Schmerzen zuzufügen, die sie sich wünschte. Ein Versuch, die Beziehung zu öffnen, scheiterte an Toms Eifersucht. Schließlich wandten sich die beiden an mich. Zunächst buchten sie ein Coaching –

ich sollte Tom einige Praktiken beibringen, die Andrea gern erleben wollte. In der gemeinsam Session war Tom dann aber eher zurückhaltend und überließ es mir, mit Andrea zu spielen. Sie war völlig begeistert. Und ihr Partner kann deutlich besser damit umgehen, dass sie ihre Vorlieben im Rahmen einer bezahlten Begegnung auslebt, als in einer privaten Affäre. »So kann Tom sich sicher sein, dass unsere Beziehung dadurch nicht gefährdet wird. Jetzt profitiert er davon, dass ich ihn nicht mehr ständig nerve, sondern viel entspannter das genießen kann, was zwischen uns passt, im Bett und außerhalb.« Seitdem bucht Andrea alle paar Wochen ein bis zwei Stunden bei mir. Und Tom hat ihr sogar einmal eine längere Session zum Geburtstag geschenkt.

## Täter-Opfer-Klischees – was sagen die Freier?

Frauen buchen sexuelle Dienstleistungen – bei Frauen, bei Männern. Mich haben schon mehrfach Kolleginnen für Sex bezahlt, die es genossen haben, zum Ausgleich zu ihrem Job den erotischen Fokus einmal ganz auf ihren eigenen Bedürfnissen zu spüren. Einige meiner männlichen Kollegen aus dem Tantra-Bereich bedienen überwiegend Frauen. Und auch Menschen jenseits der binären Geschlechter gibt es auf beiden Seiten des Austausches von Sex gegen Geld, sogar recht viele. Sind hier die häufig bemühten Täter-Opfer-Klischees immer noch so eindeutig?

Was können denn unsere Gäste zu der angeblich allgegenwärtigen Zwangsarbeit in der Branche sagen? Wenn ich schon in meiner ganzen Karriere keiner Kollegin über den Weg gelaufen bin, die die Menschenhandelskriterien erfüllte, stolpert man nicht wenigstens als Freier, der ganz unterschiedliche Frauen in diversen Marktsegmenten aufsucht, über offensichtliche Zwangslagen?

Maicon ist noch nie einer Frau begegnet, bei der er den Verdacht hatte, dass sie zur Sexarbeit gezwungen wird. »Ich weiß, dass es Gewalt in der Szene gibt. Jedoch halte ich aus eigenen Erfahrungen die Anzahl der ausgebeuteten Frauen für klein. Die Mehrzahl der Frauen, mit denen ich ins Gespräch kam, machte das freiwillig, um Geld zu verdienen. Oft auch viel mehr Geld, als sie in ihrer Heimat mit derselben Dienstleistung verdienen würden.«

Auch Manuel hat noch nie für ihn erkennbare Opfer von Gewalt getroffen. Er unterhält sich gerne mit den Frauen. Was sie aus ihrem Privatleben erzählen, ist meistens detailgenau und authentisch. Ihre Sorgen unterscheiden sich nicht von denen anderer Frauen: Geld, Männer, Kinder, Arbeit. Allerdings berichtet er: »In einem recht heruntergekommenen Puff traf ich vor Kurzem einen Engel. Sie hätte meine Tochter sein können. Anfangs war sie sehr ruhig und nickte nur. Später lachten wir viel, aber sie schien traurig zu sein. Dann merkte ich, dass sie gerade mal die zwanzig Wörter Deutsch konnte, die sie für die Arbeit brauchte, aber die mit lokalem Akzent. Es machte mich stutzig, dass sie kein eigenes Handy hatte und mir die Handynummer ihrer ›Tante‹ gab. Ich kaufte ihr ein Deutschlernbuch mit Lautschrift für Russischsprechende. Hat ihr gut gefallen. Inzwischen hat sie ein eigenes Handy. Mal sehen, was sie erzählt, wenn sie Deutsch kann.«

Und Markus? In Gesprächen mit Sexworkern hat er Unterschiedliches und Widersprüchliches gehört. Die Aussagen reichen von »die meisten arbeiten selbstbestimmt« bis »meistens steht Zwang oder Gewalt im Hintergrund«. Einige Frauen haben ihm von Kolleginnen in Zwangssituationen erzählt. Manche sagten ihm, sie gingen ihrer Tätigkeit aus finanzieller Not nach und würden ihr Geld lieber anders verdienen. Insgesamt überwogen jedoch die positiven Stimmen, und keine einzige Sexarbeiterin offenbarte ihm einen direkten persönlichen Zwang durch Dritte. Hingegen betonten viele, Sexwork sei ihr Traumjob oder ihre Berufung und sie machten ihre Arbeit gerne. »Diese Aussagen sind übrigens völlig unabhängig vom Marktpreissegment. Ob der Tarif der jeweiligen Frau 50 oder 150 Euro für eine halbe Stunde beträgt, im direkten Gespräch haben alle Aussagen auf mich unbedingt glaubhaft gewirkt. Das hat mich wirklich überrascht und mir zu denken gegeben.«

Die Menschen, die unsere Dienstleistungen in Anspruch nehmen, sind nicht nur unsere Geschäftspartner, sondern oft auch politisch unsere Verbündeten. Immer wieder unterstützen uns Kund_innen moralisch, finanziell oder mit eigenem Engagement. In Freierforen beispielsweise, deren Rolle wir Profis aufgrund mancher menschenverachtender Formulierungen und Kommentare durchaus zwiespältig sehen, wird immer wieder auch zur politischen Lage diskutiert, zu Spenden oder zu Aktionen aufgerufen. Selbst wenn sich bisher keine »Freierbewegung« als ernst zu nehmende Konstante im politischen Diskurs etabliert hat, ziehen wir in vielen Belangen am gleichen Strang. Das Stigma beißt in beide Richtungen. Transparenz und rechtliche Normalität in der Branche kämen auch unseren Kund_innen zugute.

So wünscht sich auch Markus »erst mal Pragmatisches«: Volle Anerkennung der Sexarbeit als legitimer Broterwerb, Unterstützung der in diesem Bereich Tätigen in all ihren Belangen, sei es beim Ein- oder Ausstieg oder der eigenverantwortlichen Gestaltung der Arbeitsabläufe. Sinnvolle gesetzliche Regelungen, die menschenwürdige Arbeitsbedingungen schaffen und schützen. »Dies täte auch so manch anderer Branche ganz gut.« Dann wünscht er sich Utopisches: die Anerkennung von Sexualität in all ihren Facetten, der ganzen Vielfalt von Lebensentwürfen und seelischen Dispositionen als grundsätzlich gesunde menschliche Lebensäußerungen. »Keine laut vorgetragenen verlogenen Scheinargumente mehr, die Moral, Ordnung und Volksgesundheit herausschreien und doch nur die ach so böse Sexualität, die ›Ab- und Andersartigen‹ und alternative Lebensweisen treffen sollen. Damit wird's wohl schwierig werden, aber gerade hier muss viel passieren, damit es schließlich auch mit der Pragmatik klappt. Mehr als dauernde ›Sexuelle Revolutionen‹ mit immer neuen Enthüllungen und Tabubrüchen, die brave Medienkonsumenten lustvoll erschüttern sollen, braucht es eine sexuelle Evolution in den Köpfen, die Sexualität – und vieles andere – entdämonisiert und zu gefühlter und gelebter echter Toleranz führt. Dass die Sexworker jetzt, leider gezwungenermaßen, neben ihren politischen Forderungen letztlich auch dafür eintreten, ist ein großes Verdienst …«

Auch Andrea drückt am Ende unserer intensiven Begegnungen immer wieder ihre Dankbarkeit aus. »Die Sessions mit dir haben nicht nur meine Beziehung gerettet, sondern mich auch viel über mich selbst erfahren und mich wachsen lassen. Ihr Sexworker leistet einen sehr wertvollen Beitrag in unserer Gesellschaft – es wird Zeit, dass ihr dafür endlich Anerkennung findet!«

Persönlich ist meine eigene Utopie eine Welt, in der nicht nur das Anbieten sexueller Dienste, sondern auch die Nachfrage nicht mehr stigmatisiert wird. Eine Welt, in der Maicon, Manuel, Markus und Andrea wahrgenommen werden als das, was sie sind – erwachsene Menschen, die das Recht haben, ihre Sexualität mit einem anderen erwachsenen Menschen so auszuleben, wie beide es miteinander vereinbart haben.

# Die Kolleginnen

»Ich bin nicht gegen Sexarbeit, aber ...« – »Ich finde es okay, dass du das machst, wenn es dir gefällt, aber ...« So oder ähnlich beginnen die Sätze von Menschen, die zwar sehr aufgeschlossen reagieren, wenn sie erfahren, dass ich Sexarbeiterin bin, sich dann aber bemüßigt fühlen, schnell zu betonen, dass sie nicht für Zwangsprostitution, Menschenhandel und Kinderpornos sind. Ach wirklich, du auch nicht?

Menschenhandel und Sexarbeit sind für mich etwa so zusammenhängend wie Homosexualität und Pädophilie, Sadomasochismus und selbstverletzendes Verhalten, blonde Haare und niedriger IQ, schwarze Hautfarbe und die Tendenz zum Klauen. Kann zusammen auftreten, muss aber nicht. Wird von uninformierten oder absichtlich hetzenden Menschen gerne in ständigen Zusammenhang gebracht, hat aber in der Realität keinerlei Beziehung zueinander.

Erpressung, Nötigung, Körperverletzung – all das hat seinen wohlverdienten Platz in unserem Strafrecht. Ob diese Verbrechen nun Sexarbeiter_innen oder Blumenverkäufer_innen angetan werden, sie sind immer moralisch zu verurteilen, und die Täter machen sich strafbar! Der Blumenverkauf untersteht allerdings keinen repressiven Sondergesetzen – die Sexarbeit schon. Warum ist das so?

Sicher nicht zuletzt durch die jahrhundertelange Ausgrenzung der Sexarbeiter_innen von der »bürgerlichen« Gesellschaft stellt die Sexarbeit auch heute noch in der Wahrnehmung von Außenstehenden oft ein höchst problematisches Berufsfeld dar. Da sind kriminelle Machenschaften angeblich gang und gäbe, da verschleppen Zuhälter junge Frauen und halten sie gefangen, und unsere Beteiligung lässt sich im besten Fall durch Verblendung und Dummheit, im schlimmsten Fall durch Gewalt und Druck erklären. Ich und viele meiner Kolleginnen, die ebenfalls von keiner Menschenhändlermafia oder von Sexsklavinnen-Ringen berichten können, sollen als »privilegierte Ausnahmen« mundtot gemacht werden. Zum Schweigen gebracht von mildtätigen weißen Mittelstandsfrauen, die in ihrem Leben ganz sicher noch keinen Schwanz für zwanzig Euro gelutscht haben, und auch nicht für zweihundertfünfzig. Welche Ironie! Und auch die meisten der paar ehemaligen Kolleginnen, die sich den Sexwork-Gegner_innen angeschlossen haben, weil sie im Nachhinein ihre eigenen Entscheidungen bereuen, sprechen erstaunlich akzentfrei deutsch.

Es trifft mich, wenn ich selbst in meinem Freundeskreis außerhalb der Branche manchmal zu hören bekomme, bei mir sei das ja alles prima, aber ich sei doch sicher eine Ausnahme. Doch wer weiß denn, wer als Sexworker »repräsentativ« ist und wer nicht? Viele Studien über – fast ausschließlich weibliche – Sexworker begründen sich auf der Befragung von Kolleginnen, die Hilfsangebote in Anspruch genommen haben. Ausgerechnet sie nach ihrer Arbeitszufriedenheit zu befragen und daraus auf die Gesamtheit der Branche zu schließen ist in etwa so sinnvoll, wie aus einer Umfrage im ärztlichen Wartezimmer eine Aussage über die Volksgesundheit zu treffen. Andere Erhebungen beschränken sich auf Menschen, die der Sexarbeit auf der Straße nachgehen, ein kleines Segment der Branche, in dem wir häufig besonders stigmatisiert werden und angreifbar sind. Die Kollegin, die ohne Probleme im Bordell oder Apartment vor sich hin wirtschaftet, bekommen Forscher_innen oft gar nicht zu Gesicht. »Willst du aussteigen?« ist dann eine beliebte Frage, die, je nachdem, wie sie gestellt wird, natürlich sehr viele Sexworker bejahen. Schaut man sich die Details an, kann dieser Wunsch nach Ausstieg »so schnell wie möglich« oder »in ein paar Jahren« bedeuten. Die Begründungen sind meist nicht Gewalt und Ausbeutung, sondern Dinge wie mangelnde gesellschaftliche Anerkennung, keine Karrierechancen, ein Burn-out oder einfach Langeweile. Oft ganz unspektakulär das, was auch in vielen anderen Berufen zutrifft. Für die wenigsten von uns ist Sexarbeit eine langfristige Perspektive bis zum Rentenalter, genauso wenig wie für andere der Profisport oder die Arbeit als Fotomodell. Selbst wenn diese Details in den Ergebnissen einer sorgfältigen Studie noch mit ausgeführt werden, wird spätestens in der Presse dann aus »86 Prozent der Befragten gaben an, sich beruflich umorientieren zu wollen« – alle Zeitrahmen und Begründungen zusammengenommen – die Schlagzeile »Neun von zehn Frauen in der Sexindustrie werden zwangsprostituiert!« Kein Wunder, wenn dann eine wie ich angeblich »nicht repräsentativ« ist.

Wirklich widerlich wird es, wenn uns das »Privileg« zum Vorwurf gemacht wird. Wir sollen doch bitte unser Geld als die studierten Physikerinnen verdienen, die wir sind, und unsere verschleppten und geknechteten Kolleginnen, die angeblich immerhin 95 Prozent aller Sexarbeiterinnen ausmachen sollen, mittels Sexarbeitsverbot retten lassen. Warum der Egoismus?

Wenn die selbst ernannte Rettungsindustrie »die Sexarbeiterinnen« befreien will, unterliegt sie einem Trugschluss: Wir sind keine homogene Gruppe. Wir haben unterschiedliche Geschichten, Beweggründe, Arbeitszufriedenheiten, Grade an Professionalisierung. Wir sind keine besseren oder schlechteren Menschen. Unter uns gibt es gebildete, rücksichtlose, hilflose, glückliche, verlorene, kriminelle, verantwortungsbewusste Menschen. Wir kommen aus gutem Hause, aus dem Kinderheim, aus Arbeiterfamilien, von den Philippinen und aus dem Saarland. Wir sind 65 Jahre alt. Und neunzehn Jahre alt. Wir führen seit Jahren glückliche Beziehungen, wir werden von unserem Mann geschlagen, wir sind Singles mit großem Freundeskreis, wir lassen uns von unseren erwachsenen Kindern ausnutzen, und wir werden von unserer ganzen Familie schon ein Leben lang liebevoll unterstützt. Kurz: Wir sind viele, wir sind völlig unterschiedlich, und wir lassen uns auch mit bestem Willen nicht in ein Schema pressen.

Die augenscheinlichste Verbindung unter Menschen, die in und um die Sexarbeit beschäftigt sind, ist nicht, dass wir unter falschen Voraussetzungen mit sechzehn Jahren aus einem Ostblockland für einen Putzjob nach Deutschland gelockt wurden und dann unter Gewalt und Zwang jahrelang anschaffen mussten. Die augenscheinlichste Verbindung ist die Stigmatisierung, der Sexworker aus allen sozialen und gesellschaftlichen Schichten durch einen Großteil der Bevölkerung, durch die Politik und Staatsgewalt ausgesetzt sind. Psychische Belastung durch ein Doppelleben, mangelnde Investitionen in Fortbildungen und Absicherungen, magere Karriereaussichten und geringes Vertrauen in Polizei und Justiz können Folgen dieser Ausgrenzung sein. Auch Gewalterfahrungen lassen sich häufig auf die Stigmatisierung zurückverfolgen – der Gedanke »Sind ja nur Nutten« legitimiert Täter! Auch die Rahmenbedingungen der Arbeit – Arbeitszeiten und -orte, Zielgruppe, Isolation und mangelhaftes Kundenscreening aufgrund von Sperrbezirken und Kontaktverbotsverordnungen – können Gewalt und Kriminalität fördern. Doch sie sind kein notwendiger Teil des »Systems Sexarbeit«.

Viele Probleme sind auf Wohlstandsgefälle und Migrationspolitik zurückzuführen. Die Folgerung, dass achtzig Prozent Migrantinnen in der Sexarbeit achtzig Prozent unglückliche »Opfer« bedeuten, ist falsch. Viele Migrant_innen haben Alternativen auf gute Jobs im Heimatland, sie verdienen nur in Deutschland in der Sexarbeit mal eben das Zehnfache und können sich und ihren Familien auf diese Weise einen gewissen Luxus finanzieren. Gerade neulich zeigte mir eine bulgarische Kollegin auf ihrem teuren Smartphone stolz Fotos ihrer Villa am Meer. Viele

Migrant_innen arbeiten planvoll und wissen genau, was sie tun. Viele Deutsche auch. Nicht alle, diesseits wie jenseits der Staatsgrenzen. Die Gleichsetzung von Migrant_innen mit naiven und ungebildeten Opfern und das Heranziehen von Sprachbarrieren als Argument für Hilflosigkeit ist ebenso herablassend und rassistisch wie der »Privilegiert und keine Ahnung von der Wirklichkeit«-Stempel, der wiederum oft deutschen Sexarbeiter_innen aufgedrückt wird. Oder denjenigen migrantischen Kolleg_innen, die sich zu laut und zu eloquent gegen den Opferstatus wehren.

Viele Menschen sichern sich mit Sexarbeit ihr Überleben. Für manche Deutschen ist Hartz IV keine Alternative aufgrund der damit verbundenen Demütigungen, die manchmal als noch schlimmer empfunden werden als das Stigma der Sexarbeit. Für andere, weil das System zu kompliziert ist. Migrant_innen können bei uns mit Sexarbeit ein Vielfaches dessen einnehmen, was sie mit anderen Arbeiten verdienen könnten, die ihnen entsprechend ihrem Bildungsgrad (oder der Anerkennung ihrer Ausbildung in Deutschland), ihrem sozialen Umfeld und unzähliger anderer Faktoren offenstehen. Wer will es sich anmaßen, einem erwachsenen Menschen zu erklären, dass er zwar das Recht hat, in Deutschland unzählige Tag- und Nachtschichten für einen Hungerlohn putzen zu gehen, aber nicht das Recht, mit Sex Geld zu verdienen, wenn er oder sie sich so entscheidet? Mit welcher Begründung? Auf jeden Fall mit keiner, die angesichts des herrschenden globalen Kapitalismus und der resultierenden Einkommensschere nicht grenzenlos bigott klingt.

»Armutsprostitution« ist nichts Schönes oder Glamouröses. Das gilt aber auch für Armutsaltenpflege, Armutskleidernähen, Armutserntehilfe und Armutsbauarbeit. Ich persönlich bin der Meinung, dass ein bedingungsloses Grundeinkommen die Not, der zu viele Menschen zweifelsfrei ausgesetzt sind, lindern könnte. Und ich glaube, dass dann weniger Menschen in der Sexarbeit tätig wären – und als Putzhilfen, Regaleinräumer und Straßenfeger. Doch ich glaube auch, dass es das verdammte Recht jedes

Erwachsenen ist, sich selbst zu retten und zu entscheiden, wie er oder sie den Lebensunterhalt verdienen will. Auch mit Sexarbeit. Auch wenn es nicht der Traumjob ist. Auch wenn jemand es alles andere als befriedigend, geistig stimulierend oder angenehm empfindet. Noch mal, das legitimiert auf keine Weise Gewalttaten. Egal, warum Sexarbeiter_innen sich für diese Arbeit entscheiden, deswegen verlieren sie weder ihre Menschenrechte, noch werden sie »Opfer«.

Wir wissen nicht, was eine »repräsentative Sexarbeiterin« ist. Mein persönliches Erleben als jemand, der seinen Job gern macht und sich dabei selbst verwirklicht, produziert sicher kein verzerrteres Bild von Sexarbeit als das einer Sozialberatungsstelle mit Schwerpunkt Umstiegsberatung.

Natürlich kann ich nicht für alle sprechen. Im Folgenden lasse ich deshalb Kolleginnen zu Wort kommen, die so großzügig waren, mich an ihrem persönlichen Erleben und ihren Erfahrungen teilhaben zu lassen. Sie haben mir erzählt, aus welchem Land sie stammen, wie sie zur Sexarbeit kamen und was sie dort erlebt haben. Diese Frauen haben mir einen Blick auf ihr Leben gewährt, für den ich immens dankbar bin. Manche Geschichten haben mich an meine eigene erinnert, andere Schicksale liegen außerhalb meiner Vorstellungskraft als »gutbürgerliche Wohlstandssexarbeiterin«. Aber ausnahmslos alle verdienen es, gehört zu werden.

## Hannah: »Ohne meine Arbeit wäre mein Leben viel ärmer und grauer.«

Die gebürtige Ungarin Hannah, 42 Jahre alt, setzte sich 2009 an ihrem Geburtstag in den Zug nach Deutschland, um an einer Privatschule in München eine therapeutische Ausbildung zu beginnen. Trotz ihrer EU-Bürgerschaft durfte sie damals nur als Saisonarbeiterin in Deutschland arbeiten, und als die Saison dem Ende zuging, musste sie sich zwangsläufig die Frage stellen, wie sie ihre Schule weiterfinanzieren könnte. Hannah erinnert sich noch heute an die große menschliche Enttäuschung, die sie damals erlebte: »Meine Lehrer interessierten sich nicht wirklich für meine Probleme. Später oder in mehreren Raten zu zahlen kam nicht infrage.«

Hannah bewarb sich bei einer Escortagentur – es war das erste Mal, dass sie sich mit Sexarbeit auseinandersetzte, und sie selbst bezeichnet ihre Vorstellungen von der Branche als »idealistisch«. Auch heute noch, dank der guten Erfahrungen, die sie gemacht hat.

Für ihre Entscheidung, als Sexdienstleisterin zu arbeiten, fanden sich, wie so oft, viele voneinander unabhängige Gründe. Da war zunächst der große finanzielle Druck. Das Ende einer Liebesbeziehung aus vergangenen Jahren setzte ihr außerdem zu. Sie erinnert sich, dass sie damals dachte: »Wenn mich noch einmal ein Mann berühren darf, dann muss es die große Liebe sein – oder gegen Geld.« Sie baute langsam eine Wand der Angst gegenüber Männern auf, die Beziehung zu ihrem eigenen Körper verschlechterte sich, Masturbieren löste sogar Ekelgefühle aus. Das Escortgeschäft schien Trost bieten zu können – sie würde sich aufgehoben fühlen, und die Männer würden sie so sehr begehren, dass sie für die Zeit mit ihr sogar bereit waren, Geld auszugeben. Daneben reizte Hannah schon immer die Vielfalt von Sexualität in all ihren Facetten.

Dass der Start in der Agentur nicht so glatt lief, lag ausgerechnet an den katastrophalen Bedingungen in ihrem auslaufenden

Saisonjob als Kellnerin. Nach bis zu sechzehn Stunden ununterbrochener Arbeit konnte sie Gelenke und Hände am Abend kaum mehr bewegen. Sie fühlte sich unter immensem Druck und aufgrund ihrer finanziellen Notsituation ausgeliefert gegenüber der körperlichen Ausbeutung durch ihre Chefs: »Ich hatte nicht mal Zeit, meine Tampons zu tauschen. Sie wussten genau: Ich bin Ausländerin, ich brauche diesen Job. Es gab Zeiten, wo ich allein zwanzig Tische bedienen musste, ich wurde total ausgebeutet – es war katastrophal.«

Nachdem ihr durch die Arbeit in der Gastronomie eine Vielzahl potenzieller Termine in der Agentur entgangen waren, entschloss sich Hannah, ihre Energie in Zukunft ganz auf die Sexarbeit zu lenken und so ihre therapeutische Ausbildung zu finanzieren. »Ich bin davon ausgegangen – und das habe ich auch mit der Frau von der Agentur besprochen –, dass ich nichts machen werde, was ich nicht auch sonst tun würde, was ich nicht mit dem Herzen mache oder wo ich nur das geringste Gefühl habe, dass ich mich selbst demütige oder ein anderer mich demütigt.« Entsprechend bastelte sie an ihrem Agentur-Profiltext, bis sie das Gefühl hatte, ihre Ansprüche richtig vermittelt zu haben. Ihr erstes »Date« mit einem zahlenden Kunden verlief trotz anfänglicher Nervosität sehr gut – Hannah fühlte sich wohl und blieb dabei. Heute arbeitet sie trotz abgeschlossener Ausbildung hauptberuflich in der Sexarbeit.

In ihrer Agenturzeit machte Hannah hauptsächlich Hausbesuche, auch bei behinderten Menschen. »Das hat mir emotional sehr viel bedeutet. Ich hatte dadurch sehr viele tiefe und vielschichtige Begegnungen.« Nach der Agentur verkehrte sie eine Zeit lang in einem Berliner Anbahnungscafé. Sie berichtet, dass sie auch dort selbstbestimmt arbeiten konnte: »Ich hatte weiterhin immer die Möglichkeit, mich so oder so zu entscheiden. Entweder Ja oder Nein zu sagen. Noch dazu war es mir immer sehr wichtig, dass mein Honorar im oberen Preissegment liegt.«

Mittlerweile arbeitet Hannah nur noch im BDSM-Bereich, wobei sie Wert darauf legt, dass ihre Sessions erotische Momente beinhalten. Mit Schwarz-Weiß-Denken und dem Klischee der peitschenschwingenden Domina kann sie als Switcherin nichts anfangen: »Wenn ich aktiv bin und Schmerz zufüge, diene ich auch. Aktiv zu sein bedeutet nicht, dass ich mich total unkontrolliert austoben kann. Als Passive wie als Aktive kann ich staunen, mich überraschen lassen. Ich lasse mich los, weil ich vertraue. Es geht um Kommunikation, Aktion, Reaktion. Dazu gehört eine riesengroße Menge Verantwortung und auch Demut.«

Nach anfänglichen Selbstzweifeln, die sie mit ihrer Erziehung und ihrem kulturellen Hintergrund verbindet, sagt Hannah heute, dass sie stolz ist, Sexarbeiterin zu sein. Ihr Freundeskreis weiß von ihrem Beruf und reagiert durchweg positiv darauf, während Hannahs Familie es bevorzugt, nichts davon zu wissen: »Ich habe meiner Mutter schon mal bezüglich BDSM Andeutungen gemacht; sie hat das erschreckt.« Hannah sagt weiter: »Ich glaube, meine Eltern wären nur dann richtig glücklich mit mir, wenn ich exakt das mache und so lebe, wie sie das wollen. Mittlerweile leide ich nicht mehr so sehr darunter, dass ich mir die Anerkennung nicht zu Hause holen kann, sondern selbst dafür sorgen muss. Dadurch, dass ich weiß, was mir guttut und was nicht.«

Ihre Diplomarbeit schrieb sie damals in Ungarn zum Thema Film. Ihre Faszination für das Schauspiel und den »homo ludens« lebt sie nun mit ihren Gästen aus. An ihrer Arbeit fasziniert Hannah neben den täglichen Herausforderungen auch das Kennenlernen verschiedener Facetten der Sexualität: »Ich sehe das so: Ich bin unterwegs und werde nie ankommen. Ständig lernend teste ich meine Grenzen aus. Man definiert sich immer neu, lernt sich selber nicht nur als Frau, sondern als Menschen besser kennen.«

Insbesondere das emotionale Anteilnehmen in der Arbeit mit ihren Kunden sagt ihr zu: »Ich höre unglaublich gerne zu, ich bin ein sehr präsenter Mensch, und ich spüre gerne in mich und andere hinein. Wenn man selbst Offenheit und eine generelle Vorurteilslosigkeit mitbringt, spüren das die Gäste. Dadurch machen sie auch selbst einen oder zwei Schritte auf mich zu.« Das körper- und psychotherapeutische Wissen aus ihrer Ausbildung nimmt sie mit in die Sessions mit ihren Kunden – sie hat einen individuellen Stil für ihre Arbeitsweise entwickelt, für den sie gutes Feedback bekommt. »Natürlich bedeutet das nicht, dass ich bei der Sexarbeit jemanden therapieren kann, das mache ich nicht. Aber generell sorge ich für eine Stimmung, in der alle Beteiligten sich viel mehr fallen lassen können. Ich glaube, man kann sich auf diese Weise gegenseitig beschenken. Und da ich dafür auch noch Geld kriege, bin ich doppelt beschenkt«, lacht sie.

Hannah traf über die Jahre viele Kolleginnen in unterschiedlichen Bereichen der Sexarbeit. Von Gewalt weiß sie nur in einem Fall zu berichten. Eine polnische Kollegin wurde Opfer einer Vergewaltigung, als sie einen ihr zuvor unbekannten Gast in dessen Wohnung begleitete. »Kumpels von ihm sind aufgetaucht, natürlich waren alle besoffen, was keine Entschuldigung ist. Mehrere haben sie vergewaltigt, hat sie mir erzählt.« Zur Polizei wollte die Kollegin damals nicht – da das Verbrechen vor dem Prostitutionsgesetz von 2002 und vor dem Beitritt Polens zur EU stattfand, hatte sie zu große Angst, selbst als illegale Prostituierte angezeigt und abgeschoben zu werden. Hannah ist dankbar, dass sie persönlich hier nie unangenehme Erlebnisse mit Männern hatte und dass sie in Deutschland berufstätig sein kann: »In Ungarn bist du nicht mal privat als Frau so gut aufgehoben wie hier in Deutschland als Sexarbeiterin. Ich habe mich in meiner Heimat als Frau nie wohlgefühlt.«

Während sie nichts über Zwang durch Zuhälter berichten kann, bedauert sie, dass ihrer Erfahrung nach vielen Kolleginnen aus ihrer Zeit in Berlin die Perspektive und Pläne für spätere Jahre zu fehlen schienen. »Wenn man die Zielgerade aus den Augen verliert, sich nicht die Fähigkeit erhält, sich selber von außen zu betrachten, dann wird es problematisch, wenn man zehn, zwanzig

Jahre älter wird. Man muss in der Lage sein, einen permanenten Selbst-Check zu machen: Ich bin jetzt da – wo möchte ich hin – wenn ich dort hinwill, was muss ich dafür machen? Diese seelischen und geistigen Ressourcen sind wichtig.« Hannah sieht ein wichtiges Mittel gegen dieses »Verlorengehen« in der Unterstützung innerhalb der Sexworker-Community. Auch aus diesem Grund wurde sie Mitglied des BesD.

Obwohl sie sich bei der Frage nach ihren Wünschen an die Gesellschaft schmunzelnd eine Herrschaft der Frauen wünscht, bezeichnet sich Hannah nicht als Feministin. »Ich will mich als Frau in meiner Haut wohlfühlen und meine Weiblichkeit mit Würde und Stolz tragen, nicht mit verstecktem Körper und zusammengebissenen Zähnen umherlaufen. Und nein, das bedeutet nicht, dass ich meinen Busen auspacken muss, um etwas zu erreichen. Als Sexarbeiterin ziehe ich persönlich aus meinem Beruf deutlich mehr als ein Einkommen. Nicht zuletzt die Anerkennung, die ich von meinen Gästen erfahre, hat mir dabei geholfen, mich als wertvollen Menschen zu begreifen, und mein Selbstbewusstsein gründlich aufpoliert. Meiner Meinung nach haben uns die sogenannten Feministinnen viel mehr geschadet als geholfen, aber ich denke, das kapieren sie noch immer nicht, selbst nach dreißig oder vierzig Jahren. Bei vielen von denen vermisse ich einfach die Weiblichkeit und den Stolz und Genuss daran, Frau zu sein. Als müssten wir es bedauern, dass wir kein Mann oder wenigstens lesbisch sind. Schade. Ohne meine Arbeit wäre mein Leben viel ärmer und grauer.«

Ob sie sich für längere Zeit in der Sexarbeit sieht, lässt Hannah offen. »Das hängt alles davon ab, wie sich mein Privatleben entwickelt.« Doch momentan kann sie sich ein Leben ohne die sexuelle Vielfalt, die ihr Job ihr bietet, nicht vorstellen. Dabei beschränkt sie sich nicht auf Deutschland: »Ich habe auch noch andere Pläne, für andere Länder. Ich möchte reisen, verrückt leben, weiterhin diesen Job ausüben.« Besonders in Bezug auf ihre Reiselust ist die Gesetzgebung der verschiedenen Länder ein wichtiger Punkt für Hannah. »Ich bin davon überzeugt, dass die Männer sich in einem Land, in dem Sexarbeit legalisiert ist, anders verhalten als in einem Land, wo das nicht der Fall ist. Je weniger scheinheilig die Menschen in einem Land sind, desto eher behandeln sie auch, unabhängig vom Job, die anderen auf Augenhöhe und desto gesünder ist ihre sexuelle Kultur.«

## Marleen: »Grenzen sind individuell.«

Marleen, Mitte zwanzig, ist Deutsche und finanziert ihr Studium mit Sexarbeit. Bereits seit ihrer Kindheit störte sie sich an der Ungleichbehandlung von Jungen und Mädchen und wurde früh als »Emanze« bezeichnet. Mit fünfzehn begann sie, regelmäßig die EMMA zu lesen. Als mit Beginn ihrer Pubertät der Wunsch in ihr aufkam, als Sexdienstleisterin zu arbeiten, waren die inneren Widersprüche und das Problembewusstsein entsprechend groß. Da Marleen nicht wusste, wie sie diese so unterschiedlich scheinenden Frauenbilder und Vorstellungen von Emanzipation in Einklang bringen konnte, beschäftigte sie sich gegen Ende ihrer Schulzeit umso intensiver mit feministischen Theorien und der Rolle von Sexarbeiterinnen im feministischen Diskurs. Sie stellte fest, dass sie persönlich beides als durchaus vereinbar empfand. Mit zwanzig besuchte sie die Einstiegsberatung bei Hydra[35] und nahm sich anschließend erst einmal ein halbes Jahr Bedenkzeit.

2011 setzte sich Marleen in die Anbahnungsbar »Café Pssst« (wo sie auch Hannah aus dem ersten Interview kennenlernte) und machte ihre ersten Erfahrungen als Dienstleisterin mit einem sehr sympathischen Stammkunden des Hauses. Und sie war positiv überrascht. Die insgeheim befürchteten sexistischen Kommentare oder Respektlosigkeiten seitens ihres Kunden waren ausgeblieben, und sie fühlte sich auch nicht eklig oder dreckig. Marleen beschloss, während ihres Studiums als Independent Escort tätig zu sein. Als sie die Regelstudienzeit überschritt und ihr BAföG auslief, beschaffte sie sich als zusätzliche Einnahmequelle eine Stelle in einem Bordell, um genug zum Leben zu verdienen.

Ihr unangenehmstes Erlebnis in der Sexarbeit kann Marleen sehr klar benennen: Als unerfahrene Anfängerin hatte sie absolut unvorbereitet das erste Duo mit einer Kollegin. Deren Arbeitsstil war ganz anders als ihr eigener. Zudem war die gebuchte Zeit der Kollegin deutlich früher zu Ende, sodass Marleen bald mit dem Gast alleine war, der offen Rauschmittel konsumierte. »Da saß ich dann allein mit einem bekoksten Kunden, der mich ständig aufforderte, mitzukoksen. Mein ›Nein‹ wollte er in seinem Zustand nicht akzeptieren – ich habe geblufft, indem ich die Hand vor den zusammengerollten Geldschein hielt, während ich leise die Line vom Tisch pustete, um dann geräuschvoll und mit zwei Zentimeter Abstand zum Tisch die Nase hochzuziehen. Ein Freund meinte später, ich hätte an dem Abend wohl Drogen im Wert von achtzig Euro vom Tisch gefegt. Ich fand vor allem die Herausforderung, im Anschluss ›authentisch bekokst‹ rüberkommen zu müssen, sehr verunsichernd.« Mit solchen Erfahrungen geht sie aber heute sehr pragmatisch um: »Nach inzwischen über fünf Jahren Sexarbeit kann ich sagen, dass ich deutlich weniger unangenehme Erlebnisse hatte als in verschiedenen gewöhnlichen Praktika. Ein bisschen weniger Learning by Doing würde aber auch der Sexarbeit ganz gut zu Gesicht stehen.«

Marleens Angebote sind vielfältig, der Umfang ihrer sexuellen Dienstleistungen bleibt dabei stets von ihren persönlichen Empfindungen bestimmt: »Grenzen sind individuell. Meine Kolleginnen im Bordell finden Gesichtsbesamung eklig und bieten sie deswegen nicht an. Mir ist Ejakulat im Gesicht deutlich lieber als eine Kondompanne in meiner Vulva. Während viele Frauen und ein paar wenige Männer Körperbehaarung bei Frauen eklig oder unhygienisch finden, lieben andere meinen Naturbusch. Mein Angebot hängt vor allem von meinem Gegenüber ab. Üblicherweise umfasst es Reden, ganz banalen vaginal-penetrativen Sex, Reden, aktives und passives Französisch, Reden, Fingern, Reden,

Handentspannung, Reden, Küssen, Reden, Dirty talk und noch mal Reden. Gelegentlich kommen Analsex, Natursekt, Rimming oder Körper- und Gesichtsbesamung dazu. Praktiken wie Kaviar würde ich auch anbieten, wenn sie jemand nachfragen würde.«

Die Frage, ob Sexarbeit für sie ein »Beruf wie jeder andere« sei, findet Marleen falsch gestellt. »Das impliziert, dass alle anderen Jobs gleich wären, das stimmt aber nicht mal, wenn man die Fragestellung auf jeweils eine Branche ausweitet. Zum Beispiel: In der Juristerei gibt es von Richtern, Staatsanwälten über Kriminologen bis hin zu Rechtsanwaltsfachangestellten ja auch verschiedene Bereiche. So unterscheiden sich auch Sexdienstleistungen massiv in den zu erbringenden Leistungen und Ansprüchen: Von der Arbeit auf dem Strich, die häufig vor allem Handjobs und Französisch im Auto oder hinter dem nächsten Busch beinhaltet, über Zwanzig-Minuten-Quickies und ausgedehnte erotische Sessions, sei es mit oder ohne Penetration, bis hin zu sexuellen Rollenspielfantasien, Escort, BDSM-Spielarten, Massagen, Pornodrehs, Camsex und vielem mehr. Genauso divers sind die Umfelder, wo Sexarbeit stattfindet: Von Wohnungsbordellen zu Laufhäusern, FKK-Clubs, Flatrate-Bordellen, Stundenhotels – die auch oft von Stricher_innen genutzt werden – bis hin zu bizarr-dominanten Locations in Studios. Die Frage verzerrt also die Debatte – kein Beruf ist wie jeder andere.«

Marleen sagte mir auch, was ihrer Meinung nach tatsächlich thematisiert werden sollte: »Was Sexdienstleistungen wirklich von anderen Berufen unterscheidet, ist die Stigmatisierung und fehlende gesellschaftliche Anerkennung. Ich würde mir ein Beseitigen der Sondergesetze – vornehmlich im Strafrecht – wünschen, also eine rechtliche Gleichstellung sexueller Dienstleistungen mit anderen Wellness-Dienstleistungen. Und die Medien sollten auf eine realistische und sachliche Berichterstattung achten, sodass Sexarbeit auch in der Gesellschaft wertgeschätzt und als Berufsoption anerkannt werden kann. Bis das umgesetzt wird, kann es aber wohl leider noch etwas dauern.«

Tatsächlich gehören Sexdienstleistungen inklusive Pornografie vor allem innerhalb des Feminismus zu den umstrittensten Themen überhaupt. Die Sicht einer Person, die sich selbst als überzeugte Feministin bezeichnet und dabei Sexarbeit klar befürwortet, fand ich deshalb besonders spannend. Marleen erklärte mir, dass es auf die politischen Strömungen und wissenschaftlichen Theorien zum Verhältnis der Geschlechter zueinander und zur Entstehung geschlechtlicher Unterschiede ankommt. Sie definieren, ob Sexdienstleistungen aus dem feministischen Blickwinkel heraus zu befürworten oder zu bekämpfen sind. Sie bekräftigte, dass es nicht den »einen« Feminismus gibt, sondern verschiedene Strömungen, die thematisch mehr oder weniger im Widerspruch zueinander stehen. »Überspitzt formuliert ist Feminismus ein Label, das jede/r für sich selbst mit Inhalt füllen und nutzen kann, um sich politisch zu positionieren. Es gibt einen grundsätzlichen Konsens über die Schaffung von Chancengleichheit und Gleichberechtigung. Aber je nachdem, welcher gesellschaftsanalytische Überbau herangezogen wird, scheiden sich die Geister an der Frage, wie diese Gleichberechtigung auszusehen hat. Ich wünsche mir ein differenzierteres Bild der feministischen Bewegungen.«

Der Großteil von Marleens privatem Umfeld weiß von ihrem Nebenjob. »Leute, mit denen ich mir mehr Kontakt wünsche, erfahren davon immer recht schnell. Ich möchte nicht umsonst Energie in Beziehungen stecken, die vielleicht aufgrund meines Nebenjobs zerbrechen würden. Außerdem habe ich es allen Freund_innen aus der Schulzeit erzählt, mit denen ich noch Kontakt habe. Meistens haben sie positiv darauf reagiert, und verloren habe ich Gott sei Dank keine einzige Freundschaft.« Marleens teils bereits vorher unterkühltes Verhältnis zu ihrer Verwandtschaft litt hingegen, nachdem sie sich ihren Eltern anvertraute: »Meine Eltern finden es leider alles andere als toll, dass ich als ›Dirne‹ arbeite. Fast allen anderen Familienmitgliedern gegenüber wurde ich anschließend zwangsgeoutet, weil es meine Mutter in ihrer Verzweiflung einer meiner Omas weitererzählt hat und diese wiederum an Tanten und Onkel. Es hat sich dann in der Region herumgesprochen, und alle möglichen Leute quatschten meine Familienangehörigen an. ›Na, wie kommt sie denn dazu? Studiert sie noch? Ist die etwa in die falschen Kreise gekommen? Ist die drogensüchtig? Da muss sie ja schon aufpassen!‹ Vor allem leiden unter der Stigmatisierung also meine Eltern und mein Bruder.«

Marleen hat zum Thema Sexarbeit viele Wünsche an Politik und Gesellschaft, persönlich ärgert sie aber besonders die Diskussion über eine Altersgrenze ab 21, die sie als symbolische und frauenfeindliche Gesetzgebung ablehnt und von deren Umsetzung sie negative Folgen befürchtet: »Lasst doch die Finger von dieser dummen Idee! Bin ich als Frau, wenn ich unter 21 als Hure arbeiten möchte, etwa später mündig als meine braven Geschlechtsgenossinnen und gleichaltrige Männer? Frauen, die unter 21 Jahren anfangen, als Hure zu arbeiten, werden sich für so ein Gesetz überhaupt nicht interessieren. Viel sinnvoller wäre es, wenn es flächendeckende, allgemein bekannte berufsorientierte Beratungen zur Sexarbeit gäbe und sich ein realistisches Berufsbild in der Gesellschaft entwickelt.« Noch nie ist sie bewusst einer Kollegin begegnet, die Opfer von Gewalt oder Ausbeutung war: »Woran sollte man denn auch Ausbeutung und Gewalt erkennen? Ich erkenne doch in der U-Bahn oder an der Uni auch nicht, ob jemand Beziehungsgewalt erlebt.«

Nach ihren beruflichen Zukunftsplänen gefragt, sagt Marleen, dass sie zu Ende studieren und dann ihren Master machen will. In ihrem Wunsch-Zukunftsszenario sieht sie sich in einem »bürgerlichen« Hauptjob und nebenberuflich in der Sexarbeit: »Die Dankbarkeit und Zufriedenheit, mit der mich meine Gäste nach der verbrachten Zeit verlassen, gleicht für mich jede Stigmatisierung, mit der die Sexarbeit behaftet ist, aus.«

Ihr Engagement im BesD ist für Marleen jedoch gerade aufgrund der Stigmatisierung des Berufes wichtig: »Ja, ich finde globale Themen wie Klimaschutz, Energiewende und TTIP grundsätzlich dringlicher – aber für diese setzen sich glücklicherweise schon sehr viele Menschen ein. In unserer Branche scheuen sich aus Angst vor einem Outing viel zu viele Menschen davor, ihre zeitlichen, finanziellen und psychischen Ressourcen zur Verfügung zu stellen. Und irgendwer muss sich ja engagieren.« Als politische Aktivistin wünscht sie sich eine Welt, in der es keinerlei Diskriminierung mehr gibt und Patriarchat und Kapitalismus überwunden sind. »In einer solchen Utopie wären dann auch sämtliche Missstände in der Sexarbeit beseitigt – oder aber jegliche marktförmige Arbeitsteilung hätte sich erledigt. So eine Gesellschaft kann man aber nicht über die Gängelung von Sexarbeiter_innen und Kundschaft erreichen. Sinnvoller ist es, die Verhältnisse im Allgemeinen zu ändern, also über die Durchsetzung von Menschenrechten sowie Migrations- und Arbeitsfreiheit und über die Bekämpfung von Stigmatisierungen und sämtlichen Diskriminierungen mit all ihren negativen Konsequenzen.« Politisch legt Marleen neben der Stärkung der Rechte von Sexarbeiter_innen großen Wert darauf, dass die ungleichen wirtschaftlichen Verhältnisse zwischen den Geschlechtern und Nationen behoben werden und damit auch mehr Frauen Kundinnen von Sexarbeitenden sein können.

## Juliana: »Ich wollte meinem Kind eine gute Zukunft ermöglichen.«

Juliana ist 26 Jahre alt und stammt aus der Hafenstadt Constanta im Süden Rumäniens. Ihre Kindheit war alles andere als unbeschwert, der viele Streit in der Familie und die allgegenwärtigen Geldprobleme sind ihr noch heute in Erinnerung. Bereits mit achtzehn Jahren wurde sie Mutter. Vier Jahre später entschied sie sich aus finanziellen Gründen, in die Sexarbeit zu gehen: »Ich wollte meinem Kind, das ich über alles liebe, eine gute Zukunft ermöglichen.«

Über eine Freundin aus Kindheitstagen, die bereits im Sexgewerbe tätig war, kam sie in Griechenland an einen Arbeitsplatz in einem Bordell. Die schüchterne junge Frau sprach kein Wort Griechisch und beobachtete die Kolleginnen, um zu lernen, wie sie am besten Geld verdienen konnte. »Als ich angefangen habe, war die Arbeit nicht schön für mich – es war keine rosarote Zeit.« Als dann die Wirtschaftskrise Griechenland traf, verdiente sie nicht mehr genug Geld, um ihr Kind in Rumänien unterstützen zu können. So verließ sie das Land und durchsuchte lange das Internet nach einem neuen Arbeitsplatz, bis sie sich schließlich für ein deutsches Privathaus entschied.

Ohne Geld, aber, wie sie sagt, mit viel Hoffnung, reiste sie nach Deutschland, wo sie nach wie vor im Sexgewerbe tätig ist – mit Erfolg. Wenn sie über ihre Arbeit spricht, macht sie klar, dass es sich für sie keineswegs um eine persönliche Leidenschaft handelt, sondern dass sie das Gewerbe schlicht als ihre beste Möglichkeit empfindet, ausreichend zu verdienen, um ihrer Familie in Rumänien ein gutes Leben bieten zu können.

Missbrauch und Zwang hat sie nicht erlebt, auch nicht bei den vielen rumänischen Kolleginnen, die sie über die Jahre hinweg persönlich kennengelernt hat. »Vielleicht hatte ich einfach Glück. Aber jede Frau hier hat ihre Geschichte. Die wünschen sich ein schönes Leben, ein Haus und dass ihre Familien keine Geldsorgen mehr haben. Und genau das wünsche ich mir auch.« Die einzigen Klienten, die ihr Probleme bereiten, sind diejenigen, die sich in sie verlieben. Dann macht Juliana dem Betreffenden unmissverständlich klar, dass sie nicht in Deutschland ist, um eine Beziehung einzugehen, sondern um zu arbeiten.

Julianas Freundeskreis und ihre Familie in Rumänien unterstützen sie und verurteilen sie nicht für ihren Beruf. Von der Politik wünscht sie sich, dass Prostitution als das wahrgenommen wird, was es für sie selbst und viele andere ist: die den Umständen entsprechend beste Einnahmequelle.

»Die meisten Frauen werden nicht zu dieser Arbeit gezwungen und werden auch nicht missbraucht. Und falls ein Teil dieser Frauen tatsächlich missbraucht wird, sollen die Politiker diese suchen und ihnen helfen. Meiner persönlichen Meinung nach ist Sexarbeit der einzige Beruf, in dem meine Kolleginnen und ich schnell und viel Geld verdienen können.«

## Cornelia: »Für mich gibt es keinen Boss und keine Zuhälter mehr.«

Cornelia ist 31 Jahre alt und wurde in einer Gebirgsregion im Norden Rumäniens in sehr schwierige Familienverhältnisse hineingeboren. Nach ihrer Geburt gaben die Eltern sie in einem Kinderheim ab. Mit sieben Jahren holte sie der leibliche Vater schließlich zurück, um sie bei sich und seiner zweiten Frau wohnen zu lassen. Cornelias Kindheit wurde dadurch nicht besser – im Gegenteil. Ihr Vater und die Stiefmutter waren beide Alkoholiker, sie fühlte sich ungeliebt und gegenüber ihren Stiefgeschwistern benachteiligt, und der Vater zwang sie im Verlauf der nächsten drei Jahre zum »Sexunterricht«. Als Cornelia zehn Jahre alt war, vergewaltigte er sie – und die Familie warf sie anschließend aus dem Haus.

Von da an lebte Cornelia auf der Straße und war ihrer Umgebung weiterhin schutzlos ausgeliefert. »Mit zwölf Jahren wurde ich von einem Clan von Zuhältern gefangen genommen, geschlagen, und die folgenden Jahre gezwungen, Sex für Geld anzubieten. Ich hatte viele Kunden.« Ein langjähriger Kunde verhalf der damals Achtzehnjährigen schließlich zur Flucht aus Rumänien, indem er ihr einen Arbeitsvertrag in der Landwirtschaft in Italien vermittelte. Sie arbeitete dann auch als Kellnerin und Thekenkraft in einem Restaurant, lernte einen Mann kennen und bekam ein Kind. Doch Jahre später zerbrach die Familie: »Das Sorgerecht für meine Tochter wurde mir genommen, und ich habe meine Arbeit verloren. Danach lebte ich wieder auf der Straße. Mein Mann und seine Familie hatten mich rausgeworfen. Nur ich weiß, wie schwer mein Herz vor Trauer, Enttäuschung und Missbrauch war. Diese Schmerzen fühle ich noch heute.«

Sie entschloss sich zu einem Neustart in Deutschland – als Sexarbeiterin. Ihre seelischen Wunden sitzen nach wie vor tief, aber Cornelia hat sich auch eine vorher ungekannte Selbstständigkeit erarbeitet: »Ich hasste die Männer damals, und ich hasse sie heute. Aber ich habe jetzt meine Freiheit. Für mich gibt es keinen Boss und keine Zuhälter mehr.« So sehr sie sich bemüht, ihre Vergangenheit hinter sich zu lassen, ist Cornelias Leben noch immer von Herausforderungen und Problemen geprägt. Sie begann zu trinken, versuchte mehrfach, sich das Leben zu nehmen. Sie sagt: »Am schlimmsten ist, dass ich meine Tochter verloren habe.« Doch sie sagt auch: »Egal, welche Schwierigkeiten noch auf mich zukommen, wie schwer auch die Zeit noch wird – ich lasse mich nicht zerstören. Ich will wieder lachen, und ich will mein Leben wiederaufbauen, so stabil, dass mir nichts und niemand mehr dieses Fundament nehmen kann. Ich werde glücklich sein.«

Cornelia würde gerne als Übersetzerin arbeiten, sie erzählt, dass sie Sprachen liebt. Die Sexarbeit sieht sie selbst mittlerweile als ganz normalen Beruf: »Als ich in Deutschland angefangen habe, war ich nicht richtig vorbereitet für diese Tätigkeit. Es war schwer, aber ich bin den Weg weitergegangen. Sexarbeit ist hier legal, und ich respektiere die rechtlichen Regelungen. Ich bezahle Steuern, wie ich das auch früher gemacht habe, bei meinen anderen Jobs. Die Sexarbeit hat mich verändert. Ich schätze jetzt diese Arbeit, bin motiviert dazu und weiß auch, was ich von den Kunden will. Ich habe die Verantwortung für meine Entscheidungen und bin Chefin meines eigenen Lebens.«

Die Berichterstattung in den Medien und die gesellschaftliche und politische Debatte um die Rechte von Sexarbeiter_innen machen Cornelia wütend: »Wir sind viele Kolleginnen und tauschen uns aus. Wir helfen uns, geben uns Informationen, sind solidarisch und ermutigen uns gegenseitig. Wir respektieren die Gesetze. Dafür wollen wir keine Moralpredigten oder Vorverurteilungen – wir wissen selbst, was wir tun! Wir wollen nicht von den Medien verleumdet, sondern gehört, gleichbehandelt und respektiert werden. Ich frage mich, wieso werden wir nicht gefragt? Wir haben die Antworten!«

## Ina: »Ich habe das Recht, selbst über mein Leben zu entscheiden.«

Die 38-Jährige Ina stammt aus dem Süden Rumäniens und beschreibt sich als »eine ganz durchschnittliche Frau«. Ihre Kindheit unter sechs Geschwistern schildert sie als normal. Nachdem sie die Schule beendet hatte, erlernte sie einen Beruf, in dem sie bis vor zwei Jahren arbeitete. Als ihre Lebensumstände jedoch im Alter von 36 Jahren schwieriger wurden, entschied sie sich, nach Deutschland zu fahren und als Sexarbeiterin anzufangen.

Zunächst war Ina ein Jahr lang in einem Club tätig. »Ich war nicht zufrieden dort. Jetzt arbeite ich seit einem Jahr privat, bin sehr zufrieden und habe meine Ruhe und Unabhängigkeit.«

Was andere Menschen von ihrer Arbeit halten, ist Ina herzlich egal – solange sich niemand in ihr Leben einmischt: »Jeder hat ein Recht auf seine Meinung, und zur Sexarbeit gibt es viele unterschiedliche Auffassungen. Ich verurteile niemanden, aber ich möchte für das, was ich tue, auch selbst nicht verurteilt werden. Schön, wenn mich jemand versteht. Wer das nicht tut, soll lieber auf sein eigenes Leben sehen.«

Obwohl Sexarbeit alles andere als ihr Traumberuf ist, sind Inas Erfahrungen in der Branche bisher durchweg gut: »Viele Kunden kommen mit sexuellen Fantasien und Wünschen zu uns, andere möchten einfach die Gesellschaft einer Frau haben. Ich habe in diesem Beruf sehr viel Respekt erfahren, und ich denke auch, wir als Sexarbeiterinnen sollten unsere Gäste respektvoll behandeln. Ich bin ein ruhiger Mensch, und ich bemühe mich, ihnen eine angenehme Gesellschaft zu bieten. Ich bin nie bösartig von Menschen in meiner Umgebung behandelt worden und hatte noch nie Probleme mit Kunden.« Zu ihren Kolleginnen pflegt Ina normale Beziehungen, »so wie auch zu anderen Menschen«. Sie spricht von teilweise sehr guter und tiefer Freundschaft und sagt, dass sie ihre Kolleginnen sehr respektiert.

Ein generell missbräuchliches Umfeld wie es oft von Sexarbeitsgegner_innen ins Feld geführt wird, sieht Ina nicht: »Es gibt Gerüchte, dass wir Sexarbeiterinnen generell gezwungen, geschlagen und missbraucht werden. So etwas habe ich nie erlebt. Ich kann auch nicht glauben, dass eine meiner Kolleginnen unter solchen dramatischen Bedingungen arbeitet. Falls es so etwas gibt, muss es doch einen Weg geben, aus der Situation rauszukommen. Falls es mir persönlich passieren würde, würde ich mich an offizielle Stellen wie die Polizei wenden.«

Ihrer Meinung nach handelt es sich bei der These, dass Sexarbeiter_innen generell unter missbräuchlichen Umständen leben oder arbeiten, um eine Unterstellung: »Ich möchte, dass sich alle die Frage stellen, ob diese Behauptungen glaubwürdig sind. Die Medien sollten Fakten vorlegen und nicht einfach nur schlecht über uns reden. Das führt nur dazu, dass wir in der Gesellschaft keine Anerkennung finden. Die Politik sollte zur Kenntnis nehmen, was die Menschen in der Sexarbeit für die Gesellschaft leisten.«

Auch auf die Frage, was sie selbst bezüglich Sexarbeit verändern würde, findet Ina klare Worte: »Ich würde die Mentalität derjenigen Menschen verändern, die uns verurteilen. Die Politik und die Gesellschaft sollte daran denken, dass wir Menschen in der Sexarbeit individuelle Persönlichkeiten sind, die unterschiedliche Ziele verfolgen. Ich habe mich für diese Arbeit selbst entschieden. Ich werde sie weiterhin machen, bis meine Schwierigkeiten überwunden sind und ich meine Ziele erreicht habe. Ich kann nicht sagen, dass mir meine Arbeit gefällt, aber durch sie bin ich materiell abgesichert. Und ich finde, ich habe das Recht, über mein Leben selbst zu entscheiden. Wir alle haben dieses Recht.«

## Mavis: »Für meine Eltern war es ein Schock.«

Mavis ist 31 und stammt aus einer süddeutschen Mittelschichtsfamilie. Ihr Vater ist Akademiker, die Mutter Hausfrau. Seit 2002 wohnt sie in Berlin, wo sie ein geisteswissenschaftliches Studium abgeschlossen hat. Zu Beginn dieses Studiums, vor mittlerweile beinahe zehn Jahren, hatte sie zum ersten Mal Kontakt mit Sexarbeit.

Obwohl ihr die Eltern die Ausbildung weitgehend finanzierten, machte sich Mavis auf die Suche nach einem Job. Sie suchte einen Ausgleich zum Studentenleben, wollte etwas anderes von der Welt sehen. Als sie durch Zufall auf die Anzeige eines erotischen Massagesalons stieß, bewarb sie sich kurzerhand und arbeitete dort für etwa ein Jahr. Der Verdienst war zwar eher mager, die Arbeit selbst gefiel ihr aber ganz gut. Danach wechselte sie in ein Bordell. Warum ihre Wahl bei der Suche nach einem Zuverdienst ausgerechnet auf die Sexarbeit fiel, kann Mavis nicht so genau sagen: »Ich glaube, es war eine Mischung aus Neugier, dem Reiz einer tabuisierten und allgemein als unwürdig angesehenen Tätigkeit und der Vorstellung, einer Art verschworener Gemeinschaft anzugehören. Dazu kam die Verlockung, für Sex mit fremden Männern Geld zu bekommen.«

Heute verdient Mavis trotz abgeschlossener Ausbildung den Großteil ihres Lebensunterhalts mit ihrer Arbeit im Bordell. Sie mag dort sowohl die generelle Atmosphäre als auch die Zusammenarbeit mit Kolleginnen und den Rahmen, in dem sie Kunden empfangen kann: »Eine Zeit lang habe ich auch Escortdates angeboten, aber ich habe festgestellt, dass mir die äußere Struktur fehlt, die mir im Bordell hilft, die Arbeit von meinem Privatleben abzugrenzen.«

Mavis arbeitet im »Soft-Bereich«: Mit Kunden hat sie vaginalen und oralen Geschlechtsverkehr, manchmal redet oder kuschelt sie mit ihnen, manchmal massiert sie ihnen den Rücken. Ab und an bietet sie Rollenspiele an, bevorzugt in der devoten BDSM-Rolle. Ist ihr der Kunde weniger sympathisch oder gar unangenehm, dann verhält sie sich distanziert, doch zumeist beschreibt sie das Verhältnis als zärtlich bis leidenschaftlich mit intensivem Körperkontakt: »Manchmal penetriere ich meine Kunden auch mit einem Umschnalldildo – eine Praxis, auf die nicht wenige stehen. Ich bin für allerlei Experimente zu haben, wenn mir der Sinn danach steht.«

Manchmal langweilt sich Mavis als Sexarbeiterin. »Die Tätigkeit wäre sicher noch angenehmer, wenn sie abwechslungsreicher wäre. Für eine Gesellschaft, die die bürgerlichen Sexualtabus angeblich so weit hinter sich gelassen hat, kommt mir die Sexualität wenig ›frei‹ vor. Die Wünsche und Fantasien der Kunden spiegeln eben auch die gesellschaftliche Realität wider: die Verkümmerung der Fantasie, den Zeitmangel, den Arbeitsdruck, die Angst, irgendwann überflüssig zu werden.« Aber es gibt auch besonders schöne Momente in ihrer Arbeit: »Meine liebsten Erinnerungen sind die an Stunden, in den etwas Unvorhergesehenes passierte, wo nicht alles nach Schema ablief, einfach weil der Mann Fantasie hatte.«

Ihre Haltung und ihr Empfinden zur Sexarbeit schwankt: »Es ist manchmal schwer, die Stigmatisierung nicht zu übernehmen, selbst wenn man sich dessen bewusst ist und sie nicht befürwortet.« Sie meint, dass einerseits das gesellschaftliche Urteil über Sexarbeit und andererseits ihre manchmal durchaus prekäre Position als Selbstständige mit negativen Empfindungen zu tun haben: »Wenn es mehrere Tage hintereinander im Bordell nicht gut läuft, denke ich manchmal, ich muss mir was anderes suchen, weil das Geld nicht reicht. Bisher ging es dann aber doch immer.«

Die Frage danach, ob Sexarbeit ein Beruf wie jeder andere ist, hält Mavis für suggestiv. Schließlich tut schon diese Frage so, als gäbe es einen einheitlichen Block aller »anderen Berufe«. Der Grund, warum sie trotzdem mit Nein antwortet, ist ihrer Meinung nach einfach erklärt: »Prostitution wird nach wie vor nicht als vollwertiger Beruf gesehen. Selbst dort, wo sie akzeptiert wird, gilt sie allenfalls als Notlösung, aber nicht als eine Wahl, die bewusst getroffen wird.« Für Mavis ist das ein Messen mit zweierlei Maß: »Im Arbeitsleben ist es doch generell so, dass man sich seine Erwerbstätigkeit nicht ›frei‹ aussucht. Je nach sozialer Herkunft, Kapital und Bildung hat man bestimmte Alternativen zur Verfügung oder eben nicht. Die Möglichkeit, ihren Traumjob auszuleben, haben nur äußerst wenige Menschen, für die meisten dient ihre Erwerbstätigkeit schlicht der Sicherung ihres Lebensunterhaltes.«

Unangenehme Erlebnisse mit Kunden verbucht sie grundsätzlich mit »sozialwissenschaftlicher Neugier« als »seltsamen Einblick in die menschliche Natur« – doch diese Neugier hat auch Grenzen: »Vor einiger Zeit hatte ich einen älteren Kunden, der einen eineinhalbstündigen Termin mit mir vereinbart hatte, ohne dass wir uns vorher kannten. Der Mann war mir auf den ersten Blick unsympathisch und irgendwie suspekt. Natürlich hätte ich ihn trotz Termin ablehnen können, aber ich dachte, ich gebe ihm eine Chance. Das erste Gefühl hat sich dann aber bestätigt, der Mann erzählte mir eine Menge fragwürdiger Geschichten und war auf eine eigenartige Weise distanzlos. Je länger ich mit ihm zusammen war, desto abstoßender fand ich ihn. Ich habe daraus gelernt und versuche, stärker auf mein Bauchgefühl zu hören, das doch meistens richtig liegt.«

Bei der Frage nach ihrem schönsten Erlebnis fällt es Mavis schwerer, ein bestimmtes zu nennen, da sie viele sehr angenehme Erinnerungen hat: »Es gibt immer wieder schöne Erlebnisse mit

Kunden – weil wir ein ungewöhnliches Gespräch geführt haben oder weil einer einen Fetisch hatte, den ich besonders interessant und anregend fand. Mit einer Kollegin zu zweit bei einem Kunden zu sein, ist auch immer wieder eine willkommene Abwechslung und manchmal auch sehr lustig. Man kann dann selbst im relativ standardisierten Ablaufrahmen eines Bordells sehr vielseitig agieren.« Manchmal erlebt Mavis auch beinahe intime Momente mit Gästen: »Am liebsten mag ich Menschen, bei denen ich das Gefühl habe, dass sie sich nicht bruchlos in die gegenwärtige Gesellschaft einfügen. Sie haben Schwierigkeit mit gesellschaftlichen Konventionen oder verzweifeln an der Glücklosigkeit der Welt. Der Besuch im Bordell bedeutet dann mehr als belanglose Wellness in der Mittagspause (obwohl auch das sehr angenehm sein kann), er ist ein Weg, durch den diese Menschen etwas finden, was ihnen sonst fehlt – mit allen Widersprüchen, die das mit sich bringt.«

In Mavis' Umfeld wissen fast alle von ihrer Tätigkeit als Sexarbeiterin – ihre Geschwister, Eltern, Freunde und Bekannte. Sie will sich nicht verstecken, und geht je nach Kontext relativ offen mit ihrer Tätigkeit um. Die Reaktionen waren und sind unterschiedlich: »In meinem Freundeskreis habe ich eigentlich keine Ablehnung erlebt und kann sowohl über positive wie negative Empfindungen bei meiner Arbeit reden – ich befinde mich da wohl in einem recht toleranten Umfeld. Für meine Eltern war es hingegen ein ziemlicher Schock, und auch neun Jahre später tun sie sich mit dem Thema sehr schwer.« Obwohl Mavis ihrer Aussage nach weder »ins Milieu abgerutscht«, noch Schaden von ihrer Tätigkeit als Sexarbeiterin genommen hat, können die Eltern ihre Berufswahl nicht akzeptieren: »Wir reden kaum über das Thema, und ich habe auch kein großes Bedürfnis, es ihnen aufzudrängen. Trotzdem bin ich froh, dass ich es ihnen gesagt habe und mir keine Lügengeschichten ausdenken muss – das ist für viele Kolleginnen das Schwierigste und Belastendste an diesem Job.«

Mavis ist mit einigen Kolleg_innen befreundet und kennt inzwischen viele weitere über politische Netzwerke. Es ist ihr sehr wichtig, mit anderen Sexarbeiter_innen über die Arbeit zu reden, denn sie findet es nicht einfach, das Thema in anderen Kreisen anzusprechen: »Kolleginnen verstehen die verschiedenen Seiten des Jobs, haben ähnliche Erfahrungen gemacht und fällen vor allem keine vorschnellen Urteile. Oft habe ich in geselligen Runden außerhalb der Branche Hemmungen, über meine Arbeit zu reden. Ich habe dann die Befürchtung, den Leuten etwas aufzudrängen, was sie nicht wissen wollen, vielleicht sogar unausgesprochene Schamgrenzen zu verletzen. Meine witzigen Anekdoten könnten dann statt Belustigung eher betretenes Schweigen hervorrufen.« Mavis kennt auch das Gefühl, in eine unbewusste Verteidigungshaltung zu geraten, und bedauert es, dass sie als Sexarbeiterin meist nicht so selbstverständlich über ihre Arbeit sprechen kann, wie sie es als Lehrerin oder Ärztin könnte: »Man muss immer damit rechnen, dass die Leute entweder allzu fasziniert sind und dann viele neugierige und oft auch sehr blöde Fragen stellen, oder dass sie sofort zu wissen meinen, dass es doch was Besseres für mich geben muss und dass diese Arbeit nicht gut für mich sein kann. Oft verschweigt man dann erst recht die negativen Aspekte, weil man keine Lust hat, sich von fremden Leuten sagen zu lassen, was gut oder schlecht für einen ist.«

Sie selbst hat nie Gewalt oder Ausbeutung erlebt, kennt aber Geschichten von zwei Kolleginnen, deren Einstieg in die Sexarbeit mit Ausbeutung, Täuschung und Gewalt zu tun hatte: »Die sind mithilfe von Freiern dann aus der Situation herausgekommen. Danach haben sie selbstständig und freiwillig in der Prostitution weitergearbeitet.«

Mavis hat noch keine festen Pläne für ihre berufliche Zukunft, hat aber vor Kurzem angefangen, eine Doktorarbeit in ihrem Studienfach zu schreiben. Sie arbeitet gelegentlich journalistisch und als Lektorin und kann sich gut vorstellen, diese Tätigkeiten weiter auszubauen. Gleichzeitig möchte sie aber auch weiter in der Erotikbranche arbeiten, sich dort fortbilden und Neues ausprobieren.

Laut Mavis werden sämtliche Themen rund um die Sexarbeit unter falschen Voraussetzungen diskutiert, solange die Tätigkeit nicht als Beruf akzeptiert wird und Sexarbeitende nicht als entscheidungsfähige Subjekte angesehen werden. Sie bemängelt bei Diskussionen, die zum Beispiel die psychische Belastung von Sexarbeiter_innen betreffen, die fehlende Beschäftigung mit anderen Faktoren als der Berufswahl: »Selten wird die psychische Belastung einer Prostituierten mit ihrer sozialen oder gesellschaftlichen Situation in Zusammenhang gebracht, mit anderen Berufen verglichen oder in den Kontext von Arbeitsbedingungen gestellt. Fast immer wird daraus stattdessen eine generelle Debatte pro oder contra Prostitution – ich würde mir wünschen, dass das endlich mal aufhört.«

Sie hat sich viel mit der besonderen Stellung der Sexualität in unserer Gesellschaft auseinandergesetzt: »In der bürgerlichen Gesellschaft galt sie als besonders intim und privat, was keine vollkommen willkürliche Setzung ist, auch wenn die historische Entstehung dieser Wertung nicht ohne Brüche ist. Die Intimität ermöglicht auch die spezifische Form von Lustempfinden, die mit der Sexualität verbunden wird. Diese Auffassung von Sexualität prägt unser sexuelles Erleben und die Form, in der Sexualität stattfindet oder stattfinden soll. Auch wenn die Intimität im Verhältnis zwischen Kunden und Hure nicht vollständig aufgehoben ist, stellt dieser scheinbar fehlende Faktor die Prostitution außerhalb der gesellschaftlichen Akzeptanz und macht sie zu einem tabuisierten Bereich.«

Mavis begrüßt das gestiegene öffentliche Interesse und die steigende Hörbarkeit von Sexarbeiter_innen in den letzten Jahren. Sie hofft, dass noch mehr Frauen, aber auch Männer und Trans-Personen – die bislang in der Debatte kaum vorkommen – den Mut finden, ihre Anliegen nach außen zu tragen: »Am besten wäre es wahrscheinlich, wenn nur noch Prostituierte über Sexwork und andere Sexdienstleister reden und dass alle anderen Leute den Mund halten. Das wird aber wohl nicht so bald passieren. Wir müssen deshalb weiter die Stärke finden, uns öffentlich zu äußern und dabei keine Rücksicht auf die gesellschaftlichen Erwartungen und Meinungen zu nehmen. Wir üben nun mal keinen ›gewöhnlichen Beruf‹ aus und sollten auch nicht um jeden Preis versuchen müssen, uns den gesellschaftlichen Konventionen anzupassen.«

Sie ist der Meinung, dass die Entscheidung zur Sexarbeit und die Sexarbeit selbst an der gesellschaftlichen Realität und nicht an irgendeinem Ideal gemessen werden sollten – solange man nicht bereit ist, einen utopisch-gesellschaftskritischen Diskurs zu führen: »Die Intimität des Sexuellen ist heute schon weitgehend aufgehoben: Dass Sexualität eine Ware unter anderen ist, ist auch außerhalb der Prostitution längst zur Normalität geworden, auch wenn der Warencharakter dort besonders sichtbar ist. Die Stigmatisierung von Prostituierten vor allem durch gesellschaftliche Verachtung stellt aber weiterhin ein alltägliches Problem dar – insbesondere für Prostituierte, die sich in prekären sozialen oder rechtlichen Situationen befinden.«

In dem gesellschaftlichen Ideal, das sich Mavis vorstellt, gibt es allerdings auch keine überspitzte »Normalisierung« von Sexarbeitsangeboten in Shopping-Malls zwischen Zehn-Euro-Friseuren und in Bangladesch genähter Billig-Kleidung: »Das fände ich ziemlich abstoßend. Vielleicht wäre doch irgendwann eine Gesellschaft vorstellbar, der das Sexuelle in gewisser Hinsicht ›heilig‹, intim und besonders ist. Menschen, die mit ihrer Sexualität freigebig oder auch gegen Geld freizügig umgehen, würden nicht verachtet, sondern vielleicht sogar aufgrund ihrer Fähigkeit zur Intimität mit vielen besonders respektiert. Dass es in dieser Gesellschaft keine zu Niedriglöhnen genähte Kleidung mehr geben sollte, versteht sich von selbst. Shopping Malls übrigens auch nicht«.

Indem man die Sexarbeit als Teil unserer gesellschaftlichen Realität sieht und sie nicht zu einem tabuisierten Bereich außerhalb des gesellschaftlich Akzeptablen stellt, ergibt sich auch die Möglichkeit, sich konkret der Verbesserung von Arbeitsbedingungen zu widmen: »Dass die Prostitution für manche Sexarbeiter und Sexarbeiterinnen eine Notlösung darstellt, kann man nicht dadurch verändern, dass man die Prostitution bekämpft, sondern nur dadurch, dass man der Not entgegenwirkt. Diese doch recht simple Erkenntnis ist den Prostitutionsgegnern aber einfach nicht klarzumachen. Ich hoffe, dass sie sich irgendwann im gesellschaftlichen Diskurs durchsetzt.«

Mavis erhoffte sich viel von einer Überarbeitung des Prostitutionsgesetzes und hat klare Wünsche an Politik und Gesellschaft. Für sie ist eine Veränderung der Gesetze einer der Schlüssel für Fortschritte in der jetzigen Lage, denn ihrer Meinung nach ist die Verknüpfung von Sexarbeit und Kriminalität nicht zuletzt der Kriminalisierung und gesellschaftlichen Abwertung von Sexworkern geschuldet. Da sie erst nach dem Inkrafttreten des Prostitutionsgesetzes 2002 in die Branche einstieg, ist sie zwar dankbar, die vorher herrschenden Bedingungen nicht persönlich erlebt zu haben, doch sie wünscht sich mehr: »Dass diese heuchlerische und frauenfeindliche Gesetzgebung abgeschafft wurde, war sehr wichtig. Doch von einer vollständigen rechtlichen Gleichstellung mit anderen Erwerbstätigkeiten kann leider nicht die Rede sein. Es wäre wichtig, dass Prostitution endlich konsequent unter der Perspektive der Arbeit betrachtet wird. Die moralische Abwertung der Prostitution als Sittenwidrigkeit und die pauschale Gleichsetzung mit Gewalt und Kriminalität schlagen noch immer in vielen Gesetzen und in der Handhabung der Behörden durch.« Als wichtigste Aufgabe der Politik sieht sie jetzt deshalb die Abschaffung spezieller Straftatbestände sowie eine Eingliederung der Branche in die gewerberechtliche und berufsrechtliche Gesetzgebung, um der Stigmatisierung entgegenzuwirken.

Der massive moralische Unterton, der in Debatten um Sexarbeit präsent ist, erstaunt und ärgert sie jedes Mal: »Dadurch werden die ganzen Diskussionen so unfruchtbar, weil man ständig gegen die dümmsten und plattesten Vorurteile an-argumentieren muss, sodass sich die Debatte seit Jahrzehnten im Kreis dreht. Man kommt überhaupt nicht an den Punkt, wo man die tatsächlichen Probleme und die gesellschaftlichen Widersprüche im Verhältnis zur Sexualität reflektieren könnte, weil man nur pausenlos damit beschäftigt ist, die minimale Basis zu verteidigen – das Recht von Prostituierten auf ihre Arbeit.«

# Keine Lust auf Puffmutter

Auch ich war einige Jahre lang Betreiberin. In den Augen einiger Sexarbeitsgegner_innen hieß das, dass die Vorzeigedomina, die ohnehin schon als fürstlich bezahlte Lobbyistin im Fernsehen zweifelhafte Interessen der milliardenschweren Zuhälterindustrie vertritt, auch noch andere Frauen für sich anschaffen lässt. Als »Täterin« liege ich damit vermutlich in der Rangordnung knapp unter dem Koksdealer vor dem Schulhof.

Es stimmt, ich habe mir einige Jahre lang eine Hundert-Quadratmeter-Gewerbefläche im Erdgeschoss eines Bürogebäudes als Hauptmieterin mit ein paar Kolleginnen geteilt. Wir hatten drei Arbeitszimmer, eine Wohnküche und ein großes Bad. Ich hätte die Räume allein tragen können, brauchte aber natürlich nicht ständig alle und hatte auch gern mal Gesellschaft. Daher vermietete ich stundenweise an befreundete Kolleginnen unter. In Monaten, in denen viel los war, finanzierte mir das vollständig meine Gewerbemiete, in anderen Monaten zahlte ich sie größtenteils alleine. Übers Jahr bekam ich darüber etwa zwei Drittel meiner Mietkosten zurück, sodass ich finanziell ähnlich dastand, als hätte ich nur ein einzelnes Arbeitszimmer alleine bespielt. Das größere Studio fand ich jedoch angenehmer, weil es mir und meinen Gästen die Nutzung unterschiedlicher Themenräume ermöglichte und das Netzwerken mit Kolleginnen vereinfachte.

Wir koordinierten die Zimmernutzung über einen gemeinsamen Online-Kalender, jede von uns kümmerte sich um ihre eigene Werbung und Terminvereinbarungen, hatte ihren eigenen

Schlüssel, kam und ging, wann sie wollte und hinterließ die Stundenmiete in einer kleinen Blechdose gegen Quittung. Ich bekam meist mehr Anfragen von neuen Interessentinnen zwecks Raumanmietung, als ich im Sinne eines entspannten und stressfreien Miteinanders annehmen konnte und wollte. Ich hätte den Betrieb mehrfach vergrößern können, habe aber darauf verzichtet, weil ich keine Lust auf Puffmuttertum hatte: Ich wollte finanziell nicht darauf angewiesen sein, ein Team zu verwalten. Die Einkaufstouren für Desinfektionsspray, Latexhandschuhe und Klopapierrollen, die Reparatur tropfender Duscharmaturen, das erbarmungslose Verfolgen schusseliger Kolleginnen wegen vergessener Quittungen und das ständige Rein-Raus-Spiel mit Wäschetrockner und Waschmaschine waren mir organisatorischer Aufwand genug. Und habe ich schon von den schwärmenden Ameisen aus unserem begrünten Innenhof erzählt, die einen Sommer ein paar Tage lang exklusiv unseren größten Arbeitsraum für sich reserviert hatten?

Neben dem rücksichtslosen Freier und der ausgebeuteten »Zwangsprostituierten« ist der Bordellbetreiber ein weiterer beliebter Klischeeträger in populären Darstellungen unserer Arbeit. Erstens männlich, zweitens geldgeil, besteht sein Lebenszweck darin, seine »Pferdchen« durch überteuerte Mieten und rigide Hausordnungen zu knechten und in wirtschaftlicher Abhängigkeit zu halten. Gern wird verächtlich von einer »Zuhälter- und Betreiberlobby« gesprochen.

Natürlich handeln die allermeisten Erwerbstätigen in Gewinnabsicht, darunter auch diejenigen, die eine professionelle Infrastruktur für die Sexarbeit anderer zur Verfügung stellen. Preis und Qualität dieser Infrastruktur können in einem angemessenen Verhältnis stehen – oder eben auch nicht. Der Vielfalt unserer Branche und Arbeitsstätten wird das »Ausbeuter«-Klischee jedenfalls nicht gerecht.

In vielen politischen Aspekten ziehen Bordellbetreiber_innen und Sexworker am gleichen Strang. Das Prostitutionsgesetz von 2002 mit seinen positiven Folgen auch für Sexarbeiter_innen wäre ohne mutige Modellprozesse von Betreiber_innen nicht zustande gekommen. In anderer Hinsicht haben wir natürlich auch manchmal gegensätzliche Interessen. Einige Großbordell-Betreiber_innen begrüßen beispielsweise eine Konzessionierung für Bordelle und die Zwangsregistrierung ihrer Mieter_innen, da auflagenbedingte Zusatzinvestitionen durch das Ausschalten unliebsamer Konkurrenz mehr als kompensiert würden. Kleine Wohnungsbordelle und nebenberuflich arbeitende Sexworker, die ihre Dienste oft über Internetportale anbieten und sich kein Outing durch Registrierung erlauben können, sind von einer Konzessionierung und Meldepflicht weit stärker bedroht.

Genauso wenig wie alle Sexarbeitenden sind auch alle Betreiber_innen über einen Kamm zu scheren. »In manchen Wohnungen führen sich die Hausdamen wie Hausdrachen auf«, beschreibt es der Kunde Manuel. Manche Bordellbetreiber_innen halten sich als Investoren im Hintergrund, stellen Geschäftsführer und Wirtschafter ein und haben kaum Kontakt zu ihren Mietern. Andere verstehen sich (geschlechterunabhängig) als »Puffmutter« im positiv-fürsorglichen Sinn. Manche betreiben Gewinnmaximierung auf Kosten von Sexarbeitenden bis hin zur Schaffung von Strukturen, die man wirklich nur als Ausbeutung beschreiben kann. Einige Betriebe sind mit flachen Hierarchien organisiert und ähneln eher Wohngemeinschaften oder Genossenschaften. Da es sich in der Regel um legale Geschäftsbeziehungen handelt, kann der Arbeitsplatz frei gewechselt werden. »Wie du in den Wald hineinrufst …« gilt natürlich auch in unseren Kreisen: Wer eine gute Arbeitsatmosphäre schafft, bekommt auch die angenehmsten und loyalsten Mieter_innen.

Daneben gibt es aber auch solche Betreiber_innen, die sich weit über eigene wirtschaftliche Interessen oder das Anbieten eines anständigen Arbeitsplatzes hinaus engagieren, zum Beispiel für die Anerkennung der Sexarbeit. Wie politisch aktive Sexworker und andere Verbündete, etwa aus Sozialarbeit oder Wissenschaft, investieren sie ehrenamtlich Zeit und Energie, um unsere Lebens- und Arbeitsbedingungen und unser Ansehen in der Gesellschaft zu verbessern.

## Lara und Klaus: »Und dann begann der Ärger.«

Die gebürtige Moldawierin Lara entschied sich nach langjähriger Tätigkeit als Sexarbeiterin in Deutschland für die Eröffnung einer eigenen Zimmervermietung. Nach schlechten Erfahrungen mit Apartments beziehungsweise deren Vermieter_innen wünschte sie sich einen angenehmen und wertschätzenden Arbeitsort. Dem Gedanken wuchsen Flügel, und gemeinsam mit ihrem langjährigen deutschen Lebensgefährten und Ehemann Klaus kaufte sie 2009 ein Alt-Bremer Haus, das sie von Grund auf renovierten. Am Ende standen sechs Arbeitsräume zur Verfügung, und Lara hatte als Eigentümerin und Betreiberin die Möglichkeit, an bis zu fünf weitere selbstständige Dienstleister_innen zu vermieten. Die Mitarbeiterinnen der aufsuchenden Sozialarbeit des Gesundheitsamts Bremen fanden die Einrichtung beeindruckend. Die viele Arbeit schien sich gelohnt zu haben.

Und dann begann der Ärger.

Klaus – der nach Absprache mit Lara als deutscher Muttersprachler das Gespräch mit mir führte – legt großen Wert darauf, sämtliche Aussagen belegen zu können, und offenbarte mir während unseres Gesprächs Berge an minutiösen Aufzeichnungen, Berichten und Gesprächsprotokollen. Wie ich im Laufe des Gespräches immer wieder feststellen konnte, brennt der studierte Sozialpädagoge für sein politisches Engagement.

Frustriert erzählte er mir von der Betriebseröffnung vor nunmehr über sechs Jahren. Die pikierte Nachbarschaft organisierte sich flugs in einer Bürgerinitiative gegen das frisch gestartete Apartmenthaus. Auch in den lokalen Medien war bald die Rede von Zwangsprostituierten und ihrem Zuhälter – und, wie konnte es anders sein, gemeint war natürlich Klaus. Dessen wiederholte Versuche, durch Gespräche Einigung zu erzielen und Missverständnisse aus der Welt zu schaffen, scheiterten. Weder Journalisten noch Nachbarn noch Vertreter_innen des Stadtbezirks wollten mit den dort tätigen Frauen persönlich sprechen.

Die empörten Anwohner blockierten im Rahmen ihrer »Demonstrationen« stattdessen im Februar und März 2010 mehrfach den Eingang des Betriebs, fotografierten Sexworker sowie Kunden und skandierten: »Nutten raus! Nutten raus!«

»Ich fühlte mich an die Menschenrechtsfeinde erinnert, die Migrantinnen und Migranten in ihren Unterkünften umzingeln und ›Ausländer raus!‹-Parolen grölen. Wir haben die Proteste zwar körperlich unversehrt überstanden, aber psychisch war diese gesellschaftliche Brandmarkung vor allem für Lara und die anderen Frauen extrem verletzend und hat böse Spuren hinterlassen.« Das Ganze unter den Augen anwesender Polizeikräfte, die die »Demonstrierenden« bei ihren Blockaden und Beleidigungen gewähren ließen.

Schlussendlich ließ die Baubehörde Bremen den Betrieb schließen. Die Nachbarschaft hatte über einen Anwalt bereits direkt nach der Betriebseröffnung festhalten lassen, dass es zu zahlreichen störenden Vorfällen gekommen war. Dies teilte die Anwaltschaft auch dem Verwaltungsgericht mit, das die Aussagen ungeprüft als glaubhaft einstufte. Außerdem vertraten die Nachbarschaft und ihre politischen Unterstützer_innen einhellig die Meinung, Klaus sei der Zuhälter von Lara und ihrer Mieterinnen und auch der offizielle Betreiber der Zimmervermietung. Das Bremer Leitmedium, die Nachrichtensendung *buten und binnen* machte sich diese Aussage zu eigen und sprach am 12. März 2010 vom »Zuhälter vor der Tür«. Dem widersprach die Polizei Bremen, das Kommissariat 44, Herr Weissner, ohne dass *buten und binnen* sich zu einer Richtigstellung veranlasst sah.

Diese öffentliche Vorverurteilung trug sicher dazu bei, dass das Gericht Laras gegenteilige Aussagen als nicht glaubhaft einstufte. »Die Einlassungen der Nachbarschaft zu störenden Vorfällen, verursacht durch den Betrieb der Location, wurden ohne Prüfung als glaubhaft erachtet, da Sexarbeit typischerweise zu Störungen führe, die mit dem Rotlichtmilieu und dessen kriminogenem Umfeld verbunden seien. Die Aussagen von Lara und die Ereignisprotokolle über den Kundenverkehr zur Location wurden in dem Verfahren keiner Prüfung unterzogen.« Lara und Klaus charakterisieren die Ereignisse als »Hoyerswerda-déjà-vu«. Die damalige Bürgerinitiative ist aus ihrer Sicht »Teil und Ausdruck neofaschistischer Umorientierung, die heute in der AfD salonfähig geworden ist. Die gruppenbezogene Menschenfeindlichkeit, Ausgangspunkt des Handelns neofaschistischer Bewegungen, ist in der Haltung und Haltungen der Mitglieder und der Unterstützer_innen der Bürgerinitiative gegen Laras erste Location deutlich erkennbar.«

Bei Klaus wuchs aus dem Erlebten der Wunsch, sich konkret für die Rechte von Menschen einzusetzen, die in erotischen und sexuellen Dienstleistungen aktiv sind. Zunehmend bemühte er sich, die Interessen von Sexarbeitenden und deren Umfeld zu vertreten und gegebenenfalls zu vermitteln. Sein Engagement in diesem Bereich macht mittlerweile einen Mittelpunkt seines Leben aus.

»Ob ich tatsächlich ein unvoreingenommener Sachwalter der Interessen aller Aktiven in der Sexarbeit bin, kann ich nicht beurteilen. Jedenfalls bemühe ich mich zuerst um eine Vertretung der Interessen Sexarbeitender und erwarte, dass Vermietende, Betreibende von Kundenforen oder Werbeplattformen und nicht zuletzt Kunden ihrer Verantwortung gerecht werden, Respekt, Fairness und Augenhöhe gegenüber Sexarbeitenden an die erste Stelle zu setzen. Das erwarte ich auch von allen Beratungseinrichtungen, die mit Sexarbeitenden in Kontakt sind. Sie sind für mich nur glaubwürdig, wenn sie an die erste Stelle ihrer Tätigkeit das Recht von Sexarbeitenden stellen, politisch gehört zu werden, und ihre Arbeit daran ausrichten, Sexarbeitende dabei zu unterstützen, dieses Recht wahrzunehmen. Ich erwarte, dass sie jeder Art von Stigmatisierung, Kriminalisierung, Diffamierung und Diskriminierung von Menschen, die in der Sexarbeit aktiv sind, mit größter Entschlossenheit entgegentreten, damit es nie wieder zu schweren Traumatisierungen von Sexarbeitenden und zu schwerwiegenden tolerierten Rechtsbrüchen kommt, wie es im Februar, März und April 2010 in Bremen und permanent wohl tagtäglich in der ganzen Welt, gipfelnd in Morden an Sexarbeitenden, der Fall war und ist.«

Seine Hauptaufgabe sieht Klaus in seiner Tätigkeit als Sprecher für das »Haus9« – den Betrieb, den Lara an anderer Stelle in Bremen schließlich doch eröffnen konnte.

Dass auch nichtdeutschsprachige Sexarbeiter_innen die Gelegenheit zur Teilnahme am politischen Diskurs haben, ist Klaus und Lara ein zentrales Anliegen. Die Mieterinnen der russisch, deutsch und rumänisch sprechenden Lara sind fast ausschließlich Migrantinnen. Die allermeisten von ihnen sprechen Rumänisch, einige so wie Lara Russisch und nur sehr wenige Deutsch.

Als Initiator von Ne-RO-In, einem Netzwerk zum Austausch von Informationen in Rumänisch und Deutsch für Menschen in der Sexarbeit, setzt sich Klaus intensiv dafür ein, dass deutsche Texte aus dem politischen Alltag, aber auch zu Gesundheits- und anderen Fragen professionell ins Rumänische übersetzt werden, da Rumän_innen derzeit in großer Zahl in Deutschland der Sexarbeit nachgehen und möglicherweise die größte Sprachgruppe unter den Sexarbeitenden in Deutschland stellen. So ist es jedenfalls in Bremen bei der Sexarbeit in Wohnungen. Von *sexworker.at* wurde Klaus angeboten, als Fachmoderator tätig zu werden. Er stellt dort deutschen und rumänischen Kolleg_innen sowie Pro-Sexarbeit-Aktiven die betreffenden Texte als zweisprachige Dokumente online zum Download zur Verfügung.

Neben Foren für Profis wie *sexworker.at* gibt es auch sogenannte Freierforen, in denen sich Kunden von Sexarbeitenden austauschen. Eines davon ist das Kundenforum »Bremersex«. In ihm wiederholten sich rassistische Äußerungen von Usern z. B. über »die Bulgaro-Romano Fraktion«. Dagegen bezogen Klaus und Lara Stellung. Als sie Texte in Rumänisch mit deutscher Übersetzung posteten, wurden diese von den Forenbetreibenden gelöscht. Als Klaus und Lara dies im Forum als Zensur kritisierten, sperrten die Forenbetreibenden den beiden schließlich den Account. Ihr Argument: Die Beiträge interessieren keinen und stören den Forenfrieden. Zu dieser Zeit arbeiteten in Bremen etwa siebzig Kolleginnen in Wohnungen, deren Muttersprache Rumänisch war. Alle waren sehr interessiert daran, zu erfahren, was im Forum über, für und gegen sie geschrieben wurde. Nur konnten sie nicht ausreichend Deutsch, um die Beiträge dort zu verstehen. Das sollte wohl auch so bleiben. Deswegen, so meinte Klaus, wurden ihm und Lara der Zugang zum Forum gesperrt. Rassistische Äußerungen im Forum »Bremersex« waren kein Problem für die Betreibenden. Informationen in Rumänisch dagegen waren unerwünscht.

Klaus und Lara ließen sich nicht beirren. Aus den Diskussionen im Bremersex-Forum war bereits eine Frühstücksrunde von Kunden entstanden. Auch Vertreterinnen der Bremer Fachberatungsstelle Nitribitt, Sexarbeiterinnen, Betreiber_innen und Pro-Sexwork-Aktive nahmen daran im Laufe der Zeit teil. Klaus veröffentlicht zudem Texte auf *sexworker.at* sowie *menschenhandelheute.net* und kommentiert online in der Bremer sowie der überregionalen Presse. Er gab Interviews als bekennender Sexwork-Kunde, wurde Mitglied im Bundesverband Sexuelle Dienstleistungen (BSD e.V.) und nahm als Referent an Fortbildungen und Fachtagungen zu ProSexWork-Themen teil.

Wo er Ungerechtigkeit und Scheinheiligkeit wahrnimmt, informiert sich Klaus umfassend – und handelt. Das führt gelegentlich zu Androhung von juristischen Maßnahmen durch die kritisierten Institutionen oder Personen, z. B. zur Androhung eines Rechtsstreits seitens der Bremer Beratungsstelle für Opfer von Menschenhandel und Zwangsprostitution. Klaus setzte sich für die Einstellung der öffentlichen Förderung und den Entzug der öffentlichen Legitimation der Arbeit dieser Beratungsstelle ein. Auch den Runden Tisch Menschenhandel in Bremen kritisiert Klaus. Seiner Ansicht nach kommt dieser seinen Aufgaben nicht nach, solange er sich bei der Bekämpfung des Menschenhandels ausschließlich auf den Bereich der sexuellen Dienstleistungen beschränkt. »Beratungsstellen, öffentliche Einrichtungen, Ämter und Initiativen, die Bäume nur in der als kriminogen diskriminierten Sexarbeit zu sehen vermögen, während sie durch einen Wald anderer Wirtschaftszweige, in denen Ausbeutung herrscht, laufen und preiswerte Dienstleistungen und Waren in Anspruch nehmen, die durch Ausbeutung her- oder zur Verfügung gestellt werden, benötigen Sexarbeitende wirklich nicht.«

Auch wenn die Forderung nach dem Streichen öffentlicher Gelder für eine Beratungsstelle für Betroffene von Menschenhandel und Zwangsprostitution auf den ersten Blick etwa so sympathisch wirkt wie das Ertränken von Welpen im Fluss – Klaus denkt seine Anliegen konsequent durch und weiter als bis zum ersten, oberflächlichen Eindruck. Er zieht die Grenze zwischen akzeptierender, bedarfsgerechter Fachberatung und Vertreter_innen der Rettungsindustrie messerscharf. Die erdichtete Gleichsetzung von Sexarbeit mit kriminellen Handlungen schadet Sexarbeitenden ohnehin schon, und das Ende seiner Geduld ist spätestens dann erreicht, wenn dafür staatliche Ressourcen verschwendet werden, die woanders Gutes bewirken und Menschen in Not helfen könnten.

Nur dagegen zu sein genügt ihm allerdings nicht. Zusammen mit Lara und fünf weiteren rumänischen Sexarbeiterinnen organisierte der Sozialpädagoge 2013 die Studie *Sexarbeit in Bremen. Rumänische Sexarbeiterinnen, Arbeitsort Wohnungen*[36]. Auslöser war eine Pressekonferenz anlässlich des Internationalen Tags gegen Gewalt an Frauen, bei der unter anderem die Bremer Landesfrauenbeauftragte postulierte, dass der überwiegende Teil aller in Bremen tätigen Sexarbeiterinnen im Rahmen von Menschenhandel verschleppt und als »Zwangsprostituierte« missbraucht werde. Insbesondere Frauen aus Rumänien und Bulgarien seien betroffen. Dieser ihren eigenen Erfahrungen so entgegengesetzten Behauptung wollten weder Klaus noch Lara blind Glauben schenken – ihre Studie stellte also vor allem die Frage, ob die Tätigkeit einer befragten Person in der Sexarbeit aus eigenem freien Willen stattfindet.

In einem Stichprobenzeitraum von zehn Tagen im Dezember 2013 wurden von ihnen 68 in Bremer Wohnungen arbeitende Sexarbeiterinnen mit rumänischer Muttersprache befragt. 64 dieser Frauen haben zum Großteil im Rahmen längerer persönlicher Gespräche und mit Hilfe von in Rumänisch verfassten Materialien an der Studie teilgenommen. Alle Befragten teilten unter Ausschluss von Dritten und neben vielen anderen Details mit, dass sie freiwillig der Sexarbeit nachgehen würden. 47 von ihnen taten dies unter Angabe ihrer Arbeitstelefonnummern, stellten die Identitätsnummern ihrer persönlichen Werbung zur Verfügung und bestätigten ihre Aussagen mit Unterschrift.

Für Klaus und Lara wurde aus der Auswertung der Studie eines ersichtlich: Insbesondere migrierte Sexarbeiterinnen, die nicht nur aufgrund ihrer Tätigkeit, sondern zusätzlich aufgrund von Sprachbarrieren außerhalb der Gesellschaft stehen, laufen Gefahr, klassifiziert, verleumdet und in die Schublade unmündiger, entscheidungsunfähiger »Opfer gewerblicher Kriminalität« gesteckt zu werden. Klaus hat auch zum Vorwurf des Menschenhandels innerhalb der Sexarbeit Zahlen für Bremen parat: Nach den Ermittlungen der Bremischen Bürgerschaft aus dem Jahre 2014 kann der Anteil von Ermittlungsverfahren gegen rumänische Staatsangehörige im Vergleich zu anderen Bevölkerungsgruppen als niedriger eingeschätzt werden. Bei der Behauptung, dass kriminelle Strukturen »typisch« in diesem Umfeld sind, dürfte es sich also, freundlich formuliert, um einen Irrtum handeln.

Kritiker werfen Betreiber_innen von Sexwork-Betriebsstätten gerne in erster Linie das Verfolgen wirtschaftlicher Interessen auf Kosten des Wohlergehens ihrer Mieter_innen vor. Klaus kennt aber viele Betreiberinnen und Betreiber, die im Gegenteil genau dieses Wohlergehen in den Mittelpunkt ihrer Bemühungen stellen. Das deckt sich auch mit meinen eigenen Erfahrungen – sei es, wie bei Lara und Klaus, aus Idealismus oder aufgrund der Tatsache, dass Sexarbeiter_innen oft hochmobil sind und eben dort arbeiten, wo Arbeitsbedingungen und Verdienst am besten passen. Laras und Klaus' Betriebskonzept für das »Haus9« beinhaltet nicht nur einen angenehmen und freundlichen Arbeitsort, sondern auch den Anspruch, ihren Mieterinnen die Teilhabe an der Gestaltung des betrieblichen und auch des politischen Alltags zu ermöglichen. Eine große Rolle spielen dabei die Übersetzungen von Texten aus dem Deutschen ins Rumänische – für diejenigen, die wie Lara Rumänisch sprechen, bieten sie oft die erste Möglichkeit zu erfahren, wie sie in der Öffentlichkeit als Migrantinnen und Sexarbeiterinnen wahrgenommen werden und was über sie in der öffentlichen Diskussion gesprochen wird.

»Diese Teilhabemöglichkeiten – im kleinen Locationalltag und im großen medialen und politischen Rahmen – unterstützen unsere Mieterinnen dabei, eigene Interessen zu verwirklichen. Indem sie die Gelegenheit bekommen, ihre eigene Stimme zu nutzen, kann es ihnen gelingen, sich selbstbestimmt gegen vielfältige deklassierende Bevormundungen und Abwertungen zu positionieren. Wir erleben, dass dies den Frauen Mut macht. Sie fühlen sich bestätigt, wenn es ihnen gelingt, in der Presse, im Rundfunk oder auf Diskussionsveranstaltungen zu Wort zu kommen.«

Natürlich kann es auch im »Haus9« zu Konflikten kommen. Dann setzen sich die Betreffenden zusammen. Sie legen dabei großen Wert auf einen respektvollen Umgang, was auch schon einmal zur Kündigung einer Mieterin führte – obwohl sie viele Kunden brachte. Klaus sagte dazu: »Wenn im Umgang kein Respekt vorherrscht, dann ist der Organisation unseres Alltags die

Grundlage entzogen. In diesem Fall kann es natürlich zu Konflikten zwischen unseren Prinzipien und unserem Einkommen kommen. Ich hoffe, ich werde da immer auf der Seite der Prinzipien bleiben.«

Klaus bedauert, dass es seiner Erfahrung nach kein ernsthaftes Interesse offizieller Stellen gibt, sich mit Sexarbeiter_innen und in deren Umfeld aktiven Menschen auf Augenhöhe auseinanderzusetzen. Für ihn ist das auch die nächstliegende Erklärung, warum es zwischen den Behauptungen einiger Politiker_innen und anderer Personen des öffentlichen Lebens und der Realität, wie sie die Menschen in der Branche erfahren, so große Diskrepanzen gibt: »Solange der Kontakt und das kritische Gespräch mit den unmittelbar in die Sexarbeit involvierten Personen von offizieller Stelle abgewehrt wird, können Kenntnisse über den Alltag in der Branche auch nicht in die Ämter und Beratungsstellen gelangen. Wir haben erlebt, dass sowohl Politiker, die sich beruflich mit Sexarbeit beschäftigen, als auch einige Beratungen für Sexworker es ablehnen, Mails von Pro-Sexwork-Aktiven zu erhalten! Die Folgen sind bitter: Das Allgemeinverständnis des Wirtschaftsfeldes der sexuellen und erotischen Dienstleistungen bleibt negativ, Diskriminierung, Klischees und Vorverurteilungen bleiben bestehen. Es wird eben leider bevorzugt über uns statt mit uns gesprochen.«

Klaus sieht im Zusammenhang der Ablehnung und des Ignorierens von direkt Betroffenen eine Gefährdung demokratischer Errungenschaften: »Das Recht von Menschen, ihren sexuellen Vorlieben zu folgen, und das Recht auf selbstbestimmten Umgang mit ihrer Sexualität schließt das Recht mit ein, ihre eigene Sexualität – ebenso wie andere Fähigkeiten – zu kommerzialisieren. Wenn es nach den Gegner_innen von Sexarbeit geht, soll dieses Freiheitsrecht als Veräußerung der individuellen Würde umgedeutet werden. Diejenigen, um deren Würde man sich sorgt, werden natürlich von der Diskussion ausgeschlossen. Lieber weist man zynisch auf ihre mangelnden Sprachkenntnisse hin und nutzt diese als weiteren Baustein in der Konstruktion des Bildes von hilflosen Opfern. Die Realität ist doch: Wird dieses Recht zur Disposition gestellt, dringt der Staat in totalitärer Weise in die Privat- und Intimsphäre von Menschen ein – das ist ein Verstoß gegen unsere Grundrechte, unsere Menschenrechte und die deutsche Verfassung.«

Klaus wünscht sich gezielte Aktionen zur Entstigmatisierung und rechtlichen Gleichbehandlung: »Sexarbeit ist ein Wirtschaftszweig, in dem eine Leistung erbracht wird, so wie auch Altenpflege, Service in der Gastronomie oder Spargelstechen. Wie in allen anderen Berufen benötigt man bestimmte Fähigkeiten dafür und eine bestimmte Ausstattung des Arbeitsplatzes. Ich fände es begrüßenswert, wenn Amtspersonen Sexarbeitende aktiv aufsuchen und ansprechen würden, zum Beispiel im Rahmen einer medial begleiteten Kampagne. Projekte, die zwischen Anwohnern und Sexarbeitenden moderieren und so eine nachbarschaftliche Normalität anstoßen könnten, wären auch eine gute Sache. Sprecht mit uns! Es wäre schön, wenn die Sexarbeiterin auf der Straße mit einem genauso freundlichen ›Guten Tag‹ begrüßt werden könnte wie der Nachbar, der vor dem Haus steht, oder der Bäcker an der Ecke.«

In der breiten öffentliche Debatte geht es beim Thema Sexarbeit besonders um die Fremdbestimmungen und Gefährdungen, denen Sexworker – angeblich – ausgesetzt sind. Im Zentrum dieses Diskurses steht das Bild der hilflosen jungen Frau aus einem fremden Land, die sexueller Misshandlung ausgesetzt ist. Klaus empfindet dieses Bild als konstruiert. Er vermutet hinter der »Sexsklavin aus dem Ostblock« zu Teilen Fiktion, zu Teilen das überproportionale Aufbauschen vorhandener Fälle. Im krassen Gegensatz zu der angestrebten »Rettung aus dem Milieu« erlebt er die entsprechenden Initiativen als übergriffig und schädlich für Sexarbeiter_innen: »Die Zuschreibung der Hilflosigkeit bewirkt, dass Sexarbeitende entmündigt werden und damit einer realen Marginalisierung zum Opfer fallen. Während die echte junge, migrierte Frau sehr selbstbestimmt und nicht Opfer von Schleppern oder Zuhältern ist, verordnet ihr der gesellschaftliche Diskurs regelrecht Hilflosigkeit! Der Konsens ist eben, dass Sexarbeiterinnen Opfer sind und deshalb gerettet werden müssen. Gegen diese Rettungshysterie sind wir nahezu machtlos. Ungewünscht und fremdbestimmend überfällt uns diese Karitas.«

Zu den herrschenden Machtverhältnissen und der Rolle, die Sexarbeit, Migration und staatlich verordnete Moral darin spielen, findet Klaus klare Worte: »Im Grunde ist der Tenor: Ihr seid unmündige Opfer von Armut. Bitte bleibt es auch. Befreit euch nicht durch Sexarbeit aus diesem unverschuldeten Elend. Das stört unser christlich-mittelschichtiges Verständnis von Menschenwürde. Eure Armut nicht. Ihr dient – bitte bleibt in euren Ländern – im globalen Wettbewerb um die perfekte Ausbeutung als unsere Werkbank und industrielle Reservearmee. Spargelstechen sei euch, temporär und mit Werkvertrag, erlaubt. Bleibt uns mit eurem Elend fern und transferiert nicht euer sexerarbeitetes Einkommen in andere Volkswirtschaften, das gehört uns.

Migrierte Sexarbeiterinnen kommen oft nahezu ohne kulturelles, soziales und ökonomisches Kapital in ein fremdes Land. Sie nutzen ihr verbleibendes sexuelles Kapital und kommerzialisieren es im Versuch der Befreiung aus der alltäglichen Entwürdigung, die der Armut in ihren Herkunftsländern folgt. Dass der Staat den religiös-ethisch legitimierten autoritären Moralisten in dieser komplexen Situation spielen soll, halte ich für einen riskanten Weg.«

# Die Rechtslage in Deutschland

Das nach wie vor gültige Prostitutionsgesetz (ProstG) von 2002[37] sagt im Wesentlichen aus, dass Verträge zwischen Sexarbeiter_innen und ihren Kunden nicht mehr wie zuvor grundsätzlich sittenwidrig und damit unwirksam sind. Sexworker können ihr Honorar einklagen, falls ein Kunde sich weigert zu zahlen. Der Kunde kann umgekehrt nicht auf die Erfüllung der Dienstleistung bestehen, der Vertrag wird nämlich erst nach Erbringung der Leistung wirksam. Außerdem können wir seitdem auch angestellt arbeiten und haben damit Zugang zur regulären Sozialversicherung. So weit, so weitgehend vernünftig, was das Ziel angeht, die Rechte von Sexdienstleistern zu stärken und die Branche anderen Berufsfeldern anzugleichen.

Das deutsche Prostitutionsgesetz ist kein Strafgesetz – die gern in der Presse verwendete Formulierung einer »Verschärfung des Prostitutionsgesetzes« ist also irreführend. Im Grundsatz dient es der legalen Anerkennung der Sexarbeit. Auch die gleichzeitig erfolgte Abschaffung der Strafbarkeit der »Förderung der Prostitution« war ein Schritt in Richtung Entkriminalisierung.

Das ProstG schließt aus, als Sexworker Forderungen durch Dritte durchsetzen zu können – beispielsweise um durch ein Inkassounternehmen gegenüber einem zahlungsunwilligen Kunden Anonymität wahren zu können. Das ist wenig hilfreich, hat allerdings auch keine allzu große Relevanz in der Praxis, da wir nach wie vor meist Vorkasse fordern.

Das ProstG hat explizit *kein* uneingeschränktes Weisungsrecht geschaffen, also die Möglichkeit für Bordellinhaber, Sexarbeiter_innen vorzuschreiben, welche Kunden sie bedienen oder welche Praktiken sie anbieten müssen. Das sexuelle Selbstbestimmungsrecht gilt auch für unsereins am Arbeitsplatz. Der Arbeitgeber angestellter Sexworker darf lediglich vorschreiben, wann und wo sich diese »zur Prostitution bereithalten« müssen. Der oder die Dienstleister_in selbst darf jedoch jeden Kunden oder jede sexuelle Praktik ablehnen. Zudem ist die Kündigungsfrist speziell geregelt: Sexworker behalten die Möglichkeit, jederzeit von heute auf morgen gehen zu können, während der Arbeitgeber die üblichen Kündigungsfristen einzuhalten hat. Es ist also rechtlich möglich, dass eine angestellte Sexarbeiterin bei vollem Gehalt drei Monate lang im Club herumsitzt, ohne einen einzigen Kunden zu bedienen. Dass sich darauf kaum ein Arbeitgeber einlassen möchte, ist verständlich und einer der Gründe, warum es in unserer Branche so gut wie keine Angestelltenverhältnisse gibt. Nahezu alle Sexarbeiterinnen und Sexarbeiter sind selbstständig tätig. In diesen Fällen sind die Bordellbetreiber_innen also ausschließlich Vermieter und haben damit erst recht keinerlei Weisungsrecht, das über eine Hausordnung hinausgeht.

In der Praxis gibt es natürlich jede Menge freiwilliger Vereinbarungen: von bestimmten Preisen und Leistungen, »auf die sich unsere Damen geeinigt haben«, über abgestimmte Dienstpläne, ohne die manche Betriebsformen nicht tragbar wären, bis hin zu Grau- und Dunkelgrauzonen wie beispielsweise Vorschriften über den Gebrauch von Mobiltelefonen im Gastraum, die nur für die anwesenden Dienstleister_innen und nicht für die Kunden gelten. Allerdings ist bei all diesen »Vereinbarungen« die einzig legale Sanktion, die Betreiber_innen bei einem Verstoß zur Verfügung steht, nicht mehr an die entsprechende Kollegin zu vermieten. Real existierende Auswüchse wie zum Beispiel »Strafgelder« beim Zuspätkommen zur Schicht oder das Verlangen von ärztlichen Attesten im Krankheitsfall sind selbstverständlich nicht rechtens und werden meist nur von Kolleg_innen akzeptiert, die ihre Rechte oder Alternativen nicht kennen.

Das Prostitutionsgesetz von 2002 war ein richtiger und wichtiger Anfang, ist aber als politischer Kompromiss weder weit genug gegangen, noch wurde es ausreichend umgesetzt. Es gab aufgrund der damaligen Zusammensetzung der Regierung keine Möglichkeit, Gesetze zu ändern, die der Zustimmung des Bundesrates bedurft hätten. Eine Änderung der Polizeigesetze, die als Ländersache die polizeilichen Zugangsrechte zu Bordellbetrieben regeln, erfolgte ebenfalls nicht. In der Hälfte der Bundesländer konnte und kann die Polizei Orte der Sexarbeit jederzeit verdachtsunabhängig betreten, um Personen und Sachen zu kontrollieren.

## Sondergesetze

Insgesamt ist unsere Branche in Deutschland nach wie vor über diverse Ordnungswidrigkeits- und Strafrechtsparagrafen geregelt statt über das normale Arbeits- und Wirtschaftsrecht. Hinzu kommen länderspezifische Polizeigesetze und Hygieneverordnungen. Der mit Abstand gröbste Unfug bei alledem ist Artikel 297 des Einführungsgesetzes zum Strafgesetzbuch (EGStGB), »Verbot der Prostitution«, als Grundlage der Sperrbezirksverordnungen. Sperrbezirke bedeuten ein faktisches Berufsverbot in kleinen Gemeinden und in großen Teilen vieler Städte. Berlin ist eine der wenigen Großstädte, die keine Sperrbezirke ausweist.

Schon jetzt gibt es kaum ein Thema, bei dem eine solche rechtliche Zersplitterung herrscht wie bei der Sexarbeit. Dass manche Dinge von Bundesland zu Bundesland unterschiedlich gehandhabt werden, ist man ja gewohnt, doch was wir als Sexdienstleister_innen bereits seit Langem erfahren, ist eine Fülle von Einzelentscheidungen, die je nach Bauplan von Straßenzug zu Straßenzug oder beeinflusst von den moralischen Befindlichkeiten einzelner Beamter und Sachbearbeiter völlig unterschiedlich ausfallen können, da es an verbindlichen Durchführungsverordnungen mangelt. Neben den offiziellen Gesetzen herrschen jede Menge ortsabhängige Duldungspraktiken und Grauzonen. Viele Betriebe nehmen zum Beispiel »freiwillig« an Pauschal- und Sonderbesteuerungsmaßnahmen teil, die jeder Rechtsgrundlage entbehren. Oder sie leiten die Ausweiskopien aller Mieterinnen proaktiv an die Polizei weiter, um ständigen betriebsstörenden Razzien und Kontrollen zu entgehen.

Eine solche Sonderbehandlung gibt es für keinen anderen Beruf. »Jede Pommesbude braucht eine Konzession, aber ein Bordell kann man einfach so aufmachen« – wer diese Stammtischparole für wahr hält, möge sich die einzelnen Paragrafen bitte einmal durchlesen und dann mit dem Gaststättenrecht vergleichen. Im Sinne einer vollständigen Entkriminalisierung müssten all diese Sondergesetze gestrichen werden.

Weder die Zuständigkeit des Frauenministeriums noch der Polizei ist einer Eingliederung unserer Branche in die Gesellschaft förderlich. Es wäre schon ein Anfang, wenn sich das Wirtschafts- bzw. Arbeitsministerium mit unseren Belangen befassen würde und die Befugnisse der Polizei auf das in anderen Branchen übliche Maß begrenzt würden.

Baurechtliche Hürden sind neben der Schwierigkeit, einen Vermieter zu finden, der zu ortsüblichen Mietpreisen offiziell einer (teil-)gewerblichen Nutzung für erotische Dienstleistungen zustimmt, gleich das nächste Problem. Ich selbst hatte seinerzeit unverschämtes Glück, innerhalb weniger Monate eine schöne Gewerbefläche im Erdgeschoss eines Bürogebäudes zu finden. Dazu kamen wunderbare Nachbarn, die unsere Pakete annahmen, wenn die Post am Vormittag ausgeliefert wurde, und mit denen wir im Sommer gemeinsam im Hinterhof grillen konnten. Als dieser Mietvertrag nach zehn Jahren auslief und nicht verlängert wurde, weil die Mieterin des gesamten restlichen Gebäudes sich weiter vergrößern wollte, standen meine Kolleginnen und ich auf der Straße. Wo man als Eigentümer noch vor zehn Jahren froh war, zuverlässige Mieter zu finden, hatte inzwischen die Gentrifizierung Einzug gehalten. Gewerberäume für Sexarbeit, auch nur für mich allein, waren nicht mehr zu bekommen, weder im traditionellen Rotlichtviertel Sankt Georg noch in den angrenzenden Gewerbegebieten. Oft war es nicht einmal möglich, ein persönliches Gespräch mit der Hausverwaltung oder den Eigentümern zu führen – schon am Telefon schlug mir geballte Stigmatisierung entgegen. Immer wieder versuchte ich, mein Arbeitskonzept darzulegen: jeweils wenige Stunden am Nachmittag, keinerlei Laufkundschaft, Stammgäste, Diskretion. Was befürchteten die Vermieter denn konkret? »Darum geht es doch gar nicht, es erklärt sich doch wohl von selbst, dass das eine Abwertung unserer Immobilie darstellt, wenn Sie dort der Prostitution nachgehen.« Den Ekel der Verwalterin konnte ich fast körperlich spüren, das Telefonat hing mir noch tagelang nach. Auch von vielen anderen Kolleginnen höre ich, dass sie lange und oft vergeblich nach Räumlichkeiten suchen, in denen sie unabhängig von Bordell-Hausordnungen und hohen Tagesmieten arbeiten können.

Sexarbeit in der eigenen, auch zum Wohnen genutzten Privatwohnung ist zwar grundsätzlich erlaubt, birgt aber eigene Probleme: die Störung durch nächtlich klingelnde Kunden, ein größeres Outing-Risko im privaten Umfeld oder die Gefahr von sexuellen Übergriffen oder Raub ohne die Möglichkeit der Hilfe durch Kolleginnen in Rufweite. Dazu kommt nun noch, dass die Unverletzlichkeit der Wohnung für Sexworker aufgehoben wurde und wir jederzeit mit behördlichen Kontrollen unserer Privaträume rechnen müssen, wenn wir dort auch arbeiten. Es gibt also gute Gründe, sich mit Kolleginnen zusammenzuschließen und die Infrastruktur eines fair geführten Betriebes in Anspruch zu nehmen. Nicht jeder Sexdienstleistungsbetrieb ist ein Großbordell-Neubau im Gewerbegebiet, getragen von Investoren, die sich eine eigene Rechtsabteilung leisten können. Für viele Kleinunternehmer_innen bedeutet jedes Zögern des unsicheren Beamten beim Bauamt, der nicht weiß, ob er wegen einer Bordellgenehmigung nicht selbst Ärger bekommt, das Risiko, dass der endlich gefundene Vermieter wieder abspringt, weil ihm das Ganze zu lange dauert.

Die Folge sind oft jahrelange Kompromisslösungen in einer rechtlichen Grauzone – wie die gewerbliche Nutzung von Wohnraum, manchmal sogar ohne das Wissen des Vermieters. Lösungen, die geduldet werden, solange sich niemand beschwert. Um als Inhaber_in eines kleinen Bordells belastbare Rechtssicherheit zu bekommen, brauchte es neben Hartnäckigkeit schon immer auch eine Portion Glück, um auf einigermaßen tolerante und angstfreie Immobilieneigentümer und Sachbearbeiter beim Bauamt zu stoßen. Dazu kommt nun die Erlaubnispflicht nach dem Prostituiertenschutzgesetz, was die Hürden um ein Vielfaches erhöht.

## Neue Gesetzesvorhaben

In der Folge des Prostitutionsgesetzes gab es verschiedene Ansätze und Entwürfe zur Regulierung unseres Wirtschaftszweiges. Wie so ein Gesetzgebungsverfahren funktioniert, erfuhr ich bei meinem Einstieg in die Bundespolitik im Sommer 2013.

Im März 2011 war eine EU-Richtlinie erlassen worden, nach der Delikte im Zusammenhang mit Menschenhandel, bei denen Zwangsarbeit und sexuelle Ausbeutung eine Rolle spielen, schneller verfolgt, härter sanktioniert und die Opfer besser geschützt werden sollen. Die Vorgaben der Richtlinie sollten innerhalb von zwei Jahren in den Mitgliedsstaaten in nationale Gesetze umgesetzt werden.[38]

Nachdem die Bundesregierung die Umsetzung dieser EU-Richtlinie zwei Jahre lang munter verschleppt hatte, tauchte kurz vor der Deadline aus der damals schwarz-gelben Koalition plötzlich ein Gesetzesentwurf aus dem Nichts auf.[39] Nach einigen Seiten zur Änderung des Strafgesetzbuches, sodass nun auch Menschenhandel zum Zwecke der Bettelei und des Organhandels verboten werden soll, mogelte sich auf Seite vier eine kurze »Änderung der Gewerbeordnung« dazwischen, bevor es wieder um eine Änderung der Strafprozessordnung ging. Gemäß dieser sollte zukünftig nicht nur die Ausbeutung der Arbeitskraft, sondern auch »andere Ausbeutung« geahndet werden können. Die kleine Änderung der Gewerbeordnung stufte außerdem nicht weiter spezifizierte »Prostitutionsstätten« flugs als »überwachungsbedürftige Gewerbe« ein,[40] was vor allem strengere Buchhaltungs- und Aufzeichnungspflichten mit sich bringen sollte. Dass es dabei vor allem um unsere Daten als Bordell-Mieter_innen ging, war offensichtlich. Und das Schönste: »Die zuständige Behörde kann (…) den Gewerbebetrieb von bestimmten Auflagen abhängig machen, soweit dies zum Schutz der Allgemeinheit, der Kunden, der Prostituierten oder der Bewohner des Betriebsgrundstücks oder der Nachbargrundstücke vor Gefahren, erheblichen Nachteilen oder erheblichen Belästigungen erforderlich ist.« Nun würde damit neben der Polizei, der Baubehörde und den Finanzbehörden nun auch noch einer weiteren Behörde die Möglichkeit gegeben, unsere Läden jederzeit mit absurden Begründungen dichtzumachen. Wobei es ein echter Fortschritt gewesen wäre, Bodellbetriebe endlich *anstelle* der Polizei dem Gewerbeamt zu unterstellen. Stattdessen sollten wir jetzt doppelten »Schutz« bekommen. Ein Schelm, wer darüber spekuliert, wie häufig es bei den erwähnten Auflagen in der Praxis wohl um die Befindlichkeiten der Bewohner_innen der Nachbargrundstücke gehen dürfte.

Und das alles, das wollen wir nicht vergessen, sollte im Zuge der Umsetzung einer EU-Richtlinie zur Eindämmung von Menschenhandel stattfinden! Nachdem Sexarbeit aber ja offensichtlich dasselbe ist, regulieren wir da eben auch noch ein bisschen dran rum, passt schon …

Zu diesem Zeitpunkt war der BesD noch nicht gegründet, es gab allerdings schon eine große Gruppe engagierter Aktiver. Viel geschlafen habe ich in der Zeit nicht, dafür meinen lange geplanten Sommerurlaub mehrfach unterbrochen, um mich mal kurz für ein paar Stunden in den Zug nach Berlin zu setzen. So viel Stress war ich von meinem gemütlichen Sexjob ganz und gar nicht gewohnt. Mit viel persönlichem Einsatz und massiven Protesten konnten wir immerhin dazu beitragen, dass der genannte Gesetzesentwurf nicht mal eben noch schnell vor der Sommerpause durchgewinkt wurde, sondern es zunächst eine Expertenanhörung vor dem Rechtsausschuss gab. An der Vorbereitung dieser Anhörung nahmen einige von uns teil, und am Ende wurde auch die langjährige Berliner Sexarbeiterin Stephanie Klee als Expertin eingeladen.

Da saß ich nun im Bundestagsgebäude in einem kleinen Tagungssaal und beobachtete die Anhörung von oben aus der Zuschauergalerie. Am besten im Gedächtnis geblieben ist mir die Rede von Schwester Lea Ackermann, Gründerin von SOLWODI[41], einem katholischen Verein, der sich für ein Verbot der Sexarbeit einsetzt. Vor sich einen Stapel ihrer Bücher, die sie immer wieder wie auf dem Fischmarkt anpries, schilderte sie in blühenden Farben Szenen der Gewalt an »Frauen und Mädchen« und erklärte: »Sexarbeit ist Drecksarbeit.« Zuvor hatte ich noch keinen Vertreter der Rettungsindustrie live erlebt, und es verschlug mir fast die Sprache. Diese Frau sprach nach meiner Kollegin Stephanie, die viel über sich und ihre Arbeit erzählt hatte, und erklärte mit bitterster Miene, sie sei »noch nie einer Frau begegnet, die so was freiwillig macht«. Die Zuschauergalerie brach in wildes Winken aus – leider mussten wir still sein dort oben, sonst hätten wir die Schwester ausgepfiffen. Wie viel Realitätsverlust ist eigentlich nötig, um solche Reden zu halten? Um die Lebenswirklichkeit von Menschen zu ignorieren, die ihr direkt gegenüber sitzen?

Der Gesetzesentwurf fiel letztlich den Neuwahlen 2013 zum Opfer. Im Nachhinein betrachtet wäre er das weitaus geringere Übel gewesen.

## Es geht noch schlimmer – das »Prostituiertenschutzgesetz«

»Wir lassen uns nicht registrieren!« – »Wir haben ein Recht auf unsere Arbeit!« So protestierten wir, rund hundertfünfzig Sexarbeiter_innen, Anfang Oktober 2015 vor dem Bundesfamilienministerium in Berlin. Zuvor hatten wir über tausend Unterschriften aktiver Kolleginnen und Kollegen gesammelt. Mit Transparenten und roten Regenschirmen, dem internationalen Symbol der Sexworker-Bewegung, skandierten wir »Zwangsregistrierung: nicht mit uns!« und erklärten unseren Widerstand und Willen zum zivilen Ungehorsam gegen »Zwangsberatung, Zwangsouting und Kontrolle«.

»Wenn die Regierung uns helfen will, sollte sie auf das hören, was wir wirklich brauchen, anstatt uns zu entmündigen und paternalistisch über unsere Köpfe hinweg ein sogenanntes ›Schutzgesetz‹ zu verabschieden!«, erklärte die Kollegin Mavis in ihrer Rede. Nach der Ansprache übergaben wir die Unterschriftenlisten gegen die geplanten Maßnahmen an drei Vertreterinnen des Familienministeriums. Ministerin Schwesig glänzte durch Abwesenheit.

Bereits Ende Juli war ein Referentenentwurf des »Gesetzes zur Regulierung des Prostitutionsgewerbes sowie zum Schutz von in der Prostitution tätigen Personen« (»Prostituiertenschutzgesetz« oder ProstSchG) veröffentlicht worden. Der Entwurf sah zwei Kernpunkte vor: eine Registrierungspflicht für Sexarbeitende und eine Erlaubnispflicht für »Prostitutionsgewerbe«. Zudem kamen eine große Zahl weiterer Pflichten und Einschränkungen für die in der Branche Aktiven hinzu.

Aufgerufen zur bundesweiten Unterschriften-Aktion gegen diesen neuesten Unfug der Bundesregierung hatte eine Gruppe von Berliner Sexworkern mit Unterstützung der Vereine Hydra, BesD und BSD. Wir kontaktierten Kollegen und Kolleginnen an ihren Arbeitsplätzen und online. Auch in Fachberatungsstellen und bei Gesundheitsämtern lagen die Infoblätter in fünf Sprachen aus und wurden häufig Thema in Beratungsgesprächen. Weit über tausend praktizierende Sexdienstleister_innen schlossen sich mit ihren Unterschriften dem Protest an.

### *Zwangsregistrierung und Hurenausweise*

Solange wir durch zahlreiche Sonderbestimmungen im Straf-, Ordnungs-, Polizei- und Ausländerrecht immer noch rechtlich diskriminiert und gesellschaftlich stigmatisiert werden, solange uns die Gleichbehandlung mit anderen Berufsgruppen verweigert wird und »Hure« ein Schimpfwort ist, solange nehmen wir vollkommen zu Recht den Schutz der Anonymität für uns in Anspruch. Dieser Schutz wird uns nun durch eine behördliche Registrierungspflicht genommen, die weit über alles hinausgeht, was mittels des normalen Gewerberechts möglich wäre. Im Gegenzug nimmt Vater Staat uns und unsere Daten sanft in seine Obhut.

Nur um das klarzustellen: Es geht weder um eine Meldepflicht in Bezug auf den Wohnsitz noch um eine Pflicht zur steuerlichen Erfassung, die gelten selbstverständlich ohnehin auch für Sexdienstleister_innen. Es geht auch nicht um eine Gewerbeanmeldung, denn Sexarbeit ist nicht als Gewerbe anerkannt (Gewerbesteuer müssen wir zusätzlich zur Umsatz- und Einkommenssteuer trotzdem zahlen). Ihrem Wesen nach ist Sexarbeit als »höchstpersönliche Dienstleistung« auch kein Gewerbe, sondern vielmehr ein freier Beruf wie der des Therapeuten oder Künstlers. Doch auch die Anerkennung als Freiberuf im Gewerbe-, Steuer- und Baurecht verwehrt man uns. Sexarbeit wird steuerlich als »sonstige Einnahme« verbucht. Und statt unseren Wirtschaftszweig endlich in das bestehende Rechtssystem zu integrieren und so einen weiteren Schritt in Richtung rechtlicher Anerkennung zu gehen, wird neues Sonderrecht geschaffen.

Mittels einer Huren-Datenbank, an sich schon schlimm genug, ist nach dem ProstSchG bereits jeder einmalige oder gelegentliche sexuelle Dienst gegen eine geldwerte Gegenleistung anmeldepflichtig – eine Definition, die weit über die eines Gewerbes hinausgeht, das auf Gewinnerzielung und Dauer ausgerichtet sein muss. Die Definition »sexueller Dienstleistungen« in § 2 des ProstSchG enthält Widersprüche: »… einschließlich sexualbezogener sadistischer oder masochistischer Handlungen, unabhängig davon, ob es dabei zu körperlichen Berührungen oder zur Ausübung des Geschlechtsverkehrs zwischen den beteiligten Personen kommt.« Anderseits heißt es, dass »Vorführungen mit ausschließlich darstellerischem Charakter, bei denen keine weitere der anwesenden Personen sexuell aktiv einbezogen ist« nicht als sexuelle Dienstleistungen gelten. Ob das wohl heißt, dass ich durchaus auf dem Sofa vor meinem bekleideten Gast masturbieren kann, ohne dass mir die Polizei die Bude einrennen darf – sich das aber ändert, sobald ich ihn dabei grinsend ein kleines, geiles Schweinchen schimpfe? Man weiß es nicht.

Die Registrierung als Prostituierte ist an eine verpflichtende, nichtanonyme Gesundheitsberatung gekoppelt. Die Registrierungen sollen alle zwei Jahre, die Pflichtberatungen jährlich wiederholt werden. Bei Sexworkern im Alter von achtzehn bis 21 Jahren soll beides in doppelter Frequenz stattfinden.

Dokumente zum Nachweis der Anmeldung und der Gesundheitsberatung sind zusätzlich zum Personalausweis oder Reisepass jederzeit mitzuführen – viel Spaß dabei, wenn der Hurenausweis mit Lichtbild einem Fremden in die Hände fällt. Sei es, weil der Geldbeutel gestohlen wird, oder bei einer Taschenkontrolle im Club. Durch das Foto bringt in einem solchen Fall auch ein »Aliasname« auf dem Hurenausweis nicht viel.

Unser Recht auf Unverletzlichkeit der Wohnung wird ebenfalls eingeschränkt: Sexarbeiter_innen, die ihre Gäste zu Hause empfangen, müssen jederzeit mit behördlichen Kontrollbesuchen rechnen. Man muss sich das vorstellen! Ein Callboy inseriert in einer Gay-Community und empfängt vormittags gelegentlich diskret Kunden im heimischen Schlafzimmer, während die Gattin im

Büro und die Kinder in der Schule sind. Zum Abendessen sind die Kinder natürlich zu Hause und vielleicht Kollegen oder die Chefin der Frau zu Besuch, als es an der Tür klingelt: »Kontrolle nach dem Prostituiertenschutzgesetz! Sind Sie Herr P.? Zeigen Sie doch mal den Nachweis ihrer Registrierung und die Gesundheitskarte vor! Arbeiten hier etwa noch weitere Prostituierte, ohne dass eine Bordell-Lizenz vorliegt? Moment, da sind doch Stimmen in der Küche, das müssen wir überprüfen …« Ein Albtraum für alle Sexarbeitenden, die nicht in ihrem gesamten Umfeld (und dem ihrer Angehörigen und Freunde) geoutet sind.

Sowohl die Kontrolle der grundgesetzlich geschützten Privatwohnung überhaupt als auch ein Betretungsrecht zu jeder Zeit und nicht etwa nur zu üblichen Geschäftszeiten wäre über eine gewerberechtliche Regulierung niemals möglich. Ein solcher Eingriff in die Grundrechte einer Berufsgruppe funktioniert nur über Sonderrecht. Es geht um Total-Überwachung, nicht um Schutz. Die Anmeldepflicht macht uns zu Objekten weiterer Einschränkungen unserer Rechte.

### *Gesundheitliche Pflichtberatung und Kondomzwang*

Neben vielen anderen Vorbehalten gegen unseren Berufsstand haftet uns das Bild der schmutzigen Hure nach wie vor an. Was die persönlichen Safer-Sex-Standards von Menschen allerdings mit ihrem Beruf zu tun haben sollen, bleibt schleierhaft. Genauso wie sich Sexworker durch unverantwortliche Handhabung von Kondom und Co. oder manchmal durch schlichtes Pech etwas »einfangen« können, kann das auch Otto Normalfick passieren. Nur dass Sexdienstleistende oft bewusster mit der eigenen körperlichen Gesundheit und der ihrer Sexualpartner_innen umgehen, als das bei Menschen der Fall ist, die heimlich Affären haben, betrunken einen Quickie auf dem Klo in der Disco schieben, oder die ihre sexuell aktivste Zeit vor dem »AIDS-Hype« hatten und deshalb noch heute in guten alten, gummifreien Zeiten schwelgen.

Tatsächlich unterscheidet sich die Rate an sexuell übertragbaren Infektionen unter Sexdienstleister_innen, von besonders vulnerablen Minderheiten abgesehen, nicht von der der Gesamtbevölkerung.

Eine Pflichtberatung zu den Grundlagen sexueller Gesundheit halte ich für eine gute Sache – und zwar für alle Menschen, auf dem Lehrplan des Sexualkundeunterrichts in der Schule. Für Erwachsene, die in der Sexarbeit tätig sind, sollte dagegen Selbstverantwortung gefördert werden. Niedrigschwellige, bedarfsorientierte und anonyme Beratungs- und Behandlungsangebote für alle Menschen mit Risikoverhalten werden seit Jahrzehnten von Gesundheitsämtern und AIDS-Hilfen mit großem Erfolg angeboten. Deutschland ist europaweit eines der Länder mit der niedrigsten HIV-Infektionsrate. Erforderlich wären Gelder zum Ausbau dieses funktionierenden Systems, vor allem auch außerhalb der Großstädte.

Das bestehende Vertrauensverhältnis zwischen Sexdienstleister_innen und dem öffentlichen Gesundheitswesen wird durch eine Pflichtberatung und damit durch die Aufhebung von Freiwilligkeit und Anonymität nachhaltig gestört. Nicht nur wir, auch die Expert_innen aus dem Gesundheitswesen laufen Sturm gegen dieses Vorhaben. Wirksame Prävention kann nur auf Eigenverantwortlichkeit beruhen, denn im Bett sind die Beteiligten miteinander allein …

Jedenfalls sollten sie es sein dürfen, oder? Falsch gedacht! Denn nach dem »Prostituiertenschutzgesetz« gilt nun nicht nur in Bayern, sondern bundesweit eine Kondompflicht. Offenbar auch für den Oralverkehr beim Mann – der Gebrauch von Lecktüchern an der Frau oder beim Rimming scheint dagegen nicht vorgesehen zu sein. Kondome sind sinnvoll, das ist klar – doch dass eine staatlich verordnete Kondom*pflicht* einen Verstoß gegen das Recht zur sexuellen Selbstbestimmung, und die Überprüfung dieser Pflicht einen Eingriff in die Intimsphäre von Sexarbeiter_innen und ihren Kunden darstellt, interessiert das Familienministerium nicht.

Neben den genannten Pflichten zur Registrierung, Beratung, zum Mitführen des Hurenausweises, zur Kondomnutzung und dem Ertragen allzeitiger Kontrollbesuche auch in der Privatwohnung soll die »zuständige Behörde« übrigens befugt sein, beliebige weitere »Anordnungen« gegenüber Sexdienstleister_innen zu erlassen. Wenn auf diese Art zum Beispiel willkürlich Platzverweise verteilt werden können, werden Sperrbezirke schon fast überflüssig. Was den Gesetzgeber freilich nicht daran hindert, im »Prostituiertenschutzgesetz« explizit zu betonen, dass Sperrbezirke und Polizeirecht weiterhin als Instrumente zur Verhinderung von Sexarbeit zur Verfügung stehen.

Die Ausgestaltung des ganzen Prozedere, inklusive der Wahl der »zuständigen Behörde« wird den Ländern und Kommunen überlassen. In vielen Bundesländern ist die Mitwirkung der Polizei bei Umsetzung und Kontrollen vorgesehen. Und wie es um die Sicherheit unserer Daten in den Händen der Polizei bestellt ist, hat die Münchner Kollegin ja schon plastisch beschrieben.

Pia, die nebenberuflich als Escort arbeitet, ist nur eine von vielen Kolleg_innen, die ob der neuen Verordnungen fassungslos sind. Bei ihrem Bürojob kann sie es sich nicht leisten, einen Hurenausweis in der Tasche herumzutragen. »Ganz zu schweigen davon, dass an offizieller Stelle dann bekannt ist, wie ich mir als selbstständig Nebentätige Geld dazuverdiene – diese Information in den Händen meiner Angestellten, Vorgesetzten, Kunden, Ärzte und Ämter will ich mir am liebsten gar nicht vorstellen. Ich möchte einfach wie bisher meinen Verdienst als Zusatzeinnahme versteuern – ohne staatliche und gesellschaftliche Brandmarkung.«

Aber der Menschenhandel! Mittels einer Registrierung könnte man doch endlich legale von illegaler Sexarbeit trennen? »Eine Anmeldepflicht gibt es schon in Baden-Württemberg und in Bayern«, schreibt Sonja Dolinsek von *menschenhandel heute.* »Dort gibt es aber auch weiterhin Menschenhandel und Armutsprostitution. Nicht mehr und nicht weniger als in den anderen Bundesländern. Eine Meldepflicht liefert der Polizei ja nur eine Liste von Prostituierten, die weiterhin ihre Aussage verweigern und sagen werden ›Ich mache das freiwillig‹.«[42] Auch in Österreich wird eine solche Registrierung im Zusammenhang mit Zwangsuntersuchungen bei den Gesundheitsämtern seit Jahren praktiziert. Christian Knappik vom Verein *sexworker.at*, der das Wiener Notruftelefon für Sexdienstleister_innen betreut, beschreibt, wie nutzlos diese Gesetze sind und dass in nahezu allen Fällen von Gewalt und Zwang korrekte Papiere das Erste sind, was die Ausbeuter erledigen. »Die haben keine Lust, bei einer Kontrolle aufzufliegen. Und nachdem man jetzt bei einer Kontrolle vorwiegend ›Deckel‹, also Prostituiertenausweise kontrolliert, anstatt Gespräche zu suchen, wird entsprechend weniger aufgedeckt. Nahezu jede der Sexarbeiterinnen, die bei uns im Zusammenhang mit organisiertem Verbrechen Schutz gesucht hat, war registriert.«

Umgekehrt führt der Zwang zur Registrierung natürlich auch zu einer Schattengesellschaft illegalisierter »Geheimprostituierter«, die keine Polizei hinzuziehen wollen, selbst wenn ein Kunde sie vergewaltigt hat. Mehrmals habe ich mit einer befreundeten Sexarbeiterin aus der österreichischen Hauptstadt über genau diese Problematik im Nachbarland gesprochen. Sie ist über die herrschende Gesetzeslage frustriert: »Ich habe in meinem Leben noch keine Steuern hinterzogen. Ich kann nicht mal schwarzfahren, ohne dass mir der kalte Schweiß den Rücken runterläuft. Jetzt arbeite ich, übrigens wie alle anderen Kolleginnen, mit denen ich bisher Kontakt hatte, unangemeldet, also faktisch illegal als Gelegenheitsprostituierte neben meinem Alltagsjob. Als ich anfangs recherchiert habe, wie und wo ich mich anmelden sollte, um nur ja keinen Steuer- oder Versicherungsbetrug zu begehen, habe ich mit mehreren Escortbetreiberinnen, einem befreundeten Anwalt, einer Sexwork-Beratungsstelle und zwei Kolleginnen darüber geredet, wie ich das am besten anstellen sollte. Mir wurde von *allen* explizit und dringlich davon abgeraten, mich in irgendeiner Weise behördlich zu ›outen‹. Außer ich hätte Lust, einen ›Deckel‹ bei mir zu tragen und einmal im Monat einen Urlaubstag zu nehmen, um neben Arbeitslosen, Drogensüchtigen und ›Straßennutten‹ im AIDS-Haus zu sitzen und auf Geschlechtskrankheiten untersucht zu werden. Wohlweislich alles nur, damit ich mein Einkommen ordnungsgemäß versteuern kann! Ich habe das Ansinnen mit der Anmeldung daraufhin sehr schnell aufgegeben. Sollte ich einmal wider Erwarten in eine brenzlige Situation geraten, wo ein Kunde gewalttätig wird, werde ich trotzdem die Polizei rufen. Falls er mich ›nur beklaut‹ oder es ›gerade noch gut geht‹, werde ich mir eine Anzeige allerdings drei Mal überlegen. Ich finde, dass ich als unbescholtene Bürgerin in diese Situation gebracht werde, ist eine Schande.«

Von der alltäglichen Stigmatisierung abgesehen, der wir ausgesetzt sind, ist Sexarbeit in vielen Ländern der Welt illegal. »Ich kann mich hier nicht beim Amt als Prostituierte registrieren«, erzählt mir Kate, eine US-amerikanische Kollegin. »Wenn ich nach Hause fahre, lande ich im Knast.« Auch solche Fälle kennen wir bereits aus Österreich, vor allem wenn bei Abschiebungen in Drittländer entsprechende Informationen frei Haus an die Behörden des Heimatlandes mitgeliefert werden.

Ich weiß von vielen Kolleginnen, die in Österreich leben, aber ausschließlich in Deutschland und der Schweiz arbeiten, um der Registrierung zu Hause mitsamt den menschenunwürdigen Zwangsuntersuchungen zu entgehen. Und die Erfahrung, dass sich in solchen repressiven Systemen ein Großteil der Branche in die Illegalität und in Grauzonen zurückzieht – mit allen Nachteilen für die Betroffenen und den Rest der Gesellschaft –, ist keine Ausnahme, sondern die Regel. Damit erledigt sich auch der Versuch, mittels Registrierung weitere Zahlen oder Fakten zur Sexarbeitsbranche zu erfassen – die Dunkelziffer wird auch bei uns die Anzahl der Anmeldungen bei Weitem übersteigen.

### *Erlaubnispflicht für »Prostitutionsgewerbe«*

Wir erinnern uns: »Jede Pommesbude braucht eine Konzession, aber ein Bordell kann man einfach so aufmachen.« Die Pommesbudenlüge als Legitimation einer Bordellkonzessionierung kam von diversen Seiten, zuletzt aus dem für uns zuständigen Familienministerium selbst. Von der Fülle der für uns eigens geschaffenen Sonderparagrafen im Strafrecht und anderen Rechtsbereichen abgesehen, haben allerdings alle größeren Betriebe eine baurechtliche Genehmigung und meist auch einen Ausschank und damit eine Gaststättenlizenz. Für Standards wie Hygiene und Brandschutz ist also bereits gesorgt.

Dessen ungeachtet gesellt sich zur Zwangsregistrierung für einzelne Sexworker nun nach dem neuen ProstSchG die Erlaubnispflicht für »Prostitutionsgewerbe«. Darunter fallen: Bordelle aller Art, Wohnmobile, die zur Sexarbeit genutzt werden, Paysex-Veranstaltungen, Online-Werbeportale und Escortagenturen. Hier gelten noch viel weiter reichende Auflagen, die realitätsfern sind und unsere Arbeitsbedingungen nicht verbessern. Dazu kommen umfassende Buchhaltungs- und Aufzeichnungspflichten, allen voran die Überprüfung der Registrierungen und Hurenausweise aller selbstständigen Mieter_innen. Natürlich kann sich auch hier die »zuständige Behörde« jederzeit und auch im Nachhinein weitere Auflagen einfallen lassen.

Als erlaubnispflichtiger Betrieb soll schon jeder Zusammenschluss ab zwei Kolleg_innen gelten. Tatsächlich ist in den meisten Städten die Mehrzahl der Betriebe – vor allem kleine, familiäre Apartments – gar nicht konzessionierungsfähig, allein schon deshalb, weil sie im falschen Baugebiet liegen. Dazu kommen weitere Einschränkungen durch das lokale Bauplanungsrecht. Was für Großbordelle mit viel Anfahrtsverkehr und hohem Kundenaufkommen Sinn macht, ist für kleine Betriebe absurd – ein kleines Erotikmassagestudio, das sich zwei oder drei Kolleg_innen teilen, stört die dort wohnende Nachbarschaft nicht mehr und nicht weniger als eine Physiotherapeutenpraxis. Und die Strafrechtskanzlei, die als Partnerschaftsgesellschaft von Freiberuflern nicht plötzlich ein Gewerbebetrieb ist, nur weil mehrere Anwälte sich die Räume teilen, zieht sicherlich mehr »kriminelles Umfeld« an als ein ganz normales Wohnungsbordell. Gemeinhin wird Sexarbeit daher auch oft in Wohn- und Mischgebieten baurechtlich geduldet – eine offizielle Konzession können diese Betriebe allerdings nicht bekommen, sofern dafür eine baurechtliche Genehmigung erforderlich ist. Selbst wenn eine wohlwollende lokale Konzessionierungsbehörde für einen kleinen Betrieb mit guten Arbeitsbedingungen Ausnahmen von den umfassenden Auflagen zulassen *würde*: Spätestens das Bauamt *muss* den Laden schließen. In Städten wie Berlin oder Hamburg, in denen ein Großteil der Sexarbeit in solchen kleinen Zusammenschlüssen stattfindet, betrifft das rund 80 Prozent aller Arbeitsplätze, die durch das »Schutzgesetz« vernichtet werden können.

Und wenn ein unliebsames Prostitutionsgewerbe im Gewerbegebiet partout nicht per Städteplanung zu verhindern ist, dann gibt es immer noch andere Möglichkeiten. Wie Auflagen für Bordelle in der Praxis aussehen können, auch das dürfen wir am Beispiel Wien bewundern: »Bei uns melden sich nahezu täglich verzweifelte Betreiber_innen, die nicht verstehen, welche Auflagen sie erfüllen müssen«, berichtet Christian Knappik. Behördliche Abnahmen werden verweigert, beispielsweise stimmt bereits zum wiederholten Mal die Art der Alarmanlage nicht – es wird aber auch keine Auskunft darüber erteilt, welche Alarmanlage denn nun genehmigungsfähig wäre. Knappik sagt: »Die Auflagen sind nirgendwo einsehbar, und somit ist man hier definitiv der Willkür der Kontrollierenden ausgesetzt, die scheinbar niemand kontrolliert.« Einer Lokalbetreiberin wurde als Auflage »Ein Esstisch mit vier Sesseln – ein Couchtisch geht nicht« auferlegt. Das Lokal hat eine Gesamtgröße von etwa zwanzig Quadratmetern und öffnet abends um 21 Uhr. Wozu man einen Esstisch brauchen würde, wurde nicht erklärt. Ein Dominastudio in Wien, etwa 180 Quadratmeter groß, sollte drei WC-Anlagen benötigen, obwohl nur eine Sexarbeiterin dort arbeitet – ein Umbau, der nicht zu finanzieren war.

Von schalldichten Fenstern, »damit man die Lustschreie auf der Straße nicht hören würde«, kann Knappik berichten. Das beanstandete Lokal befindet sich weitab von jedem Wohngebiet in der Einsamkeit. Oder von Betrieben, die in jedem einzelnen Zimmer einen Feuerlöscher brauchen – das gibt es in keinem einzigen öffentlichen Gebäude in Wien. Ein Lokalbetreiber musste mehrfach Feuerlöscher kaufen, bis man ihm mitteilte, »dass er es mal mit einem Neun-Kilogramm-Gerät versuchen sollte«. Knappik kann nicht weiterhelfen. »Die Infos, was steht in den Auflagen, was braucht man, um das Gesetz zu erfüllen, sind öffentlich nicht einsehbar. Allein die Kosten von diesem Betreiber sind jenseits der zwanzigtausend, und keine einzige der gemachten Auflagen scheint für uns einen Sinn für Sexarbeit zu machen.«

Mittlerweile denkt der Verein *sexworker.at* darüber nach, aufgrund der Fehlleistung sowohl von Seiten der Gesetzgebung als auch der vollziehenden Beamten die österreichische Volksanwaltschaft über die Fälle zu informieren. »Das Problem ist dabei: Wenn die auf stur schalten, sperren sie die Lokale, bei welchen das Verfahren noch nicht abgeschlossen wurde, sofort zu, um die Aufmüpfigen zu sanktionieren. Laut Gesetz müsste eigentlich jedes Lokal, welches nicht rechtskräftig konzessioniert wurde, seit 1. November des vorigen Jahres geschlossen sein.«[43]

Wir fassen zusammen: In Deutschland sind nach dem neuen »Schutzgesetz« zwei selbstständige Sexworker kein Zusammenschluss von Freiberuflern, was bei einer Praxisgemeinsschaft zweier (oder mehr) Therapeuten oder bei einem Künstlerkollektiv mit gemeinsamem Atelier eine Selbstverständlichkeit wäre. Ab zwei Sexarbeiter_innen braucht eine davon eine Konzession als Betreiber_in eines »Prostitutionsgewerbes«. Da eine solche Erlaubnis für die meisten kleinen Zusammenschlüsse, Terminwohnungen,

Untervermietungen und Kleinbordelle entweder baurechtlich gar nicht möglich oder aufgrund von Auflagen und notwendigen Umbauten nicht wirtschaftlich ist, kann dies zur Vernichtung eines Großteils der Infrastruktur in unserer Branche führen. Die Konsequenz für Sexdienstleister_innen ist die Isolation, die Illegalität oder die Arbeitsaufnahme in den verbleibenden Großbordellen in den Gewerbegebieten, für die sich ein kostspieliges Genehmigungsverfahren lohnt. Diese konzessionierten Betriebe sind verpflichtet, unsere Registrierung zu überprüfen, unsere Daten zu speichern und weiterzugeben. Die Vielfalt legaler Arbeitsplätze und damit die Wahl guter Arbeitsbedingungen wird massiv eingeschränkt. Ein toller »Schutz«, den wir da bekommen!

Die Erlaubnispflichten für Betreiber_innen – egal, ob es sich dabei um einen Großbetrieb, zwei Sexarbeiter_innen in einem Zimmer oder um eine einmalige Veranstaltung handelt – sind noch weit über die neuen Pflichten einzelner Sexworker hinausgehend komplex. Voraussetzungen wie die »Zuverlässigkeit des Betreibers«, die alle drei Jahre neu überprüft wird, sorgen für jede Menge Entscheidungsspielraum und damit auch Willkür seitens der Behörden. Neben einem »Betriebskonzept«, das darlegt, wie der Betreiber jegliche kriminelle Handlungen und sexuell übertragbare Infektionen verhindern sowie die Jugend schützen will, hat dieser vor »jeder einzelnen Prostitutionsveranstaltung [...] ein Veranstaltungskonzept zu erstellen«. Während im ProstSchG »keinerlei Weisungsrecht« der Betreiber bezüglich sexueller Praktiken der Sexarbeiter_innen betont wird, wird dieser gleichzeitig für die Einhaltung der Kondompflicht in die Pflicht genommen und bei Verstoß bestraft. Jegliche Vereinbarungen zwischen Betreiber und Sexarbeiter_innen müssen schriftlich erfolgen – heißt das, mündliche Vereinbarungen sind exklusiv für unsere Branche ab jetzt null und nichtig? Die Paragrafenreiter, die dieses Gesetz verfasst haben, sollten dringend ein paar Wochen in verschiedenen Laufhäusern, Bordellen und Studios zwecks Realitätscheck verbringen.

Dabei wäre es so einfach gewesen, Sexwork-Betriebe in das bestehende Gewerberecht zu integrieren. Mit einer Anmeldepflicht für Betriebe nach § 14 der Gewerbeordnung – und einer Verpflichtung der Gewerbeämter, solche Anmeldungen auch anzunehmen. Viele Kommunen erlauben bis heute nur die Anmeldung einer »Gewerblichen Zimmervermietung« statt eines Bordells und ignorieren bewusst und gewollt die Reform der gesetzlichen Rahmenbedingungen durch das Prostitutionsgesetz von 2002. Mit einer ganz normalen Gewerbeanmeldung würde bereits das gesamte Instrumentarium des Gewerberechts greifen, inklusive der Möglichkeit, einschlägig Vorbestraften dieses Gewerbe zu untersagen. Denn angeblich betreiben ja allerorts überführte Menschenhändler Bordelle – ebenfalls ein gern vorgeschobener Grund für die ach so dringende Notwendigkeit einer Erlaubnispflicht. Weniger als hundert Verurteilungen pro Jahr, wenn ich daran erinnern darf – selbst falls ausnahmslos jeder von denen umgehend einen eigenen Laden eröffnen würde, scheint mir das ein begrenztes Problem zu sein.

### *Übernachtungsverbot*

Damit nicht genug der staatlich verordneten Freundlichkeiten. Wir sollen auch in unseren Arbeitsräumen nicht mehr übernachten dürfen! In Zimmern oder gar ganzen Wohnungen, die wir selbst angemietet haben, mit Betten, Küchen, Fernsehern und Duschen. Stattdessen kommen immense Zusatzkosten für Hotelübernachtungen auf Sexworker zu. Viele Großbordell-Betreiber werden sich freuen, für die Wohntürme, die sie neben ihren Laufhäusern hochziehen, zusätzlich Miete zu kassieren. Der reguläre Wohnungsmarkt steht vor allem vielen Migrant_innen gar nicht zur Verfügung, gerade in Ballungsgebieten mit prekärer Wohnraumsituation. Und für den hochmobilen Teil der Branche wäre das ohnehin keine Lösung. Viele Bordellräume sind, etwa verglichen mit Monteurswohnungen, luxuriös ausgestattet – ein neues

Laken aufs Bett, und fertig ist das Schlafzimmer. Habe ich auch immer so gemacht, wenn ich außerhalb meiner jeweiligen Heimatstadt gearbeitet habe – das ist naheliegend und auch in anderen Jobs selbstverständlich. Bei Fernfahrern beispielsweise ist sogar die Übernachtung in der Fahrerkabine steuerlich absetzbar. Und unsere Familienministerin Manuela Schwesig, der wir den ganzen Blödsinn zu verdanken haben, tönt in einem Interview mit der *Welt am Sonntag*: »Zurzeit schlafe ich noch im Ministerium. Das hilft mir jetzt, weil die Wege dadurch kurz sind. (...) Ich konnte mir das überhaupt nicht vorstellen, muss aber sagen, dass ich mich da überraschend wohlfühle. Es hilft mir, die Zeit in Berlin optimal zu nutzen.«[44] Als ich das gelesen habe, wusste ich echt nicht, ob ich lachen oder weinen soll. Ach, Frau Schwesig, Sie Arme! Lässt man Sie da gar nicht mehr raus? Machen Sie das auch sicher freiwillig? Warten Sie, Ihnen muss doch geholfen werden, ob Sie wollen oder nicht ...

## *Verbot von Flatrate-Bordellen und Gangbang-Partys*

»Die Erlaubnis ist [...] zu versagen, wenn aufgrund des Betriebskonzepts, aufgrund der Angebotsgestaltung, aufgrund der vorgesehenen Vereinbarungen mit Prostituierten oder aufgrund sonstiger tatsächlicher Umstände Anhaltspunkte dafür bestehen, dass die Art des Betriebes mit der Wahrnehmung des Rechts auf sexuelle Selbstbestimmung unvereinbar ist oder der Ausbeutung von Prostituierten Vorschub leistet«, heißt es in § 14 des ProstSchG. Wie sich das in der Praxis auswirken könnte, lässt sich in der Begründung nachlesen: »Dies dürfte regelmäßig bei sog. Flat-Rate-Bordellen (auch als ›Pauschal‹-Club, ›All-Inclusive‹-Angebot o. Ä. benannt) der Fall sein, wo zumindest nach außen der Anschein erweckt und damit geworben wird, dass die in einer Prostitutionsstätte anwesenden Prostituierten unterschiedslos zu einem an den Betreiber zu entrichtenden Pauschalpreis jederzeit für jeden Kunden verfügbar sind. Dabei bildet es einen Verstoß gegen das

Prostitutionsgesetz, wenn Prostituierte sich für ein vorher festgesetztes Entgelt gegenüber einem Dritten – hier dem Betreiber – zur Vornahme einer unbestimmten Zahl sexueller Akte verpflichten.«

Inwieweit sich diese Einschränkung generell auf pauschal bezahlte Gruppensex-Partys und Flatrate-Clubs bezieht oder nur auf manche Formen davon, bleibt unklar. Auch hier wird es aufgrund des Interpretationsspielraums des Gesetzes große regionale Unterschiede geben, und die vorhandene Rechtszersplitterung wird verschlimmert. Nach dem neuen Gesetz »spielt die Frage, ob die jeweiligen konkret beteiligten Prostituierten sich der Gefahr der Ausbeutung oder der Verletzung ihrer sexuellen Selbstbestimmung real ausgesetzt sehen oder ob es möglicherweise einzelne Prostituierte gibt, die für sich mit diesen Rahmenbedingungen zufrieden wären oder die aufgrund ihrer selbstbewussten Persönlichkeit in der Lage wären, solche Gefährdungen abzuwehren, für die Beurteilung (...) keine Rolle.« Doch problematisch ist nicht die Gangbang-Party, sondern die Unterstellung, wir könnten nicht selbst beurteilen, was gut und richtig für uns ist.

## *Freierbestrafung bei »Zwangsprostitution«*

Im Zuge des Prostituiertenschutzgesetzes wurde auch das Strafrecht geändert. Strafbar machen sich demnach nun auch die Kunden von ausgebeuteten Sexdienstleister_innen – wie auch immer ein Kunde die Möglichkeit haben soll, eine solche Ausbeutungssituation zu erkennen. Nicht dass es da eine Regelungslücke gäbe, denn selbstverständlich ist es bereits jetzt nicht erlaubt, die Zwangslage eines Menschen auszunutzen, der von einem Dritten erpresst wird. Auch die deutschen Strafverteidigervereinigungen lehnten dieses Vorhaben bereits im Vorfeld ab: »Menschen, die ausgebeutet und zu sexuellen Handlungen gezwungen werden, benötigen Beistand und Schutz. Die angekündigten Reformen sind nicht in der Lage, diesen zu bieten, im Gegenteil: Sie werden sich kontraproduktiv auf die Bemühungen auswirken, Lebens- und Arbeitsbedingungen von Sexarbeiter_innen zu verbessern. Das Strafrecht ist Ultima Ratio – es taugt nicht dazu, moralische Werte gesellschaftlich zu verankern. Symbolisches Strafrecht ist immer problematisch, da es den Anschein von Problembewusstsein erweckt und Handlungsbereitschaft durch eine ›Bekämpfungs‹-Maßnahme simuliert, zugleich aber den Blick von erforderlichen Maßnahmen ablenkt. (...) Rationale Rechtspolitik sollte sich an tatsächlichen Erfordernissen orientieren, nicht an öffentlichen Kampagnen zur Hebung der Sexualmoral.«[45] Geholfen hat dieser Einwand leider nicht.

Rund siebzig Prozent der Ermittlungen in Bezug auf Menschenhandel zur sexuellen Ausbeutung werden aufgrund von Anzeigen der Opfer und Hinweisen aus deren Umfeld eingeleitet. Zum Umfeld gehören auch aufmerksame Kunden. Bereits jetzt werden wir aufgrund der aktuellen Diskussion von Gästen häufig nach unserer Nationalität gefragt, da diejenigen, die die Propaganda von der grundsätzlich gezwungenen »Elendsprostituierten« aus Osteuropa glauben, rumänische und bulgarische Kolleginnen lieber meiden. Eine tolle »Hilfe« für diese Kolleginnen! Aber auch da wird sicher eines Tages der Hurenausweis ins Spiel kommen – wenn unsere Kunden irgendwann auch danach fragen und damit eine weitere Kontrollinstanz geschaffen wurde, geht sicher bald alles mit rechten Dingen zu ...

## *Ein klarer Fall für die Rundablage*

Insgesamt kommen mit dem »ProstSchG« 36 neu eingeführte Pflichten auf Sexarbeiter_innen sowie 41 Pflichten auf Betreiber_innen von Prostitutionsgewerben zu – inklusive Begründung handelt es sich um ein Paragrafenmonster auf 122 Seiten.[46] Ferner gibt es eine Verschärfung des Strafrechts für Freier. Das Ganze zusätzlich zu den bestehenden Instrumenten der »Prostitutionseindämmung« und Kriminalisierung durch lokales Bauplanungsrecht und Sperrbezirke, zu den Sonderparagrafen im Ausländerrecht, im Straf- und Ordnungswidrigkeitengesetz, in den Landespolizeigesetzen und Hygieneverordnungen, an denen explizit nicht gerüttelt wird. »Das ist ein Scherz, oder?«, fragte mich eine Kollegin beim Hurenstammtisch, als ich ihr den Gesetzesentwurf zu erklären versuchte. Ich hatte mit vielen Kolleg_innen gesprochen, die sich beim besten Willen nicht vorstellen konnten, was da auf sie zukam. Die meisten haben damals unseren Aufruf zum Boykott unterschrieben, den wir dem Familienministerium im Oktober 2015 überreicht haben.

Unseren gut begründeten Protesten im Laufe des Gesetzgebungsverfahrens schlossen sich Fachberatungsstellen für Sexdienstleister_innen, internationale Sexarbeiter_innen-Organisationen, Gesundheitsämter, die Ärzt_innen des öffentlichen Gesundheitswesens, die deutsche AIDS-Hilfe, die deutsche STI-Gesellschaft, der deutsche Frauenrat, der deutsche Juristinnenbund, Menschenrechtsorganisationen wie Amnesty International, mehrere Menschenhandels-Hilfsorganisationen und viele weitere anerkannte Expert_innen an. Doch alle unsere Bemühungen, diesen Irrsinn zu verhindern, waren erfolglos.

Das Prostituiertenschutzgesetz wurde am 7. Juli 2016 verabschiedet und trat am 1. Juli 2017 in Kraft.

Auch die lokale Ausgestaltung ist eine Katastrophe. Obwohl nicht angemeldete Sexarbeiter_innen seit 01. 07. 2017 de facto »illegal« sind, hinkt die Umsetzung in den Ländern in den meisten Fällen dem Gesetz hinterher. Anmeldestellen befinden sich erst im Aufbau, der Betrieb wird stufenweise aufgenommen, vielerorts ist unklar, wer wofür zuständig sein soll und bleiben wird.

Für uns Sexarbeiter_innen heißt das: zusätzliche Verunsicherung. Offensichtlich weiß bei den Behörden die rechte Hand nicht, was die linke Hand tut, die meisten Informationen tragen das Beiwort »übergangsweise«, und trotzdem wird jetzt schon fleißig das Bürokratiemonster gefüttert: »Voranmeldungen«, denen später dann noch die »richtige« Anmeldung folgen muss, sind erst der Anfang eines mühsamen Papier- und Gebührendschungels, durch den sich Sexarbeiter_innen ab sofort quälen sollen.

Es wird auch in der Praxis immer deutlicher: Das sogenannte Schutzgesetz stellt einen länderabhängigen Vorschriften-Apparat zu Ungunsten der in der Branche Tätigen dar – der diesen weniger Schutz zukommen lässt, als vor allem eine lange Liste von Pflichten auferlegt.

Sehr gut sieht man die Mentalität hinter dem Gesetz zum Beispiel im Informationsflyer[47] für Prostituierte des Bayerischen Staatsministeriums für Arbeit und Soziales, Familie und Integration. Zunächst »müssen sich Prostituierte … gesundheitlich beraten lassen«, anschließend »müssen sich Prostituierte … anmelden« und zu guter Letzt wird die Verweigerung einer Zwangsberatung und Zwangsanmeldung »mit einer Geldbuße von bis zu 1000 €« beziffert. Schönen Dank auch!

Erstaunliches liest man auch in Sachen »lückenloser Datenschutz«: Verschiedene Bundesländer bieten Sexarbeitenden bis zur offiziellen Eröffnung der Anmeldestelle die Möglichkeit, ihre Tätigkeit »formlos« per E-Mail samt vollständigem Namen, Anschrift, Geburtsdatum und Geburtsort voranzumelden – mit dem Hinweis, dass die elektronische Übermittlung unverschlüsselt erfolgt und nicht ausgeschlossen werden kann, dass unbefugte Personen mitlesen. Als Alternative wird immerhin die gute alte Briefpost empfohlen. Recht pikant, immerhin handelt einer der wohl gruseligsten Abschnitte im ProstSchG vom Umgang mit personenbezogenen Daten. Diese »dürfen nur für die Überwachung der Ausübung eines Prostitutionsgewerbes oder einer Prostitutionstätigkeit verwendet werden, *soweit sich aus diesem Gesetz nichts anderes ergibt*«. Öffentlichen Stellen dürfen die personenbezogenen Daten selbstverständlich nicht übermittelt werden – *außer* dies wird »zur Abwehr einer konkreten Gefahr für die öffentliche Sicherheit oder erheblicher Nachteile für das Gemeinwohl« erforderlich. Klar, bei der momentanen Gesetzeslage in

Deutschland ist das nicht mehr als Juristendeutsch. Aber wer weiß schon, welche Menschen in Zukunft an die Macht und damit in die öffentlichen Stellen kommen werden? Eine nachträgliche Anonymisierung so sensibler Informationen wird jedenfalls schwer oder besser gesagt unmöglich sein.

In Rheinland-Pfalz haben offenbar erklärte Sexarbeitsgegner die moralische Deutungshoheit über Angelegenheiten von Sexarbeiter_innen übernommen – mit einer jährlichen Förderung von knapp 78 000 € im Jahr.[48] Die Landesregierung spricht im Zusammenhang mit dem ProstSchG von einer »engen Kooperation« mit dem bereits erwähnten Verein SOLWODI, für den nur ein vollständiges Sexarbeitsverbot infrage kommt. In einem wütenden, offenen Brief[49] an die Vorstände von Amnesty International schreibt Soni Unterreithmeier, die Leiterin der Augsburger Beratungsstelle von SOLWODI e.V., es gehe bei Sexarbeit »um den patriarchalen Machtanspruch auf die Benutzbarkeit von Frauen zum eigenen Vergnügen unter Negierung der Tatsache, dass das Gegenüber ein empfindender Mensch ist«. Und weiter: »Frauen, selbst die, die das ›freiwillig und selbstbestimmt machten‹ bezeichnen sich als ›Überlebende‹, beklagen Verletzungen an Körper, Geist und Seele. Psychotherapeut_innen berichten von Traumatisierungsfolgen wie bei Folteropfern.« Wie schön, dass sich die Landesregierung von Rheinland-Pfalz mit diesen objektiven, vollständig über unseren Beruf informierten Expert_innen umgibt. Was soll man dazu noch sagen? Es ist absehbar, mit welcher Art von Schutz und Beratung wir es dort zu tun haben werden.

Im Saarland will die Landesregierung als erste »Schutzmaßnahme für Prostituierte« 35 Euro für die Ausstellung der verpflichtenden Anmeldebescheinigung kassieren. Auch in anderen Ländern ist zu befürchten, dass eine große Geldbeschaffungsaktion der Regierung auf uns zukommt – schließlich werden für die Umsetzung des Gesetzes teilweise brandneue Behörden geschaffen, und das kostet. Ein weiteres Gustostück im Saarland ist die massive zeitliche Einschränkung der Anbahnung auf der Straße, die nun ohnehin nur noch in drei Bereichen der Landeshauptstadt erlaubt ist. »Vom 1. April bis 31. Oktober in der Zeit von 22 bis 6 Uhr« und »Vom 1. November bis 31. März in der Zeit von 20 bis 6 Uhr« dürfen die Kolleg_innen ihrer Tätigkeit nachgehen. Dort übergibt man uns also vor allem dem Schutz der Dunkelheit, gut versteckt vor den Augen des anständigen Bürgers. Da ist es bestimmt am sichersten für uns, und Nachtarbeit soll ja auch generell der Gesundheit förderlich sein. Und: »An Sonn- und Feiertagen ist die Prostitution generell überall verboten – tagsüber und nachts.«

Vielleicht wird zunächst in manchen Kommunen nicht so genau hingeschaut und die bestehende Duldungspraxis beibehalten – bis zum Zeitpunkt, an dem der zuständige Mitarbeiter in der zuständigen Behörde wechselt und mal wieder Durchgreifen angesagt ist. Dieses zynische »Schutzgesetz« bietet ein Instrumentarium zur vollständigen Überwachung unseres gesamten Wirtschaftszweiges und zur beliebigen Verdrängung von Sexarbeit. Es ist entmündigend und entwürdigend und verletzt unsere Grund- und Menschenrechte. Es wird zur Illegalisierung der Mehrheit aller Sexarbeiter_innen in Deutschland führen, zu verstärkter Stigmatisierung und Ausgrenzung und zu einer massiven Verschlechterung unserer Lebens- und Arbeitsbedingungen.

Inzwischen habe ich gemeinsam mit einigen Mitstreiter_innen Verfassungsbeschwerde eingereicht. Ein solches Verfahren dauert Jahre, und bis dahin wird viel Schaden entstanden sein. Doch was bleibt uns sonst? Aufgeben ist keine Option.

Was sind nun die die Alternativen zum »Prostituiertenschutzgesetz«? Zu allererst müssen die bestehenden Sonderparagrafen im Strafrecht, im Ordnungswidrigkeitengesetz, in den Landespolizeigesetzen und Hygieneverordnungen im Sinne einer vollständigen Entkriminalisierung gestrichen werden. Zur legalen

Anerkennung der Sexarbeit fordern wir als Berufsverband die Einordnung von Sexarbeit als Freiberuf im Steuer-, Gewerbe- und Baurecht. Das würde für kleine Zusammenschlüsse selbstständiger Sexworker die Möglichkeit schaffen, als Partnerschaftsgesellschaften selbstbestimmt und sicher arbeiten zu können, ähnlich einer Praxisgemeinschaft von Therapeuten oder Anwälten. Eine Verbesserung der Lebens- und Arbeitsbedingungen in der Branche durch Mindeststandards für Betriebe und sinnvolle Arbeitsschutzmaßnahmen muss zusammen mit uns entwickelt und umgesetzt werden.

Das Prostitutionsgesetz von 2002 hat die wichtige Möglichkeit geschaffen, als Sexarbeiter_in sozialversicherungspflichtig angestellt zu werden. Das wurde kaum angenommen, und es sollte allmählich akzeptiert werden, dass Sexarbeit eine typische freiberufliche Tätigkeit ist, die in den meisten Fällen selbstständig ausgeübt wird. Hier könnte eine niedrigschwellige, bezahlbare Absicherung für Selbstständige in Anlehnung an die Künstlersozialkasse – oder gleich die Aufnahme von Sexarbeit in die KSK – ein Ansatz sein. Weitere Möglichkeiten ergeben sich aus einer Förderung von Sexworker-Selbstvertretungen; denkbar sind zum Beispiel Sexworker-Genossenschaften wie in Indien, oder Altersheime für Sexworker wie in Mexiko.

Aus Solidarität mit den Menschen, die in unserer und in anderen Branchen tatsächlich kriminelle Ausbeutung und Gewalt erfahren, schließen wir uns den Forderungen vieler Menschenhandels-Hilfsorganisationen nach einem verbesserten Opferschutz und Aufenthaltsrechten und einer Sensibilisierung zuständiger Mitarbeiter_innen in Behörden an. Und das nicht nur im Zusammenhang mit Sexarbeit!

Was wir ganz sicher *nicht* brauchen, sind Hurenzentralregister, Bordellkonzessionierungen, die lediglich der Prostitutionseindämmung dienen, Freierbestrafung jedweder Ausgestaltung, Kondomzwang (dessen Einhaltung letztlich nur durch einen Eingriff in die Intimsphäre und sexuelle Selbstbestimmung von Sexarbeitenden und Kund_innen überprüft werden kann), menschenrechtsverletzende Pflichtuntersuchungen oder pauschale Verbote bestimmter Praktiken oder Abrechnungsformen.

Grundsätzlich müssen sich alle Ansätze zur Verbesserung der Lebens- und Arbeitsbedingungen von Menschen in der Sexarbeit daran messen lassen, was an Mitteln bereitgestellt wird: für Angebote zur freiwilligen, anonymen und kostenlosen Gesundheitsvorsorge, zur sozialen Beratung, zur Weiterbildung und Professionalisierung in der Sexarbeit und nicht zuletzt für Antidiskriminierungsmaßnahmen und Kampagnen zur Entstigmatisierung von Sexarbeiter_innen in der Öffentlichkeit.

# Eine echte Alternative? Sexarbeit als Ausbildungsberuf

Frau Diplom-Physikerin Undine de Rivière
Curriculum Vitae

| | |
|---|---|
| 1983–1992: | Naturwissenschaftliches Gymnasium, Abschluss: Abitur |
| 1992–2000: | Studium der Physik, Abschluss: Physik-Diplom |
| August 1994: | Praktikum Stripclub |
| 1999–2000: | Auslandsaufenthalt Australien (drei Semester) |
| 1994–1999: | nebenberuflich tätig als Sexarbeiterin (erotischer Tanz, Escort) |
| Seit 1995: | nebenberufliche und ehrenamtliche Lehrtätigkeit, Organisation von Vorträgen, Seminaren und Workshops zu erotischen und politischen Themen |
| 2000–2001: | soloselbstständige Sexarbeiterin |
| 2001–2017: | selbstständige Sexarbeiterin und Inhaberin »Studio Rex« |
| 2013: | Mitgründung des Berufsverbandes erotische und sexuelle Dienstleistungen |
| Seit 2017: | soloselbstständige Sexarbeiterin, Privat-Apartment und Escort |

BERUFLICHE SCHWERPUNKTE: sexuelle Dienstleistungen, Rollenspiele, Emotionsarbeit, Key Account Management, Office Management, Teamleitung (4–5 Personen)

ZUSÄTZLICHE KENNTNISSE UND BERUFLICHE FÄHIGKEITEN:
Bullshit-Detektor, Marketing, Steuerrecht

Leider ist es in der Realität so, dass Sexworker, vor allem solche, die nach hauptberuflicher Sexarbeit zu irgendeinem Zeitpunkt wieder in einen »bürgerlichen« Beruf einsteigen wollen, riesige Probleme damit haben, die »Leerstellen« in ihren Lebensläufen potenziellen Arbeitgebern gegenüber zu rechtfertigen. Auch bei unseren Stammtischen und Netzwerktreffen ist das ein beliebtes Thema. Meist muss ein längerer »Auslandsaufenthalt« oder eine »Orientierungsphase« dafür herhalten, mehr schlecht als recht eine Lücke von drei oder vier Jahren im Lebenslauf zu erklären. Die Stigmatisierung führt oft dazu, dass Menschen, die nicht mehr glücklich in der Sexarbeit sind oder den Job nur als Notlösung sehen, den Absprung nicht schaffen. Es bedarf schon einiger Überzeugungskraft und eines guten Selbstmanagements, um sich nach langer bürgerlich-beruflicher Auszeit wieder mühsam die Karriereleiter hochzuarbeiten, ganz abgesehen von der Umstellung vom selbstständigen Arbeiten auf einen Alltag als Angestellte. Unterstützung bei der Umorientierung in andere Berufe ist dringend erforderlich, und entsprechende Modellprojekte laufen viel zu schnell aus. Auf Dauer wäre es für den Steuerzahler sicherlich günstiger, Sexarbeit als vollwertige Arbeit anzuerkennen, die Stigmatisierung zu beheben und somit solche Sonderberatungen überflüssig zu machen.

Aber auch für diejenigen von uns, die sich erstmalig für die Sexarbeit entscheiden, gibt es viel zu wissen. Eine formale Ausbildung gibt es nur für wenige Unterbereiche unserer Branche. Eine herausragende Stellung in dieser Hinsicht haben die verschiedenen Tantra-Institute, die üblicherweise intensive und nicht ganz billige Ausbildungen anbieten und für die bei ihnen tätigen Masseurinnen und Masseuren voraussetzen.

## Als »Jungdomina« im SM-Studio

Für dominante BDSM-Dienstleistungen haben verschiedene Anbieter_innen modulare Kurse ausgearbeitet, die auch ohne Vorkenntnisse besucht werden können. In vielen SM-Studios werden Anfänger_innen mindestens eine Weile als Assistent_innen erfahrener Kolleg_innen mit einbezogen, bevor sie allein auf Kunden losgelassen werden. Manchmal organisieren die Studioleitungen auch Workshops mit willigen »Übungssklaven« für die dort tätigen Einsteiger_innen. Um in einem seriösen Studio in einer aktiv-dominanten Rolle arbeiten zu können, muss man also entweder das Geld für einen Kurs mitbringen oder die Zeit, ein paar Wochen lang unbezahlt »mitzulaufen« und Erfahrungen zu sammeln.

Eine Kollegin berichtete mir von ihren Anfangszeiten in einem BDSM-Studio, wo sie zunächst als aktive »Jungdomina« einstieg, sich mittlerweile aber hauptsächlich als passive Spielerin buchen lässt: »Als ich nach dem freundlichen Mailwechsel und einem kurzen Telefonat mit der Chefin des Hauses schließlich vor der Tür ihres Studios stand, war ich unheimlich aufgeregt. Sie hat mir dann erst mal einen Kaffee gemacht und mich nach einer Führung durch die Räume den anwesenden Kolleginnen vorgestellt – alle haben mich total freundlich begrüßt und mir angeboten, dass ich jederzeit sagen kann, wenn ich bei etwas Hilfe brauche. Meine Aufregung war dann auch ziemlich schnell verflogen. Die Stimmung war nicht erotisch aufgeladen oder irgendwie peinlich, wie ich befürchtet hatte, sondern eher wie in einem recht gemütlichen Büro. Einige Tage später war ich bei meiner ersten professionellen ›Session‹, also einem BDSM-Spiel mit einem zahlenden Gast dabei. Ich hatte die Rolle der ›Hilfsdomina‹ und habe der Kollegin Peitschen, Seile und so was gereicht. Hauptsächlich war ich aber damit beschäftigt, ihre Interaktion mit dem Kunden zu beobachten und mir so möglichst viel Wissen für meinen ersten alleinigen Kundenkontakt anzusammeln. Ich hatte noch mehrmals die Gelegenheit, so ungezwungen bei den geübten Kolleginnen reinzuschnuppern, die Gäste kennenzulernen, das erste Mal einen Rohrstock auf dem Hintern des erfreuten ›Übungsgastes‹ niedergehen zu lassen und mich mit ein paar Grundtechniken wie einfachen Seilknoten zur Fesselung der Hände auseinanderzusetzen. So konnte ich auch in Ruhe ein Gefühl dafür entwickeln, wie ich mich selbst als Domina darstellen wollte. Als ich später das erste Mal allein mit einem Gast war, traute ich mir das auch zu. Die Kolleginnen und auch unsere Chefin stehen mir übrigens auch weiterhin mit Rat zur Seite, wenn ich einen brauche.«

## Deep Throat und Emotionsarbeit: Sexworker-Kompetenzen

Dass Sexworkgegner_innen bedarfsgerecht arbeitende Fachberatungsstellen für ihre »Einstiegsberatung« an den Pranger stellen, ist widerwärtig und zynisch, aber konsequent – die Rettungsindustrie funktioniert nicht ohne Opfer, ohne Menschen, die unvorbereitet in eine Situation hineinschlittern und dann hinterher vor laufender Kamera erzählen können, wie schlecht es ihnen ergangen ist. Tatsächlich führt eine fundierte Beratung für potenzielle Berufsanfängerinnen dazu, dass sich regelmäßig über die Hälfte der Interessentinnen nach diesem Gespräch *gegen* die Sexarbeit entscheidet (die Beratungsstelle Hydra beispielsweise meldet bis zu 70 Prozent) und somit genau den Menschen präventiv geholfen wird, die ansonsten in der Branche leiden würden.

Sexarbeit ist definitiv kein Job für jeden und jede. Es braucht Voraussetzungen, Talente und Kenntnisse, um den Beruf erfolgreich und unbeschadet ausüben zu können. Sex, zumindest die professionell angebotenen Praktiken, nicht ausschließlich als heiligen Akt zwischen Liebenden zu begreifen, ist eine Grundvoraussetzung, die in unserer Kultur allerdings inzwischen doch recht weit verbreitet ist. Ein entspannter sexueller Umgang mit Menschen verschiedener Altersklassen und Attraktivitäten auch außerhalb des eigenen Beuteschemas ist eine weitere Voraussetzung. Jenseits dieser »Basics« fängt die eigentliche Herausforderung aber erst an. Jeder Teilzweig unserer Branche erfordert besondere Kenntnisse, jeder Betrieb und jedes Team hat eigene Regeln.

Einer der wichtigsten Aspekte jeder Art von Sexarbeit besteht in der Emotionsarbeit, also dem Erzeugen, Verändern und Verstärken von Stimmungen und Gefühlen unserer Kunden. Diese Steuerung der Emotionen des Gegenübers erreichen wir durch bestimmtes Verhalten, wie Freundlichkeit, Zugewandtheit und empathisches Zuhören, aber auch durch den Ausdruck von Begehren oder mitreißender sexueller Erregung beim Sex.

Emotionsarbeit ist ein wichtiger Faktor bei vielen Dienstleistungsberufen, zum Beispiel im Bereich der Pflege, im Gastronomie-Service, im Firmen-Callcenter, im Rahmen von Wellness-Dienstleistungen oder in der Unterhaltungsindustrie. Sprich, überall dort, wo über eine materielle oder mechanisch erbrachte Leistung hinaus das Wohlbefinden der Kunden eine Rolle spielt. Emotionsarbeit leisten aber zum Beispiel auch Inkasso-Vertreter und Gerichtsvollzieher, deren Aufgabe manchmal darin besteht, in ihrem Gegenüber Angst und psychischen Druck zu erzeugen, um ein bestimmtes Verhalten zu erzwingen.

Die Kollegin Mavis haben wir bereits kennengelernt. Sie denkt viel über das widersprüchliche Verhältnis zwischen ihr und ihren Gästen nach, das sie von bewussten oder unbewussten Illusionen, von Spiel und Manipulation bestimmt sieht: »Diese Ambivalenz zwischen ›Echtheit‹ und ›Illusion‹ ist eigentlich kennzeichnend für jede Art von Dienstleistung heutzutage. Vielleicht wird sie hier aber besonders deutlich, weil Sexualität ein Bereich ist, der ganz besonders mit einer Idee von ›Authentizität‹ verbunden ist. Der Widerspruch, der in der Sexarbeit besonders deutlich zutage tritt, ist der zwischen der Lusterwartung des Kunden (die voraussetzt, dass sie als Selbstzweck behandelt wird) und meinem Interesse am Verdienst. Dieser Widerspruch kann aber produktiv umgesetzt werden: Gerade weil ich in den meisten Fällen kein eigenes Interesse an Sex mit der konkreten Person des Kunden habe, kann ich mich in dem gesteckten Rahmen auf ihn und seine Lust einlassen. Und genau das ist es auch, was mir an der Prostitution grundsätzlich gefällt und was ich manchmal als sehr beglückend empfinde.«

Kommerzielle Emotionsarbeit zu leisten, kann zu emotionalen Dissonanzen und zu nichtauthentischem Verhalten führen. Eine Kellnerin, die auch einen drängelnden, unfreundlichen Gast mit einem Lächeln bedient, eine Krankenschwester, die ihre eigenen Sorgen unterdrückt, um einem Patienten Zuversicht zu spenden, verhält sich bewusst anders, als es ihrem eigentlichen Gefühlszustand entspricht. Dasselbe gilt für eine Sexarbeiterin, die ihrem Kunden Lust vorspielt, wo bestenfalls Langeweile, schlimmstenfalls Widerwille die echten Gefühlslagen wären. Eine solche Selbstverleugnung, falls sie häufiger stattfindet, hat Folgen. Sie bewirkt ein hohes Burn-out-Risiko für Berufe mit einem hohen Anteil an Emotionsarbeit. Sexarbeit nimmt in dieser Hinsicht keine Sonderstellung ein, und viele von uns kennen einen drohenden oder temporären Burn-out aus eigener Erfahrung.

Manche Arbeitsweisen erfordern mehr Emotionsarbeit als andere, und manche Probleme tauchen erst im Laufe der Zeit auf.

So war Christine, die drei Jahre zuvor einen Nebenjob zu ihrem BWL-Studium gesucht hatte, zunächst überzeugt davon, dass ausschließlich eine hochpreisige Escortagentur als Arbeitsplatz für sie infrage käme. Die Agenturchefin nahm die junge Frau mit Kusshand, da sie die typischen High-Class-Escort-Kriterien erfüllte: angehende Akademikerin, mehrsprachig, Modelfigur, kulturbewandert. Christine hatte innerhalb eines Jahres einen Harem an begeisterten Stammkunden, die sich die Zeit mit ihr oft mehrere tausend Euro kosten ließen. Sie lebte das Sexwork-Märchen: Zwei- bis dreimal im Monat traf sie die meist etwas älteren, aber immer ausgesucht höflichen und gepflegten Kunden, übernachtete in den besten Hotels ihrer Stadt und speiste in den teuersten Restaurants. Gelegentlich setzte sie sich für einen Termin ins Flugzeug und verbrachte einige Tage mit Kunden im Ausland, Strand, Wellness und Champagner inklusive. Manche Gäste nahmen sie als Begleitung zu Kulturveranstaltungen mit, und bei der Länge der Buchungen nahmen Gespräche über Gott und die Welt den Großteil ihrer Arbeitsstunden ein. Die Kunden überschlugen sich ihr und ihrer Agentur gegenüber mit Lob. Doch trotz der beeindruckenden Summen, die sie verdiente, trennte sich Christine nach zwei Jahren von der Agentur. Sie fühlte sich emotional erschöpft und konnte keine Motivation mehr für ihre »Dates« entwickeln.

Bei einem längeren Gespräch erzählte sie mir mehr: »Im Nachhinein kann ich recht klar erkennen, was für mich beim High Class Escort schiefgelaufen ist. Ich habe immer unglaublich viel Energie darauf verwendet, die perfekte Frau für meinen jeweiligen Gast zu sein. Um den entsprechenden Eindruck zu erzeugen, habe ich mich ständig maximal auf mein Gegenüber fokussiert und versucht, so empathisch wie möglich zu sein. So konnte ich nicht nur extrem schnell Rapport aufbauen, ich hatte auch üblicherweise innerhalb von höchstens einer halben Stunde heraus, welche – meist unausgesprochenen und nicht bewussten – Erwartungen mein Gast an unser Treffen hatte. Ging es ihm darum, ein begehrenswerter und einfühlsamer Liebhaber zu sein, der genau weiß, wie er eine Frau befriedigen kann, täuschte ich entsprechend viele Orgasmen vor. Wollte er als interessanter Mensch wahrgenommen werden und von sich erzählen, klebte ich an seinen Lippen und erfragte immer wieder neugierig und mit großen Augen die nächste Geschichte. Ging es ihm darum, mal wieder jugendlich und ausgelassen sein zu können, bestand ich kichernd und mit ungebürsteten Haaren auf Pizza im Bett. Ging es darum, ein wenig Einsamkeit loszulassen, küsste ich seine Augenlider, und wir tanzten eng umschlungen mit bloßen Füßen zu Leonard Cohen auf dem weichen Teppichboden. Meine Dienstleistung war niemals ›08/15‹, sondern immer höchst individuell. Das Ergebnis war jedes einzelne Mal ein Kunde, der sich verstanden, gehört und gespiegelt fühlte und dementsprechend glücklich war. Mich machte das stolz und zufrieden, außerdem brachte es gutes Geld. Das Problem war nur: Während zum Beispiel Therapeuten sich durchschnittlich eine Stunde auf einen Klienten konzentrieren müssen, kam ich bei meinen Treffen regelmäßig auf fünf oder sechs Stunden am Stück, manchmal auch mehrere Tage, während derer ich ›alle Scheinwerfer‹ auf meinen Kunden lenkte. Ich begann emotional regelrecht auszubrennen, brachte nur noch wenig Geduld für meine Lebenspartnerin, meine Studienkollegen und meine Prüfungen auf, war gereizt und hatte immer mehr das Gefühl, mich nach einem Date ›belohnen‹ zu müssen. Bevor ich das Geld, das ich dabei verdiente, endgültig als Schmerzensgeld empfunden hätte, hörte ich bei der Agentur auf. Ich mache heute noch immer ab und zu Escort, allerdings im ›Normalbereich‹, der sich meistens auf ein- oder zweistündige Dates beschränkt – weniger reden, mehr Sex! Das bringt natürlich nicht das gleiche Geld, aber dank sorgfältiger Vor-Auslese habe ich auch hier liebe und dankbare Kunden und vor allem weniger Stress. Meine emotionalen Energievorräte spare ich mir für mein Privatleben auf.«

So wie die junge Kollegin wechseln manche von uns nach einer Weile in einen Bereich der Sexarbeit, der ihnen mehr liegt. Einige kommen mit den Belastungen des Jobs gar nicht mehr zurecht und suchen sich einen anderen Beruf. Es ist also keine Kunst, eine Reihe ehemaliger Sexworker zu finden, die, auch ohne Betroffene von krimineller Ausbeutung gewesen zu sein, »der Job kaputtgemacht hat«. Nur der Schluss daraus, Sexarbeit sei grundsätzlich nicht unbeschadet auszuüben oder generell belastender als andere Berufe, ist natürlich falsch.

Ob Burn-out-Erfahrungen für Sexarbeitende subjektiv schlimmer sind als für Menschen, die sich für andere Berufe verbogen und überlastet haben, ist schwer zu sagen. Ich habe in meinem Umfeld jedenfalls ähnlich viele Werbetexter, Arzthelfer, Unternehmensberater, IT-Spezialisten und Lehrer, die aufgrund psychischer Belastung irgendwann »aussteigen« mussten, wie ehemalige Sexworker. Die einen schienen mir genauso unglücklich zu sein wie die anderen. Für manche war Sexarbeit das Problem, für andere die Lösung. Zumindest wird Sexarbeit oft besser bezahlt als andere Jobs und ermöglicht so mehr ausgleichende Freizeit und eine bessere Work-Life-Balance.

Für die Risiken der Emotionsarbeit gibt es verschiedene Präventions- und Bewältigungsstrategien. Arbeitsweisen, bei denen man nicht ständig »on«, also im Kundenkontakt und in der Arbeitsrolle sein muss, sind im Allgemeinen entspannter. So zum Beispiel die Arbeit im Wohnungsbordell, wo sich alle Kolleginnen nur kurz einem neuen Gast vorstellen und dann bis auf die Auserwählte wieder im Aufenthaltsraum unter sich sind – im Gegensatz zum Saunaclub oder der Kontaktbar, wo Unterhaltung und »Animation« der Gäste durchgehend dazugehören. Ein Escorttermin mit Abendessen und charmanter Verführung, dazu Telefonate oder E-Mails zur Vor- und Nachbereitung, verlangt mehr Emotionsarbeit als eine Serie von vielen oberflächlichen Fünf-Minuten-Quickies im Rahmen einer Gangbang-Party. Dafür ist Letzteres in der Summe körperlich anstrengender. Diese unterschiedlichen Ansprüche machen für einige von uns einen Wechsel zwischen verschiedenen Sexwork-Segmenten interessant, selbst wenn die Honorare dabei recht unterschiedlich sein können. Ich finde es entspannend, mich nach einer Reihe emotional intensiver, hochbezahlter Dates auch mal für weniger Geld von ein paar Leuten durchvögeln zu lassen, mit denen ich vorher kaum ein Wort gewechselt habe – ob aus Desinteresse, Zeitnot oder aufgrund einer Sprachbarriere. Umgekehrt kann ich, wenn ich von zu viel Geschlechtsverkehr wund bin, dann auch gut mal wieder ein paar Stunden mit Praktiken wie erotischer Hypnose verbringen und tief in die Psyche meines Gegenübers eintauchen, oft ohne dabei körperlich intim zu werden. Das eine ist nicht besser als das andere, es beansprucht nur unterschiedliche Ressourcen.

Wer die Emotionsarbeit nicht lediglich möglichst gering halten, sondern sich angenehmer machen möchte, ist mit »Deep Acting« gut beraten. Dabei geht es darum, eine Emotion in sich selbst zu erzeugen, statt sie nur oberflächlich vorzuspielen (»Surface Acting«). Gelingt es mir, für meinen Kunden aufrichtige Empathie zu empfinden, oder kann ich mich wirklich sexuell erregen lassen, sei es durch seine Berührung oder durch mein Kopfkino, dann kann ich bei meiner Dienstleistung authentisch bleiben. Das führt zu einer höheren Arbeitszufriedenheit – eine Situation, in der alle Beteiligten gewinnen. Ich glaube, dass mir persönlich die erotische Emotionsarbeit so leicht fällt, ist einer der Gründe, warum für mich die Sexarbeit so gut passt: Ich habe eine natürliche Neugier auf die Vielfalt menschlicher Sexualität. Mich interessiert, wie mein Gegenüber tickt. Ich erkenne schon im E-Mail-Austausch oder im Vorgespräch Muster in den »bestellten« Praktiken und kann die dahinterliegenden Bedürfnisse erkennen, teils bewusst, teils intuitiv. Als Reaktionsfetischistin kickt es mich, die Fantasien meiner Spielpartner nicht nur zu erfüllen, sondern zu übertreffen, indem ich sie auch mit Dingen überrasche, die ihrer erotischen Systematik entsprechen, auf die sie aber bisher selbst gar nicht gekommen sind. Für mich ist die Verführung meiner Kunden kein Akt der Selbstverleugnung, sondern eine lustvolle Manipulation zu unser beider Befriedigung. Ich kontrolliere die Situation, in der ich mich gleichzeitig mitreißen lasse, sodass aus der Inspiration des anderen unter meiner Leitung ein gemeinsames Flow-Erlebnis entsteht, in dem wir für den Moment vollständig aufeinander fokussiert alles andere um uns vergessen können.

Natürlich entspricht nicht jeder einzelne Akt diesem Ideal. Manchmal langweile ich mich für Geld. Manchmal habe ich andere

Dinge im Kopf und muss mich erst zusammenreißen, um dann in einen Flow zu kommen, und nicht immer gelingt es mir. Nicht jeder Sexwork-Kunde möchte sich überhaupt tief berühren lassen, und ich habe auch kein Problem damit, als Projektionsfläche für erotisches Kopfkino nicht persönlich gemeint zu sein. Aber aus einem Großteil meiner professionellen Begegnungen ziehe ich für mich weit mehr als nur das Honorar für meine Zeit – nicht immer, aber durchaus auch in Form eigener sexueller Erregung und ungespielter Orgasmen. Das trifft übrigens auf alle Branchenzweige zu, in denen ich bisher gearbeitet habe, und überall habe ich auch Kolleginnen kennengelernt, denen es ähnlich ging. Eine solche persönliche Befriedigung aus unserer Dienstleistung zu ziehen ist also kein Privileg hochbezahlter und auf außergewöhnliche Kundenwünsche spezialisierter Hetären, sondern kommt in allen Preissegmenten der Sexarbeit vor.

Es gibt Tage, da habe ich wirklich gar keine Lust zu arbeiten. Wenn irgend möglich, lasse ich es dann. Die langfristige Perspektive ist mir wichtiger – ich will diesen Job noch viele Jahre ohne Burn-out machen können, und die Erfahrung zeigt, dass ich bald wieder umso motivierter bin, wenn ich mir abgesehen von geplantem Urlaub auch mal eine spontane Auszeit gönne. Wenn ein Termin ansteht, der sich nicht verschieben lässt, dann hilft mir meist die Aussicht auf eine Pause am Tag darauf, mich trotz anfänglicher Unlust doch noch auf mein Gegenüber einlassen zu können. Wenn ich körperlich angeschlagen bin, sage ich auch eine verbindliche Buchung ab. Ich muss keine Erkältungsviren an meine Kunden verteilen, selbst wenn ich die meisten Nummern mit Apotheken-Doping und professioneller Routine wahrscheinlich irgendwie durchziehen könnte. Meistens stößt das auf Verständnis und sogar Dankbarkeit, denn wer wünscht sich schon ein Erlebnis mit einer Sexarbeiterin, die nur halb bei der Sache ist. Und dass ich mit einer ernsthaften Erkrankung zu Hause bleibe wie jeder andere Erwerbstätige auch, versteht sich hoffentlich von selbst.

Übrigens weiß ich gekonnte Emotionsarbeit auch selbst zu schätzen, wenn ich sexuelle Dienstleistungen als Kundin in Anspruch nehme. So ist meine Lieblingsstripperin eine Kollegin aus London, die ich vor Jahren bei einer Pole-Dance-Show auf einer Fetischparty kennengelernt habe. Schwer beeindruckt von ihrer Kunst, wie schwerelos an der Tanzstange zu schweben, buchte ich einen Lapdance. Dass sie ihren durchtrainierten Körper bewegte wie eine Schlange, wurde fast nebensächlich durch ihren Blick – diese Frau schaute mich an, während sie um mich und auf mir tanzte, als sei ich das letzte Stück Schokolade auf diesem Planeten. Joy habe ich in den folgenden Jahren öfter gebucht. Und obwohl ich weiß, dass das, was sie da tut, »nur« ihr Job ist, den sie hervorragend macht, wirkt ihr Blick immer wieder magisch auf mich …

Neben der Emotionsarbeit ist eine weitere grundlegende Fähigkeit für Sexworker die der professionellen Abgrenzung. Die eigenen Grenzen zu kennen und wahren zu können, auch angesichts drängender Bedürfnisse unseres Gegenübers, ist ein wichtiger Aspekt der Psychohygiene von Sozialarbeitern, medizinischem und Pflegepersonal, von Therapeuten und auch von Sexarbeitenden. Auch an diesem Punkt lauert die Burn-out-Falle, und eine entspannte Abgrenzung war etwas, was ich mir über die Jahre hart erarbeiten musste. Kaum etwas hat mir dabei mehr geholfen als der Austausch mit erfahrenen Kolleginnen und die Erkenntnis, dass meine Umwelt und damit auch meine Kunden mein Wohlbefinden im gleichen Maß ernst nehmen, wie ich mir selbst wichtig bin. Menschen fühlen sich zu selbstbewussten, entspannten Persönlichkeiten hingezogen, und durch eine gute Selbstfürsorge gewinne ich mehr Interesse, als ich durch ein gelegentliches klares Nein verliere.

Konkrete Arbeitstechniken gehören natürlich auch zum fundamentalen Wissen für die Sexarbeit. Dass Sex etwas ist, was »man halt kann«, mag für einige Ausnahmetalente gelten. Grundsätzlich wächst aber auch hier die Qualität mit Wissen und Erfahrung – weswegen mir, nebenbei bemerkt, der Reiz von (männlichen wie weiblichen) Jungfrauen leider völlig entgeht. Auch jenseits von BDSM-Studios und Tantra-Instituten gibt es Techniken zu erlernen, vom Beckenbodentraining über anale Entspannung bis zum Deep Throat. Und selbst wer reichlich Erfahrung im Privaten gesammelt hat, weiß noch lange nicht, wie Sex als Dienstleistung funktioniert: mit Fokus auf den Spannungsbogen des Gegenübers und mit viel mehr ganz unterschiedlichen Partnern als bei den meisten Amateuren. Wer eher niedrigpreisig und mit hoher Kundenzahl arbeitet, muss besonders körperschonende, ergonomische Arbeitstechniken kennen, was meist damit einhergeht, beim Sex den aktiven Part einzunehmen, statt dem Kunden die Führung zu überlassen. Zum Erhalt der Gesundheit ist außerdem Safer-Sex-Know-how erforderlich, idealerweise weit über »Kondome schützen« hinaus.

Dazu kommen Kenntnisse im Marketing: Zielgruppenanalyse, das Herausarbeiten von Alleinstellungsmerkmalen, Kundenakquise und -bindung, Betriebswirtschaft, Buchhaltung, Rechts- und Steuerfragen und alles Weitere, was Selbstständige so wissen müssen, um in ihrem Beruf erfolgreich zu sein.

## Aus- und Weiterbildung für Profis

Die Unterschiede im Grad der Professionalisierung in unserer Branche sind eklatant, und wenn wir eines wirklich brauchen, dann sind das bedarfsorientierte (und damit selbstverständlich *freiwillig* in Anspruch genommene), flächendeckende Weiterbildungs- und Professionalisierungsangebote. Diese Angebote gibt es, allerdings bisher nur lokal begrenzt oder als temporär finanzierte Modellprojekte. So veranstaltet der Berliner Verein Hydra e.V. seit 2012 Peer-to-Peer-Workshops, bei denen ein vielfältiges Team aus Sexarbeiter_innen Gruppenberatungen und Wissensaustausch für Kolleg_innen in den Sexwork-Betrieben Berlins anbietet. Das umfangreiche Angebot an Themen, das bei den Workshops zur Verfügung steht, wird je nach Wunsch der Teilnehmer_innen angepasst und dient dazu, professionelles Wissen und direkte Erfahrungen von Sexarbeiter_innen zu teilen oder bei Bedarf zu den Beratungsangeboten von Hydra zu vermitteln. Die Workshops finden unter anderem auf Deutsch, Bulgarisch, Englisch, Rumänisch, Thai und Spanisch statt. Sprachmittlung für andere Sprachen wird nach Bedarf organisiert.[50]

Über die Peer-to-Peer-Workshops sprach ich mit der Kollegin Alexa, einer der Initiatorinnen des Projekts. Die Workshops haben den Anspruch, auch Sexarbeiter_innen in prekärer Situation zu erreichen. Alexa betonte die Wichtigkeit des »Peer«-Gedankens – die als Dozent_innen auftretenden Sexarbeiter_innen sollen nicht nur die Sprache ihrer Zielgruppe sprechen, sondern auch einen möglichst ähnlichen kulturellen Hintergrund haben. Das Dozent_innen-Team muss daher divers aufgestellt sein und die Präferenzen der Klient_innen bedienen können. Workshops werden mindestens zu zweit, bei neuen Dozent_innen auch zu dritt durchgeführt, wobei sich die Dozent_innen in den Workshops meist nach Schwerpunktthemen oder Muttersprachen aufteilen.

Bemerkenswert ist die Tatsache, dass sich Weiterbildungen in den Räumen von Hydra nicht durchsetzen konnten. Die Workshops müssen offensichtlich »aufsuchend« durchgeführt werden, um angenommen zu werden, das heißt, sie müssen zu den Teilnehmer_innen gebracht werden. Ähnliche Erfahrungen gibt es auch seitens des von der deutschen AIDS-Hilfe geförderten bundesweiten »ProfiS«-Modellprojektes des Berliner Vereins move e.V.[51] (gegründet von der Sexarbeiterin und Aktivistin Stephanie Klee), für das ich selbst als Dozentin ausgebildet bin. Sexarbeiter_innen nennen als Gründe gegen externe Weiterbildungen, dass sie keine

Kunden verpassen wollen, vom Alltag ausgelastet sind, sich in ihrer Freizeit nicht mehr mit Sexarbeit befassen möchten oder ein Doppelleben führen. Die Zielgruppe der Workshops kommt zum Beispiel auch nicht zu den Berliner »Hurenabenden« und Sexworker-Stammtischen.

Aufsuchende Workshops bedeuten einen größeren organisatorischen Aufwand, da der Zugang in die Betriebe nur über persönliche Kontakte möglich ist. Betreiber_innen und Wirtschafter_innen müssen vom Sinn der Angebote überzeugt und mit ins Boot geholt und dann während der Workshops wiederum manchmal abgelenkt werden, um einen ungehinderten Austausch ohne Einmischung »von oben« zu ermöglichen. Auch das Bereitstellen eines passenden Raumes im Betrieb ist nicht immer einfach durchzusetzen.

Oft muss auch durch einen besonders niedrigschwelligen Ansatz das mangelnde Interesse der Sexarbeiter_innen selbst umgangen werden, wenn gerade kein akutes Problem anliegt oder sie eine Weiterbildung zunächst für Zeitverschwendung halten. Die Workshop-Themen ergeben sich immer spontan aus dem Bedarf der Gruppe. Dabei entstehen auch Diskussionen, die sich im Berufsalltag von allein nicht entwickeln würden. Besprochen werden unter anderem Gesundheitsthemen, Gesetzgebung und politische Themen, sexuelle Gesundheit, Arbeitstechniken, Weiterbildungen wie Tantramassagen oder SM, Kommunikationsstrategien und Umgang mit Gästen, Möglichkeiten der Verdienststeigerung, Buchhaltung, Steuer, Umgang mit Behörden, familiäre Probleme oder Verhalten bei Razzien. Sowohl beim Peer-to-Peer-Projekt als auch bei ProfiS umfassen die Workshops mehrere Stunden, manchmal einen ganzen Nachmittag oder Abend. Sie werden im laufenden Betrieb durchgeführt, sodass je nach Art der Arbeitsstätte mehr oder weniger reibungslos währenddessen gearbeitet werden kann. Nicht nur können in diesen intensiven Seminaren wichtige Kenntnisse weitervermittelt werden, es ist auch möglich, Zugang zu Kolleg_innen zu finden, die unter familiärem oder gar unter kriminellem Druck stehen, und gezielt Hilfsangebote zu machen. Solche bedarfsorientierten, niedrigschwelligen und anonym wahrzunehmenden Weiterbildungsangebote durch Expert_innen aus der Praxis sowie die Förderung von Eigenverantwortlichkeit und Empowerment sind wirksamer Schutz und Hilfe für Sexarbeitende – ganz im Gegensatz zum unfassbar kontraproduktiven Unfug staatlich verordneter Zwangsberatung.

# Huren und Feminismus

## Alice Schwarzer und die EMMA – ein deutscher Skandal

»Das System Prostitution ist Ausbeutung und zugleich Fortschreibung der traditionell gewachsenen Ungleichheit zwischen Männern und Frauen (und Ländern/Kontinenten). Das System Prostitution degradiert Frauen zum käuflichen Geschlecht und überschattet die Gleichheit der Geschlechter. Das System Prostitution brutalisiert das Begehren und verletzt die Menschenwürde von Männern und Frauen – auch die der sogenannten ›freiwilligen‹ Prostituierten.«

So beschrieb die feministische Zeitschrift EMMA unsere Arbeit in ihrem »Appell gegen Prostitution« aus dem Herbst 2013 und forderte »Maßnahmen, die kurzfristig zur Eindämmung und langfristig zur Abschaffung des Systems Prostitution führen«.

Die fast gleichzeitige Buchveröffentlichung von Alice Schwarzer[52] legte den Verdacht nahe, dass es sich hier in erster Linie um die kommerzielle Ausschlachtung eines kontroversen Themas handelte. Das ließ die Aktion umso zweifelhafter erscheinen. Eine »Feministin«, die auf Kosten einer überwiegend weiblichen Minderheit Quote macht und die beruflichen Existenzen Zehn- oder gar Hunderttausender Frauen im Land lieber heute als morgen vernichten möchte – brauchen wir die wirklich? Nun ist die EMMA zwar laut und nervig, vertritt aber glücklicherweise nur einen Teilaspekt des Feminismus in Deutschland. Wir haben auch starke Verbündete im großen feministischen Spektrum, und viele Sexarbeiter_innen selbst, die sich als Feminist_innen begreifen. Frauen und Männer, an denen der logische Schluss von »mein Bauch gehört mir« zu »meine Geschlechtsteile gehören mir, und ich kann damit, verdammt noch mal, tun, was ich will« nicht vorübergegangen ist. Feminist_innen, die von den paternalistischen Bevormundungen der Anti-Sexwork-Bewegung erschüttert sind, die »Frauen und Mädchen in der Sexindustrie« als gleichermaßen hilflose Opfer zeichnet, erwachsenen Menschen die Handlungsmacht abspricht und Sexarbeiter_innen durch blödsinnige Formulierungen wie »den Körper verkaufen« stärker objektifiziert als selbst die völlig empathiebefreiten unter unseren Kunden es tun. Die Behauptung, Sexarbeit sei »bezahlte Vergewaltigung«, spricht uns nicht nur die Fähigkeit ab, in sexuelle Handlungen einzuwilligen, sondern bagatellisiert das Leid der wirklich von sexueller Gewalt Betroffenen. Wenn ein Nein ernst genommen werden muss, dann auch ein Ja. Das sexuelle Selbstbestimmungsrecht ist ein zutiefst feministisches Thema, und wenn ich allein entscheiden kann, mit wem ich unter welchen Umständen Sex haben will, muss das auch die Möglichkeit mit einschließen, dass ein Aspekt dieser Umstände eine Bezahlung ist.

## Weibliche Sexworker und männliche Kunden

Im sexarbeitsfeindlichen radikalen Feminismus wird ähnlich der wilhelminischen »Gesellschaftsschädigung« durch Sexarbeit argumentiert. Genauer mit der Zementierung einer Geschlechterungleichheit. »Warum soll sich denn ein Mann noch mit seiner Partnerin auseinandersetzen, wenn der jederzeit sagen kann: ›Wenn du nervst, geh ich in den Puff‹«, wurde mir erklärt. Das ist allerdings so völlig jenseits meiner Realitätswahrnehmung, dass ich nur den Kopf schütteln kann. Ist Sex der alleinige Grund für einen Mann, eine Partnerschaft einzugehen? Ist die Macht über das Gewähren von Sex ein gesundes Druckmittel zur Erziehung von Männern durch Frauen?

»Prostitution stellt Frauen als das käufliche Geschlecht dar. Gewohnheitsmäßige Freier halten Frauen auch außerhalb von Bordellen für ständig sexuell verfügbar.« Diese Behauptung ist gleich in zweierlei Hinsicht Blödsinn. Zum einen sind selbstverständlich auch Sexarbeiter_innen Menschen mit Handlungsmacht. Wir liegen nicht halbsediert breitbeinig rum auf unseren Bordellbetten und lassen jeden Typen nach Geldeinwurf in den Münzschlitz über uns drübersteigen. Wer solche Gruselfantasien auch dann noch kultiviert, wenn wir, die es wissen müssen, dem widersprechen, der muss sich fragen lassen, warum ihm oder ihr diese Vorstellung so viel Freude bereitet. Wir verhandeln aktiv mit unseren Kunden. Im Idealfall einigt man sich, und beide Seiten sind zufrieden. Es gibt Fälle, in denen die Sexarbeiterin ihre Grenzen überschreitet oder überschreiten lässt und darunter leidet. Es gibt Fälle, in denen der Kunde über seine Verhältnisse Geld ausgibt oder abgezockt und ausgenommen wird.

Dann sind es beispielsweise auch weit überwiegend Frauen, die als häusliche Reinigungskräfte tätig sind. Ich habe allerdings noch nicht davon gehört, dass das gewohnheitsmäßige Bezahlen einer Putzfrau bei Männern dazu führt, dass sie ihren Müll auf die Straße fallen lassen in dem Glauben, die weibliche Passantin auf dem Gehsteig gegenüber sei aufgrund ihres Geschlechts dazu verpflichtet, ihm hinterherzuräumen. Manchmal erbringen auch Männer ganz erstaunliche Transferleistungen und können verschiedene Rollen, Berufe und Situationen auseinanderhalten. Offenbar besser als die einen oder anderen feministischen Sexarbeitsgegner_innen.

Historisch dominierte das Bild der Hure als antisoziale Verführerin, die Männer um ihr Geld bringt, die ihren »natürlichen Trieben« hilflos ausgeliefert sind. Aktuell wird lieber das Stereotyp des patriarchal unterdrückten weiblichen Opfers bemüht. Der Realität werden beide Klischees nicht gerecht. Wer tatsächlich innerhalb einer bezahlten sexuellen Begegnung zwischen zwei Menschen mehr Macht und Kontrolle hat, hängt von den jeweiligen Umständen und von den Persönlichkeiten der Beteiligten ab.

Markus, den ich bereits als Kunden vorgestellt hatte, beschrieb die Erfahrung, dass bei all seinen Paysex-Erlebnissen, ganz gleich, in welchem Marktsegment sie stattfanden, die Sexarbeiterin die Kontrolle über Rahmen und Ablauf der Begegnung hatte. Und dies in mehrfacher Hinsicht: Sie bestimmt darüber, was zwischen ihr und ihm passieren kann und was nicht. Er als Freier fragt, welche Praktiken möglich sind, und kann Wünsche äußern. Im Gegenzug hört er, was die Sexarbeiterin anbietet, erfährt Preise, gegebenenfalls auch Aufpreise. Ob die Frau mit sich über den Umfang ihrer Leistung oder deren Preis handeln lässt, ist ihre Entscheidung. Diese kann natürlich durch die Notwendigkeit, unbedingt einen zahlenden Kunden gewinnen zu müssen, beeinflusst sein. Markus versucht grundsätzlich nicht, eine Frau herunterzuhandeln. Erscheint ihm ein Preis unangemessen hoch, geht er lieber wieder. Vorkasse ist obligatorisch; er hat es ganze zwei Mal erlebt, dass die Sexarbeiterin ihr Honorar auf eigenen Wunsch erst nach vollzogenem Akt annehmen wollte: »Das waren ganz große Ausnahmen.«

Weiter berichtete er: »Wie die Begegnung nach der Bezahlung dann weiter verläuft, liegt ganz und gar in der Hand der Frau. In der Regel beginnt für mich nun der höchst angenehme Hauptteil, das gemeinsame Spiel mit sexueller Lust, und die meisten Frauen, die ich kennengelernt habe, gehen engagiert und gelegentlich mit sichtlichem Spaß an der Arbeit zu Werk. Ist dies einmal nicht so, kann ich daran aber so gut wie gar nichts ändern. Als Freier bin ich der Sexarbeiterin ausgeliefert. So kann sich nach der Bezahlung der Umgangston plötzlich merklich abkühlen, vereinbarte Praktiken werden lieblos abgespult oder ganz ›vergessen‹, und ich bekomme das Gefühl, in diesem Geschäft weder ›Gast‹, noch ›Kunde‹, nicht einmal ›Freier‹, sondern nur ein Portemonnaie auf Beinen zu sein. Nachkobern gehört auch zu den, zum Glück von mir ganz selten erlebten, unangenehmen Praktiken, mit denen man sich als Freier konfrontiert sehen kann. In all diesen Fällen kann ich nun gar nichts unternehmen; das Geld ist weg, ich kann das Ganze als Erfahrung verbuchen und allenfalls schnellstmöglich abbrechen. In der Regel habe ich keine Möglichkeit, mich gegen schlechte Behandlung zu wehren – eine Einschätzung, die übrigens einhellig auch in Freierforen vertreten wird.«

Auch Maicon erzählte von einer solchen Begegnung: »Ich hatte mir eine deutsche Prostituierte ausgesucht, die ich an der Tür gefragt hatte, ob die Summe, die sie haben wollte, inklusive ficken und blasen ist, was sie bejahte. Ich ging rein, sie schloss die Tür, kassierte, ich zog mich aus, legte mich aufs Bett, und die übliche Freierabzocke ging los: Wenn sie sich auszieht, kostet es extra, anschauen kostet extra, blasen extra und so weiter. Nachdem sie ungefähr fünf Minuten meinen Schwanz gewichst hatte, ohne mich anzusehen, und dabei in den lautstarken Fernseher glotzte, meinte sie, ich solle doch Poppers nehmen, damit ich hart werde. Ich verneinte und wollte von ihr, dass sie mal ihren Job ein bisschen besser machte. Daraufhin wurde sie laut, und ich wurde laut, sie drückte wild schnaubend den Alarmknopf, ich bekam Panik, weil ich nun wirklich in keine Diskussionen mit Türstehern reingezogen werden wollte, ergriff meine Sachen, wurde dazu noch von benachbarten Frauen angeschimpft und floh aus dem Etablissement.«

Es gibt zweifellos Kolleg_innen, für die »die übliche Freierabzocke« ihre Geschäftsgrundlage bildet. Genauso wie Sexarbeiter_innen, die sich generell ihren Kunden und deren Wünschen ausgeliefert fühlen. Und solche, für die Verhandlungen und Sex auf Augenhöhe und eine beidseitige Zufriedenheit mit der Transaktion Selbstverständlichkeiten sind. Und da, genau wie in privaten Beziehungen, auch beim Paysex bevorzugt die Menschen einander anziehen, deren »Muster« ineinandergreifen und die sich gegenseitig in ihrem emotionalen Erleben bestätigen, findet – manchmal unglücklicherweise – jeder Topf seinen Deckel.

Markus macht inzwischen kaum noch schlechte Erfahrungen: »Wenn es ganz besonders gut läuft, macht die Sexarbeiterin ihre Arbeit gerne und es wird daraus eine zwischenmenschliche Begegnung mit gemeinsamer Basis: Guter, ehrlicher, einvernehmlicher, körperlicher Sex, getragen von gegenseitiger Achtung und Respekt. Ein schönes Spiel mit Gemeinsamkeit auf Zeit. Mittlerweile entsprechen die meisten meiner Paysex-Erlebnisse dieser Beschreibung oder kommen ihr doch recht nahe.«

Ich kann nicht sagen, wie »die meisten« Begegnungen zwischen Sexarbeiter_innen und ihren Kunden ablaufen – wie häufig selbstbewusste, reflektierte und sozial kompetente Menschen aufeinandertreffen und eine Win-win-Situation erschaffen und wie häufig von der einen oder anderen Seite versucht wird, das Gegenüber zu bedrängen oder mehr oder weniger erfolgreich über den Tisch zu ziehen. Viel wichtiger finde ich die Erkenntnis, dass gesunde Geschäftsbeziehungen in der Sexarbeit ganz offenbar grundsätzlich möglich und bei vielen Dienstleistern und Kunden die Regel sind. Auch wenn es vor allem von Verfechter_innen des »Schwedischen Modells« gern so dargestellt wird, ist Sexarbeit selbstverständlich keine »bezahlte Vergewaltigung«. Unsere Kunden sind keine Monster und wir keine hilflosen Opfer. Die Qualifikationen, die nötig sind, um die Menschen anzuziehen und auszuwählen, die uns guttun, sind erlernbar – sei es auf Dienstleisterseite zum Beispiel die Fähigkeit, die eigenen Grenzen zu kennen und zu wahren, oder auf Kundenseite der zitierte »Freierinstinkt«. Die Erkenntnis, dass es natürlich auch Situationen gibt, in denen Sexworker oder Kunden Schaden nehmen, sei dieser physisch, emotional oder finanziell, sollte also zur Konsequenz haben, sich die Fälle zum Vorbild zu nehmen, in denen das Ganze gut funktioniert. Und dieses Wissen kann dann weitervermittelt werden, zum Beispiel im Rahmen der aufsuchenden Weiterbildungsworkshops.

## Sexarbeit als Teil der »Männerwelt«

Was ist nun aber mit dem Argument, Prostitution sei ihrem Wesen nach patriarchal, weil sie nur von Männern in Anspruch genommen wird?

Sexarbeit ist natürlich ein Teil unserer patriarchalen Gesellschaft. Mehr Männer sind Freier, weil sie über die ökonomischen Mittel verfügen. Außerdem wird es gemeinhin als einfacher angesehen, Männer sexuell zu befriedigen, während die Sexualität von Frauen als äußerst kompliziert gilt. Bei Frauen gibt es weniger Bewusstsein dafür, dass sie diese Dienstleistung nachfragen können, auch wenn zum Beispiel weiblicher Sextourismus durchaus existiert. Durch die patriarchalen Symptome, die Sexarbeit aufweist, reproduziert die Branche natürlich die zugrunde liegenden patriarchalen Strukturen und verfestigt diese damit. Aber das haben auch sämtliche anderen Berufe an sich, in denen sich patriarchale Strukturen zeigen.

Die Frauenquote in der Nachfrage nimmt meiner Erfahrung nach stetig zu, vor allem in den Bereichen Tantramassagen und BDSM. Da können wir gern ansetzen – meine Utopie ist eine Gesellschaft, in der Sexarbeit von Menschen aller Geschlechter ohne Stigmatisierung angeboten und nachgefragt werden kann. Es gibt auch andere Dienstleistungen, die derzeit überwiegend von einem Geschlecht in Anspruch genommen werden – wenn beispielsweise drei Viertel der Klient_innen von Psychotherapeuten weiblich sind, müssen wir dann aus Gründen der Geschlechtergleichheit die Psychotherapie verbieten? Oder nicht vielleicht doch besser ein Umfeld schaffen, in dem auch Männer bereit sind, sich, wenn nötig, mit professioneller Hilfe mit ihren Problemen auseinanderzusetzen?

## Das leidige Thema »Zwangsprostitution«

Wo Argumente bezüglich einer Gesellschaftsgefährdung durch Sexarbeit versagen, wird flugs die Opferkarte gezogen. Die armen Frauen! »Zwangsprostituiert« von Zuhältern, Loverboys, gierigen Familien im Ursprungsland. Oder mindestens Opfer der Umstände. Kein Mensch würde so was freiwillig machen, wenn er anders überleben könnte. Daher kann auch für die politische Interessenvertretung nicht sein, was nicht sein darf. Hurenorganisationen werden regelmäßig als »Zuhälterlobby« bezeichnet, das geht dem BesD, der ausschließlich aktive und ehemalige Sexarbeiter_innen als Mitglieder aufnimmt, nicht anders als anderen Aktivist_innengruppen weltweit. Wer sich als Sexarbeiterin allzu laut dagegen sträubt, sich als Opfer darstellen zu lassen, wird zur »Täterin« deklariert, die das »System Prostitution« unterstützt und dadurch mitverantwortlich wird für das Leid der Frauen. Sexworker sind also grundsätzlich »sad or bad« – arm dran oder böse.

Rekordverdächtig in dieser Disziplin zeigte sich Mary Honeyball, Abgeordnete des Europäischen Parlaments, gegen deren Antrag Anfang 2014, europaweit das »Schwedische Modell« einzuführen, insgesamt 560 NGOs und 94 Wissenschaftler_innen protestiert hatten.[53] In einer E-Mail an alle Abgeordneten des Europaparlaments wurden diese NGOs sämtlich kurzerhand zu »Zuhälterorganisationen« (»comprised of pimps«) erklärt[54] – darunter diverse Hilfsorganisationen für Opfer von Menschenhandel, die Deutsche AIDS-Hilfe und der Deutsche Frauenrat. Wir befinden uns also in exzellenter Gesellschaft.

## Sexarbeit und Kapitalismus

Aus gemäßigteren Lagern hört man manchmal das Zugeständnis, dass es »vermutlich ein paar Edelhuren« gibt, die ihren Job aus welchen Gründen auch immer gewählt haben, obwohl ihnen Alternativen zur Verfügung standen. Die sollen dann aber bitte aus Solidarität mit den angeblichen 90 Prozent menschengehandelten Opfern über die Klinge springen.

Selbst die Unterteilung der Erotikbranche in gesellschaftlich akzeptable Sexarbeit, die geleistet wird von Sexworkern, die sich darin selbst verwirklichen, und Sexarbeit, die in erster Linie aus wirtschaftlichen Gründen geleistet wird, ist nicht besonders hilfreich. Wäre die Liebe zum eigenen Job eine Voraussetzung für Arbeitsrechte, hätten die meisten Callcenter-Mitarbeiter_innen ein Problem. Für keinen anderen Beruf außer der Sexarbeit werden solche Maßstäbe angesetzt, wird Selbstbestimmung nicht von Selbstverwirklichung unterschieden. Übrigens können auch Menschen, die ihren Job lieben, von Ausbeutung betroffen sein. Und umgekehrt haben Betroffene von Ausbeutung nicht grundsätzlich keine Wahl oder Handlungsmacht.

Zwei Möglichkeiten bleiben: Entweder wir akzeptieren, dass Menschen tun, was sie tun müssen, um sich und ihre Familien zu ernähren, und überlassen ihnen die Wahl, wie diese Maßnahmen aussehen sollen. Oder wir schaffen eine Gesellschaft, in der möglichst niemand Dinge für Geld tun muss, die ihm oder ihr regelmäßig gegen den Strich gehen. Eine allgemeine Kapitalismuskritik würde den Rahmen dieses Buches bei Weitem sprengen, also beschränke ich mich: Das deutsche Sozialsystem ist weder für die meisten Migrant_innen eine Option, noch für die meisten deutschen Sexarbeitenden eine Alternative. Eine Kollegin beschreibt ihre Erfahrungen: »Wenn ich vergleiche, wie die Kommunikation zwischen mir und meinen Gästen vonstattengeht und wie ich beim Jobcenter behandelt wurde, dann hat sich meine Situation zumindest in diesem Punkt entschieden verbessert. Ich gehe so weit zu behaupten, dass ich durch meine Gäste einen Gutteil des Selbstbewusstseins zurückgewonnen habe, der mir im Jobcenter abhandengekommen war.«[55]

Was soll eine Sexarbeiterin, die ihren Job ungern und aus wirtschaftlicher Not ausübt, denn tun, nachdem sie »gerettet« wurde? Sexarbeit war nicht ihr Problem, sondern die beste der ihr zur Verfügung stehenden Lösungen. Ihre prekäre Situation verschwindet nicht durch ein Verbot der Sexarbeit. Wer diesen Kolleginnen helfen will, möge sich bitte dafür einsetzen, dass angemessene Alternativen geschaffen werden, aus denen sie dann selbstbestimmt auswählen können – und nicht dafür, dass die beste vorhandene Möglichkeit, den Lebensunterhalt zu verdienen, erschwert wird, egal ob durch eine Kriminalisierung der Sexworker oder ihrer Kunden oder durch eine diskriminierende und abschreckende Überregulierung. Wie zynisch ist es denn, einem Menschen den Job wegzunehmen, der ihm oder ihr das Überleben sichert, nur weil der nicht in ein sauberes Weltbild passt?

## Pro Sexwork und Feministin – kein Widerspruch

Glücklicherweise sind auch unsere feministischen Verbündeten höchst aktiv. So folgte ich im Sommer 2014 der Einladung von Margarita Tsomou, Mitherausgeberin des feministischen *Missy Magazine*. Sie organisierte in Hamburg auf Kampnagel, einer der bedeutendsten Bühnen der Welt für darstellende Künste, die Konferenz »Fantasies that Matter. Images of Sexwork in Media and Art«.

Auf dieser Konferenz lernte ich nicht nur viele international renommierte Sexwork-Aktivist_innen und Verbündete kennen und hatte die Gelegenheit, vor vollem Saal über die politische Situation in Deutschland und Hamburg zu sprechen. Ich war auch als Tänzerin auf der bisher größten Bühne meines Lebens, zusammen mit der legendären Annie Sprinkle und einer Gruppe von Performance-Künstler_innen aus aller Welt. Wenn ich tanze, egal ob für mich selbst oder für ein Publikum, liegt immer meine Seele darin – es fällt mir tatsächlich leichter, innerlich unbeteiligt mit jemandem zu vögeln, als zu tanzen. Annie hatte jeden von uns gebeten, sich zu ihrer Musik auf eine ganz persönliche Weise in Ekstase zu versetzen, und ich tat nichts lieber als das. Nachdem ich mich mich aus meinem Abendkleid geschlängelt hatte, lebte ich einen meiner eigenen, intimsten Fetische aus: Ich stach Kanülen in meine Armvenen und fing das Blut in einem Weinkelch auf, bemalte meinen Körper damit, leckte meine Finger ab und tanzte mich dabei immer tiefer in Trance … Bis heute fühle ich mich den anderen Beteiligten der Performance auf eine ganz besondere Weise verbunden und bin zutiefst dankbar für diese künstlerische Grenzerfahrung.

Neben Margarita gibt es viele weitere feministische Aktivist_innen, Journalist_innen und Autor_innen, die sich immer wieder für Sexworker-Rechte als Menschenrechte einsetzen und damit Kontroversen auslösen. Wie Anne Wizorek oder Stephanie Lohaus. Wer sich als Feminist_in begreift und uns unterstützen möchte, kann das zum Beispiel durch das Signieren des »Feministischen Manifests zur Unterstützung der Rechte von Sexarbeiter_innen«[56] tun.

Die Kollegin Marleen findet die innerfeministischen Auseinandersetzungen, die oft enorm verhärtet und persönlich verletzend geführt werden, wenig fruchtbar. Angefangen damit, dass die formulierten Visionen eigentlich nicht gegenüberstellend diskutiert werden können. »Die Prostitutionsgegner_innen haben die Idealvorstellung, dass es Prostitution nicht mehr geben sollte, das ist eine Utopie. Die Sex Workers' Rights-Bewegung, zumindest in Deutschland, hat als Grundlage ihrer Forderungsmotivationen, dass es Prostituierten real besser gehen sollte und sie einen gleichberechtigten, anerkannten Platz in der Gesellschaft haben sollten. Da die eine Vision langfristig-idealistisch und die andere kurz- bis mittelfristig-realistisch angelegt ist, sind sie nicht wirklich vergleichbar.« Wollen sich Sexwork-Aktivist_innen den Prostitutionsgegner_innen argumentativ entgegenstellen, reicht es also nicht aus aufzuzeigen, dass deren vorgeschlagene Maßnahmen Sexarbeiter_innen schaden würden. Vielmehr ist es unerlässlich, der Utopie einer prostitutionsfreien Gesellschaft eine eigene Gesellschaftsvision entgegenzustellen, die durchaus feministische Forderungen erfüllt. Inklusive sexueller Dienstleistungen als anerkannter Berufsoption.

Marleen hat sich auch intensiv mit den historischen Wurzeln des Feminismus befasst. Bis zur Machtübernahme der Nazis 1933 war die erste Welle der Frauenbewegung in Deutschland in eine bürgerliche und eine proletarische geteilt. »Im Rahmen der Bestrebungen, den Status quo der intimeren zwischengeschlechtlichen Verhältnisse zu verändern, wurde Prostitution zum Knackpunkt: Jeweils mit dem offiziellen Anspruch, die Situation von Prostituierten zu verbessern, traten die bürgerlichen Feministinnen überwiegend für ein Verbot der Prostitution ein und verknüpften diese argumentativ mit Menschenhandel, während sich die proletarischen Feministinnen für eine rechtliche Absicherung von Prostituierten einsetzten.«

Während der zweiten Welle der Frauenbewegung in Deutschland beinhalteten deren konkrete Ziele die Legalisierung von Abtreibung und die Reduzierung von Gewalterfahrungen und sexualisierten Übergriffen. Mit dem Ende der Siebzigerjahre schlossen sich zunehmend Sexarbeiterinnen der feministischen Bewegung an. Ihre Kernforderungen waren Entkriminalisierung, Legalisierung, Gleichstellung mit anderen Berufen und Maßnahmen zur akuten Verbesserung ihrer Lebenssituationen. Gegnerinnen betrachteten Sexarbeit indes als Symptom des Patriarchats und die Beseitigung der Sexarbeit als Möglichkeit, das Patriarchat zu schwächen. Diese Auseinandersetzung wird bis heute geführt.

Auch Marleen sieht das Verhalten von Sexarbeitsgegner_innen, die uns oftmals als »käuflich« oder als »Ware Frau« bezeichnen, kritisch: »Sie füttern einen Diskurs, der Prostituierte objektifiziert, entmachtet und entmenschlicht. Die Sexarbeiterinnen werden in ›privilegiert‹ und ›deprivilegiert‹ aufgeteilt, um die Forderungen von öffentlich auftretenden Sexdienstleistungsaktivistinnen nicht anerkennen zu müssen. Dabei wird übersehen, dass dadurch gegenüber einem marginalisierten Teil der Gesellschaft dasselbe ignorante Verhalten an den Tag gelegt wird, das Männer schon vor über hundert Jahren gegenüber Frauen zeigten, die ja weder studieren noch wählen sollten, um nur zwei bekannte Beispiele aufzuzählen. Umgekehrt stören mich aber auch die Verhaltensweisen von Sexdienstleistungsbefürworter_innen, die Prostitutionsgegner_innen ganz einfach Probleme mit der eigenen Sexualität unterstellen. Das mag zwar ganz angenehm sein, entbehrt aber jeglicher Basis.«

Marleen bezeichnet sich nach wie vor als überzeugte Feministin: »Wenn ich was ändern könnte, dann wäre es neben der Abschaffung der Stigmatisierung der Sexarbeit auf jeden Fall ein genderausgeglichenes Verhältnis von Anbietenden und Nachfragenden. Während davon gesprochen wird, dass Männer das Privileg haben, sich Frauen ›kaufen zu können‹, wird dabei gerne übersehen, dass Frauen auf der anderen Seite das einseitige Privileg haben, damit anständig Geld zu verdienen. Die Möglichkeit, sexuelle Befriedigung wie jede andere Wellness-Dienstleistung in Anspruch nehmen zu können, sollte eben kein männliches Privileg sein. Könnten Männer, die als Sexdienstleister arbeiten wollen, sich entsprechend in ihren Liebhaberqualitäten schulen lassen – wie es bereits im Tantrabereich zunehmend geschieht –, dann könnte es auch mehr qualifizierte Angebote für Frauen geben. Ein Diskurs, der nicht ständig sprachlich versucht, die Realitäten zu verzerren, ist mehr als nur dringend nötig.«

Ich selbst habe mich mit der Schublade »Feministin« lange schwergetan. Obwohl ich mit der EMMA im elterlichen Haushalt aufgewachsen bin und immer Zugang zu feministischer Literatur und vorgelebten Idealen hatte, erlebte ich spätestens mit dem Entdecken meiner sadomasochistischen Sexualität einen Bruch. Als Jugendliche fand ich sexuelle Rollenspiele und Fesseln spannend, die Playboy-Sammlung des Vaters meiner besten Freundin höchst faszinierend und Sexarbeit, soweit ich davon wusste, schon damals eher interessant als abschreckend. Der Umgang mit den Themen Körper und Sexualität war in meinem Elternhaus immer unaufgeregt gewesen, meine Fragen waren ehrlich und altersgerecht beantwortet worden. Und jetzt, da ich anfing, entsprechend unbekümmert mit Jungs und Mädchen zu experimentieren oder mir explizitere Geschichten, Fotos und Filme zu erschleichen, da hieß es plötzlich »PorNO«[57]. Und von den Dingen, die mir Spaß machten, sollte ich mich gefälligst gründlich erniedrigt fühlen.

Glücklicherweise war ich mit einem gesunden Selbstbewusstsein gesegnet und ließ mich davon nicht beirren. Und irgendwann stieß ich dann auf andere sex-positive, queere, polyamore, subversiv-kulturelle und kreative Menschen und fühlte mich endlich angekommen. Dort lernte ich dann auch Formen des Feminismus kennen, für die ich mich nicht verbiegen musste, sondern die im Gegenteil meine Visionen und Utopien unterstützten und wo auch meine Berufung zur Sexarbeit einen respektierten Platz fand. Hätte man mich mit zwanzig gefragt, ob ich Feministin sei, hätte ich das vehement von mir gewiesen – wie viele meiner Kolleginnen auch. Danke auch, Alice. Inzwischen würde ich antworten: »Hell, yes!«

# Fragt uns doch mal! Forschung zum Thema Sexarbeit

Große Fragezeichen entstehen nach wie vor angesichts der Diskrepanz zwischen Berichten praktischer Arbeitsrealität von Sexarbeiter_innen und Horror-Geschichten über das »Bordell Deutschland«. Der daraus folgende Schluss, dass entweder die Pro- oder die Contra-Sexwork-Aktivisten massiv einen an der Klatsche haben, dreist lügen oder wie auch immer geartete Vorteile durch die Verleumdung der »gegnerischen Seite« haben, liegt verständlicherweise nahe. Mich lassen solche Diskussionen oft frustriert und wütend zurück. Als Naturwissenschaftlerin würde ich gern viel mehr mit Daten und Fakten argumentieren. Auch als ehemalige Pressesprecherin des BesD und bei Vorträgen wurde beziehungsweise werde ich ständig nach objektiven Zahlen gefragt, und ganz oft kann ich nur antworten: Ich weiß es nicht. Welchen Problemen Studien zur Sexarbeit unterliegen, vor allem hinsichtlich der Zusammensetzung der jeweils erforschten Gruppe und der Intention des Fragestellers, habe ich im Zusammenhang mit dem Thema Menschenhandel bereits skizziert. Ich selbst kann noch so detailreich aus meinem persönlichen Erleben berichten – mir ist dabei immer bewusst, dass es sich um Anekdoten handelt und dass ich als Betroffene, zumal als eine mit einer flammenden politischen Überzeugung, ganz sicher auch meine blinden Flecken habe. Umso wichtiger ist es meiner Meinung nach, dass seriöse Forschungen im Bereich Sexarbeit für Aufklärung sorgen.

## Ziele, Wünsche und Fallstricke

Als Sexarbeiterin ist es mir ein großes Anliegen, dass Forschung in unserem Bereich durchgeführt wird – und auch vielen meiner Kolleg_innen brennt das Thema auf den Nägeln. Die ehemalige Wissenschaftsbeauftragte des BesD, Lena Morgenroth – früher selbst aktive Sexarbeiterin und jetzt wieder Vollzeit-Informatikerin –, hat deshalb eine Mitgliederumfrage zum Thema Sexarbeitsforschung konzipiert und ausgewertet.[58]

Als Anreize zur Teilnahme an einer Studie oder einem Forschungsprojekt wurde von den Befragten häufig »Anerkennung für Teilnehmer_innen« genannt, denn die ist leider keine Selbstverständlichkeit. Forscher, die es besser machen wollen, könnten einerseits auf eine finanzielle Aufwandsentschädigung achten – ein wesentlicher Anreiz zur Teilnahme vor allem für finanziell schlechter gestellte Sexworker, die sich den Verdienstausfall während der Beschäftigung mit einer umfangreichen wissenschaftlichen Befragung nicht leisten können. Andererseits wird Anerkennung auch in anderen Formen geschätzt: durch Mitspracherecht, Gestaltungsmöglichkeiten, Co-Autorenschaft oder andere partizipative Ansätze. Bezüglich schlechter Erfahrungen wurde bezeichnenderweise das Gefühl, von Wissenschaftler_innen nur als Objekt wahrgenommen zu werden, als besonders unangenehm von den Kolleg_innen beschrieben. Ebenso ist der Wunsch nach gesicherter Anonymität zentral, sowie eine gewisse Transparenz hinsichtlich der Auftraggeber und Finanzierung der jeweiligen Studie. Denn die Sorge, dass ihre Aussagen zur Legitimierung von Vorurteilen oder politischen Zielsetzungen gegen Sexworker ohne ihre Zustimmung zweckentfremdet werden könnten, würde viele der befragten Kolleginnen und Kollegen von einer Teilnahme an einer wissenschaftlichen Studie abhalten.

Ich bin überzeugt, Studien über unsere Berufsgruppe können einen wichtigen Beitrag dazu leisten, Lebenswirklichkeiten von

Sexarbeitenden darzustellen. Ebenso können sie, je nach Stärke ihres Einflusses, den gesellschaftlichen Blick auf Sexarbeit – im Guten wie im Schlechten – verändern und lenken. Forscher_innen können Zusammenhänge feststellen oder konstruieren, Fehler oder Funktionierendes im System aufzeigen. Je nach Wissenschaftlichkeit und Seriosität kann die betriebene Forschung treffende oder weniger treffende Einblicke in unser Berufsfeld geben. Ich bin Physikerin, keine Sozialwissenschaftlerin, ich maße mir also nicht an, solche Studien kompetent durchführen zu können. Ich glaube trotzdem: Das wichtigste und nützlichste Werkzeug in dieser Diskussion bleibt das Anhören und Diskutieren der Erfahrungen und Ansichten der in der Sexarbeit tätigen Menschen, in all unserer Vielfalt und Unterschiedlichkeit. Wer wenn nicht wir hat Antworten auf die Fragen nach Freiwilligkeit oder Zwangssituation, beruflicher Zufrieden- oder Unzufriedenheit, nach unseren Bedürfnissen und Wünschen?

## Alle Fragen offen?

Ideen für wichtige Forschungsthemen gibt es reichlich. Im Zuge der Mitgliederbefragung wurde eine Fülle von persönlichen, beruflichen und gesellschaftlichen Fragestellungen gesammelt, von denen ich hier einige Beispiele wiedergeben darf. Sie alle zeugen von großem Interesse von Sexarbeiter_innen, die Diskussion um ihren Beruf mitzugestalten.

»Aber warum machen Sie das bloß?«, fragt uns natürlich nicht nur die Retterin im Alstercafé. Und je nachdem, wer wen fragt, wird vermutlich irgendwas zwischen »Das war schon immer mein Traum, und ich liebe es« und »Ich finde es furchtbar, aber was soll ich sonst tun?« die Antwort sein. Vielleicht sollte man diese Frage auch einmal anders stellen:

- Welche Motivationen stehen hinter der Ausübung von Sexarbeit?
- Welche persönliche Mehrwerte können Sexarbeiter aus ihrem Beruf ziehen?
- Wo lassen sich Zusammenhänge zwischen Selbstentfaltung oder Selbst-Emanzipation und Sexarbeit ziehen?
- Bestehen Zusammenhänge zwischen dem Bezug von Hartz IV und der Ausübung von Sexarbeit?

In der Auswahl zu befragender Personengruppen scheinen manche Forscher nicht weiter als bis zum Straßenstrich oder zur nächsten Umstiegsberatung zu kommen. Die Mitglieder des BesD arbeiten in vielen verschiedenen Branchenzweigen und würden daher gern Themen behandelt wissen wie:

- Wie sieht die Welt der Sexarbeit jenseits von Straße und Großbordellen aus?
- Welche Arten von Arbeitsplätzen und Betriebsgrößen machen welchen Anteil des Gesamtmarktes aus?
- Welche Arbeitszufriedenheit herrscht, aufgeschlüsselt nach verschiedenen Tätigkeitsbereichen (z. B. Bordell, Laufhaus, Straße, Escortagentur)?
- Welche Veränderungen hat das Internet gebracht?
- In welchem Verhältnis stehen Anzeigenportale und die darauf aktiven Menschen zur »klassischen« Sexarbeit, und welche Meinungen und Sichtweisen haben sie?
- Von wem geht das Thema »Service ohne Gummi« aus? Wie denken Sexworker darüber?
- Wird das eingeschränkte Weisungsrecht in Bordellen eingehalten? In welchem Machtverhältnis stehen die betreffenden Sexworker zu den Betreibern?

Man sagt, die gemeine Hure könne nicht viel, außer die Beine breit machen. Wie ich rund um die Emotionsarbeit beschrieben habe, gehört in den meisten Fällen dann aber doch einiges mehr dazu. Viele Kompetenzen, die Sexarbeiter_innen sich im Laufe ihrer Karriere aneignen (müssen), würden sich ausgezeichnet in jedem Lebenslauf machen: Empathie, Führungskompetenz, Organisationstalent, Anpassungsfähigkeit, Flexibilität, Teamgeist, Fähigkeit zur Kundenakquise, Belastbarkeit, Konfliktmanagement. Gerne wird in Sexworker-Kreisen diskutiert, was im Rahmen unserer Tätigkeiten alles geleistet wird, welche Herausforderungen sich stellen und welche Fähigkeiten speziell in der Sexarbeit erlernt oder weiterentwickelt wurden. Natürlich ist das auch für diejenigen ein wichtiges Thema, die sich beruflich umorientieren wollen. In den Umfrageergebnissen zeigte sich nicht nur ein Interesse an der Erforschung vorhandenen beruflichen Wissens, sondern auch nach Möglichkeiten, dieses Wissen auszubauen:

- Welche Kommunikationsstrategien gibt es in der Sexarbeit?
- Wie werden Dienstleistungen verhandelt?
- Welche Rolle spielt Consent Culture in der Sexarbeit?
- Welche Kompetenzen erwerben Sexdienstleister in ihrem Beruf, und welchen Mehrwert können diese Kompetenzen in anderen Berufen darstellen?
- Wie lässt sich berufliches Wissen im Bereich Sexarbeit ausbauen?

Wenn wir von Kompetenzen in der Sexarbeit reden, sprechen wir von Fähigkeiten, die auf offiziellen Lebensläufen leider nur fiktiven oder »künstlerischen« Arbeitserfahrungen zugeschrieben werden können. Gesellschaftliche Verachtung, die Abstempelung als schwarzes Schaf der Familie und fehlende berufliche wie persönliche Unterstützung gehören wohl zu den schlimmsten Folgen der Huren-Stigmatisierung in unserer Gesellschaft. Auch wenn uns öffentliche Auspeitschungen im deutschen Staat erspart bleiben, ist das drohende Unwert-Urteil im Familien- und Freundeskreis oder im Berufsleben außerhalb der Sexarbeit sehr belastend. Viele von uns sehen sich gezwungen, ein Doppelleben zu führen, und haben Angst vor dem gesellschaftlichen Aus, das hinter einem ungewollten Outing stehen könnte.

So beschäftigten sich viele potenzielle Forschungsideen mit den Themen Stigmatisierung und Ausgrenzung, aber auch mit dem Nutzen von Sexarbeit für die Gesellschaft:

- Wie beeinflusst die gesellschaftliche Stigmatisierung die Gesundheit, Sicherheit, Zufriedenheit, Erfolgswahrnehmung und das politische Engagement von Sexworkern?
- Was sind die Ursachen von Gewalterfahrungen bei Sexarbeiter_innen, und was sind mögliche Gegenstrategien?
- Welche Exit-Strategien und Umschulungsmöglichkeiten stehen Sexworkern zur Verfügung?
- Welcher Nutzen für den einzelnen Kunden und für die Gesellschaft entsteht aus aufgeklärtem/achtsamem Umgang mit sexuellen Neigungen und »Perversionen«?
- Wie könnte eine nachhaltige und zukunftssichere Beschäftigung in der Sexarbeit aussehen?
- Welche Infrastruktur wäre idealerweise zur hauptberuflichen Ausübung von Sexarbeit nötig (Künstlersozialkasse, Huren-Uni, Öffentliches Idealbordell, Sexworker-Altenstift, Sexworker-Genossenschaftsbank und Mikrokreditinstitut, Gewerkschaft, Berufsständische Organisation, Werberat-Schiedsstelle)?
- Wie könnte Sexarbeit in die sexuelle Aufklärung beziehungsweise den Sexualkundeunterricht – beispielsweise durch die Einladung von Sexarbeiter_innen als Vortragende – integriert werden?

Und da der »Beruf wie jeder andere« immer wieder Thema ist: Es gibt bei ähnlichen Rahmenbedingungen oder ähnlichen Beweggründen durchaus die Gelegenheit, Vergleiche zu ziehen und dabei auch einen neuen Blick auf scheinbar sexworkinhärente Probleme zu werfen:

- Welche anderen Berufe sind für einen Vergleich mit der Sexarbeit besonders interessant und aussagekräftig?
- Wie hoch ist der Anteil drogenkonsumierender, traumatisierter, psychisch kranker, nur aus ökonomischen Gründen tätiger Menschen in der Sexarbeit im Vergleich zu anderen Berufen?
- Wie verteilt sich der Profit in der Sexarbeit verglichen mit anderen Branchen, und wie hoch ist der Anteil finanziell ausbeuterischer Verhältnisse im Vergleich?
- Wie schneidet Sexwork auf der Zufriedenheitsskala der Beschäftigten im Vergleich zu anderen Berufen (z. B. Fabrikarbeit, Kassiererin) ab?
- Wie hoch ist der Anteil von Gewalterfahrungen im Vergleich zu anderen Berufen?

Neben Fragen, die auf einen Vergleich mit anderen Berufen abzielten, sammelten die Kolleg_innen auch Ideen speziell aus dem Bereich Sexarbeit:

- Was sind die häufigsten Ursachen für die Verbreitung von sexuell übertragbaren Infektionen in der Sexarbeit, und welche Gegenmaßnahmen gibt es?
- Wie unterscheiden sich die Ergebnisse, je nachdem, ob Prävention durch Aufklärung oder Prävention durch Zwang angewendet wird?
- Inwiefern dient Sexarbeit der seelischen Gesundheit bei Dienstleister_innen und Dienstnehmer_innen?
- Wie wirken erotische Dienstleistungen auf stressbedingte Leiden der Dienstnehmer_innen?
- Wie sehen die Korrelationen zwischen seelischer Gesundheit und aktiv gelebter Sexualität im privaten und beruflichen Bereich bei Sexarbeiter_innen aus?

Der (erzwungene) Kontakt zu Polizei und anderen offiziellen Bestrafungsorganen des Rechtsstaates zählt oft – dank Kriminalisierung – zu den Schattenseiten der Sexarbeit. Polizisten sind für die illegalisierte Migrantin im Privatapartment oder den Sexarbeiter, der im Sperrgebiet unterwegs ist, leider nicht in erster Linie Freund und Helfer. So würden wir gern wissen:

- Welcher Umgang besteht seitens der Polizei mit Sexarbeit und Sexarbeiter_innen, und lässt sich eine diesbezügliche Kultur in den Behörden erfassen?
- Welche Ressourcen werden polizeilich aufgewandt, um Straftaten aus dem Bereich Menschenhandel, sexuelle Ausbeutung und dirigistische Zuhälterei in der Sexarbeit zu verfolgen und diese zu kommunizieren ?
- Welche Ressourcen werden vergleichsweise polizeilich aufgewandt, um Kriminalität gegen Sexworker zu verfolgen und zu kommunizieren?
- Welche Auswirkungen haben Polizeirazzien und andere behördliche Übergriffe auf die seelische Gesundheit bzw. Traumatisierung von Sexarbeiter_innen?
- Welche Hintergründe stehen hinter der Einordnung von Menschenhandel als Kontrolldelikt?
- Wieso kommt es eventuell zu weniger Anzeigen seitens der Sexarbeiter_innen, und inwiefern hängt eine mögliche ressentimentgeleitete Wahrnehmung des Feldes der Sexarbeit durch die Polizei damit zusammen?

Ein Großteil der in Deutschland tätigen Sexarbeiter_innen stammt aus dem Ausland. Manche leben dauerhaft hier, viele teilen sich ihre Zeit zwischen der Arbeit in Deutschland und dem Familienleben im Heimatland auf. Um die heterogene Gruppe der Sexwork-Migrant_innen ranken sich die meisten Gruselgeschichten – und die meisten offenen Fragen. Auch das war deshalb ein wichtiges Thema für die befragten Kolleg_innen, viele davon selbst mit Migrationserfahrung:

- Was sind die spezifischen Probleme, mit denen Migrant_innen in der Sexarbeit zu kämpfen haben, und was sind die entsprechenden Hintergründe (z. B. Einwanderungsgesetze, Rassismus, etc.)?
- Welche Motive führen Migrant_innen in die Sexarbeit?
- Wie können Migrant_innen vor Menschenhandel, sexueller Ausbeutung und dirigistischer Zuhälterei geschützt werden?
- Welche Informationen erhalten Migrant_innen zum Thema Sexarbeit seitens deutscher Behörden und in ihren Herkunftsländern?
- Wie könnten solche Informationen zwecks Entscheidung der Betreffenden pro oder contra Aufnahme der Sexarbeit aussehen?
- Was sind die Mechanismen, Ursachen, Motive und tatsächlichen Zahlen hinter dem sogenannten Menschenhandel von Osteuropa nach Mittel- und Westeuropa? Welche Entscheidungen liegen der Arbeitsmigration im Bereich Sexarbeit zugrunde?

Wenn Studienteilnehmer_innen überwiegend Klient_innen von Sozialberatungsstellen sind oder auf der Straße im am leichtesten erreichbaren, aber gleichzeitig auch dem am stärksten stigmatisierten Bereich unserer Branche arbeiten, sagt deren Lebenssituation wenig über diejenigen von uns aus, die geschützter arbeiten oder keine Beratung brauchen. Wenn ich Sexarbeiter_innen darüber befragen möchte, wie sie Gewalterfahrungen verarbeiten, muss ich diejenigen auswählen, die diese Erfahrungen gemacht haben. Dies ist vergleichbar mit einer Untersuchung zu Menschen, die häusliche Gewalt erfahren haben. Ich kann mit meiner Studie keine glaubwürdigen Rückschlüsse auf Sexworker ziehen, die nicht zu diesem Personenkreis gehören. Diese Grenzen einer wissenschaftlichen Arbeit müssen wahrgenommen und kommuniziert werden. Uns würde in diesem Zusammenhang interessieren:

- Wie ist es um die Repräsentativität von Studien über Sexarbeit bestellt? Wer wird befragt, und wie wird Repräsentativität hierbei definiert?
- Wie werden die Ergebnisse aus Sexarbeitsforschungen weiterverarbeitet, und inwiefern spielen ideologische Beweggründe von Forschenden oder geldgebenden Institutionen eine Rolle?
- Inwieweit sind Forschungen über eine marginalisierte Personengruppe durch eine nichtmarginalisierte Personengruppe überhaupt legitimiert, und wie lassen sich die Perspektiven der ersten Gruppe integrieren?
- Wie sehen Studien aus der Perspektive von Migrant_innen, Trans-Menschen, etc. aus?

## Christiane Howe – der Empowerment-Ansatz

Gerade angesichts dieser übergeordneten Fragen freue ich mich, mit der Diplomsoziologin Christiane Howe eine sowohl in wissenschaftlicher Arbeit geschulte wie auch mit dem Thema Sexarbeit besonders vertraute und angesehene Expertin zu Wort kommen zu lassen. Sie hat im Laufe ihrer Karriere zahlreiche Forschungsprojekte zur Sexarbeit durchgeführt und gewährte mir Einblicke in die Entstehung und Qualitätsmerkmale von Studien im Bereich Sexarbeit.

In den Achtzigerjahren studierte Christiane Howe in Frankfurt am Main und setzte sich dort mit der Kritischen Theorie, der Psychoanalyse und der Frauenforschung auseinander. Vor ihrem eigenen multikulturellen Hintergrund – sie wuchs in Eritrea, im Iran, Ägypten und Deutschland auf – beschäftigte sie sich außerdem sehr früh mit dem Thema Migration. Nach ihrem Studium arbeitete sie als politische Lobbyistin und Fachreferentin über zehn Jahre hinweg für eine NGO, die beratend und unterstützend im Bereich illegalisierter Arbeitsmigration von Frauen tätig war. Sie lernte dort mehrere großteils unreguliert zugängliche Arbeitsbereiche kennen, die nach wie vor eine große Nachfrage erfahren, aber auch das Potenzial für wirtschaftliche Ausbeutung und persönliche Abhängigkeiten in sich tragen. Zu diesen zählt neben Haushaltshilfe, Kinderbetreuung und Altenpflege auch die Sexarbeit.

Howe kennt wie keine Zweite die kontroversen politischen und persönlichen Auseinandersetzungen, die schon in den Achtzigern in diesem Bereich tobten und bis heute erbittert geführt werden: Durch die Arbeitsfelder Sexarbeit und Migration kam sie selbst sowohl mit der Hurenbewegung als auch mit dem Thema Menschenhandel immer wieder in Berührung.

Die Haltung, die Howe vertritt, wurde schon früh in der Frauenforschung diskutiert und weiterentwickelt und stellt für sie bis heute die Grundlage ihrer Arbeit dar. Frauen, speziell Migrantinnen und Sexarbeiterinnen, sollen nicht bevormundet, sondern in ihren Anliegen, Möglichkeiten und Kompetenzen unterstützt werden. Howe sagt zu diesem sogenannten Empowerment-Ansatz: »Meiner Grundüberzeugung nach sind alle Menschen als Expertinnen ihrer jeweils eigenen Lebenswelt zu begreifen.«

Howe besuchte während ihrer Tätigkeit mehrere interne Fachtreffen von Sexarbeiter_innen – unter anderem den damaligen Hurenkongress – um sich weiterzubilden und zu vernetzen. Sie hatte Kontakt zu Organisationen, die von und für Sexworker arbeiten, sowie zu Menschenhandels-Hilfsorganisationen, die Sexarbeitsverbote forderten oder unterstützten. Diese Arbeit mit ihren gewachsenen Kontakten war für Howe der Ausgangspunkt ihrer Fragen und späteren Forschungen.

Christiane Howe hat durch ihre langjährige Arbeit intensive Einblicke in die vielfältigen Lebenswege von Sexarbeiter_innen gewonnen: »Meine Erfahrungen zeigen, dass die Sexarbeit für

Migrantinnen eine Möglichkeit darstellt, Geld zu verdienen und ihre Familien zu Hause zu unterstützen. Sich für eine solche Arbeitsmigration zu entscheiden setzt Mut, Organisationstalent und Durchsetzungs- wie Durchhaltevermögen voraus.«

Dem Zerrbild der hilflosen und verschleppten Migrantin setzt sie Erfahrungen mit unterschiedlichsten Sexarbeiterinnen entgegen: »Die Frauen entscheiden sich durchweg bewusst und aktiv für diese Arbeitsmigration – auch wenn die konkreten Arbeitsbedingungen in Deutschland häufig andere und häufig härtere sind als die zu Hause geschilderten. Sie haben ein Migrationsziel, gestalten ihre Situation vor Ort, suchen und schaffen Wege und Möglichkeiten, ihre Situation zu verbessern. Das gilt auch, wenn die eine oder andere an manchen Punkten in schwierige bis ausbeuterische Zustände gerät – wobei physische Gewalt dabei eher eine Seltenheit darstellt. Mut, Kraft, Kreativität und Organisationstalent – gegen alle Widerstände, bis hin zur Organisation eines illegalisierten Lebens in Deutschland – zeichnet viele dieser Frauen aus. Hinzu kommt vielfach ein ausgeprägter Galgenhumor und eine wache und zuweilen scharfe Analyse der gesellschaftspolitischen Situation und des Geschlechterverhältnisses in Deutschland aus ihrer Perspektive als Sexarbeiterinnen.«

Howe betont, dass die Geschichten der Frauen, die sie in ihrem Arbeitsalltag kennenlernte, so unterschiedlich waren wie die dazugehörigen Menschen. Sie bedauerte deshalb schon früh, dass die Sexarbeit von Migrantinnen ausschließlich als Menschenhandel, unter dem Blickwinkel sexueller und rassistischer Gewalt sowie sexueller Ausbeutung und Unterdrückung von Frauen gesellschafts- und frauenpolitisch diskutiert wurde. Es schien alles erklärt und geklärt – doch für Christiane Howe blieben zu viele Fragen offen. Sie suchte schließlich selbst den Weg in die Forschung, schrieb ein Exposé und fand Institutionen, die bereit waren, Ihre Forschung zu finanzieren. Im Jahr 2000 startete sie ihr erstes Forschungsprojekt.

Die sozialwissenschaftliche Forschung im Bereich Sexarbeit setzt Howes Meinung nach ein hohes Maß an Selbstreflexion voraus, insbesondere was die eigene Position zum Geschlechterverhältnis und zur Sexualität angeht: »Wichtig ist eine ausgeprägte Skepsis sich selbst und seinen Werten, Handlungen und Annahmen gegenüber. Man muss Lust haben, Fallstricken, implizit gesetzten Normen und einer Menge Widersprüchen auf die Schliche zu kommen. Forschende, gerade in diesem Bereich, müssen gewillt sein, sich genau anzusehen, wie weit ihre Ergebnisse verallgemeinert werden können. Sie sollten ihre Ergebnisse und Schlussfolgerungen vor allem auch von denjenigen infrage stellen lassen, um die es geht: indem sie diese im Verlauf oder am Ende des Forschungsprozesses den Expertinnen, das heißt den Sexarbeiterinnen, vorstellen und mit ihnen diskutieren.«

Howe nimmt sich hier nicht aus: Die Ergebnisse und Schlussfolgerungen ihrer eigenen Forschungen stellt sie, wann immer möglich, den Menschen vor, die sie als Expertinnen ihres Forschungsgebiets sieht: den Sexarbeiterinnen selbst. Die Diskussionen und das kritische Feedback, dem sie damit Raum gibt, lässt sie anschließend in die Forschung eingehen. Sie sagt: »Diese Rückschleifen waren und sind für mich sehr wichtig. Sie ›erden‹ meine Forschung gewissermaßen.«

Der Anspruch auf Allgemeingültigkeit beziehungsweise Repräsentativität ist in der öffentlichen Diskussion rund um Sexarbeitsstudien oft ein Thema. Christiane Howe weiß um die Vor- und Nachteile der verschiedenen Herangehensweisen:

*Repräsentative Gruppen bzw. Gruppen, die Verallgemeinerungen erlauben, sind schwer zu fassen. Sie sind zu definieren und immer auch von der Fragestellung und der methodischen Herangehensweise – als gröbste Unterscheidung gelten hier quantitative und qualitative Methoden – abhängig. Eine quantitative Untersuchung erfolgt über mehr oder weniger geschlossene, standardisierte Fragebögen, die statistisch ausgewertet werden, und beruht damit auf mathematischen Berechnungen. Der Nachteil dabei ist, dass Thesen und Vorannahmen aufgestellt werden müssen, die üblicherweise nicht hinterfragt oder explizit gemacht werden. Man weiß nicht, wie die Befragten die Fragen verstanden haben, ist nicht im persönlichen Kontakt und weiß nicht, unter welchen Bedingungen die Befragten den Fragebogen ausgefüllt haben. Diese Studien sind gut dazu geeignet, Einstellungen und Thesen zu überprüfen. Qualitative Methoden arbeiten dagegen mit mehr oder weniger offenen und strukturierten Interviews und teilnehmender Beobachtung. Sie offenbaren eher Denkmuster, Handlungsmuster, Logiken und Strukturen und sind damit auch eher verallgemeinerbar.*

Die Expertin warnt vor »Schnellschüssen« und rät vor allem bei einem derart explosiven gesellschaftlichen Streitthema zur Besinnung auf wissenschaftliche Selbstverständlichkeiten: »Im Vorfeld muss genau überlegt und berücksichtig werden, von welchen Annahmen man ausgeht. Man muss sich außerdem die Fragen stellen, wer bereit wäre, diesen Fragebogen auszufüllen, und inwieweit man dann von Repräsentativität sprechen könnte. Fundierte Aussagen lassen sich nicht treffen, ohne dass man als forschende, aber auch als beratende Person höchst selbstkritisch vorgeht. Über welchen Bereich und Ausschnitt rede ich? Auf welcher Daten- und Erfahrungsgrundlage agiere ich? Habe ich nachgefragt? Habe ich mir genau angehört, was von allen Beteiligten beschrieben wird? Habe ich mir das Ganze in der Realität und vor Ort angeschaut?«

Howe legt den Fokus ihrer Forschungen auf die verschiedenen Verhältnisse, die Interaktionen, die gegenseitigen Zuschreibungen und Herstellungen im Kontext von Geschlecht und der darin liegenden Bedeutung und dem Umgang mit Sexualität(en). In einer Studie zu Nutzungskonflikten im Rahmen von Sexarbeit im öffentlichen Raum befragte sie Sexarbeiterinnen sowie Anwohner,

Gewerbetreibende, Polizei, Beratungsstellen, Politik und Kunden. In einer Studie zur gesellschaftlichen Herstellung von Geschlechterverhältnissen befragte Howe Sexwork-Kunden zu ihren Motivationen, ihren Vorlieben und ihren Bedürfnissen, um daraus Rückschlüsse aus der Perspektive von Kunden in der Sexarbeit auf die Geschlechterverhältnisse in der Mehrheitsgesellschaft ziehen zu können.

Im Hinblick auf zukünftige Forschungen hält es die Sozialpädagogin für dringend notwendig, das Problem der Sichtbarkeit beziehungsweise Unsichtbarkeit von Sexarbeit stärker zu bearbeiten. Sie schlägt vor, eine Analyse der Arbeitspraktiken im Bereich Sexarbeit durchzuführen. Soweit möglich könnte zum Beispiel vor und nach dem Vollzug der Dienstleistung das situative und kommunikative praktische Geschehen beobachtet werden und damit diese Seite der Tätigkeit sichtbarer gemacht werden. Für selbstverständlich gehaltene Vorannahmen, Überzeugungen und Glaubensformen könnten so ans Licht kommen und Antworten auf viele Fragen bieten: Welche Menschen nehmen aus welchen Gründen sexuelle oder erotische Dienstleistungen in Anspruch? Was genau passiert eigentlich im Binnenverhältnis zwischen Kunde und Sexarbeiter_in? Was genau geht in der Sexarbeit vor sich und auf welche Weise? Eine entsprechende Studie würde voraussetzen, dass sich Forscher_innen gezielt in das Feld der Sexarbeit vorwagen, um vor Ort entsprechende Interviews, Beschreibungen und Aufzeichnungen zu machen.

Howe würde es begrüßen, wenn auch auf kommunalpolitischer Ebene eine ausführliche Auseinandersetzung mit den Arbeitsbedingungen in der Sexarbeit stattfände.

»Die Sexarbeit wurde und wird bis heute gerne als bloße patriarchale Inszenierung und als ein Macht- bzw. Gewaltverhältnis klassifiziert. Thematisiert wurde und wird dies insbesondere im Kontext von sogenannter feministischer Forschung und von Beratungsstellen, die entsprechend an das Thema herangehen und dadurch die Situation mitkonstituieren. Deren Bewertungen greifen, meiner Einschätzung nach, völlig zu kurz, sind einseitig und wenig fundiert. Sie treffen auch den Kern der Sache nicht. Damit verbunden sind leider auch die daraus resultierenden und zu kurz greifenden gesellschaftspolitischen und rechtlichen Folgerungen. Die Forschung mit und an Sexarbeiterinnen sowie die manchmal nächtelangen kritischen und politischen Diskussionen haben mich klarer sehen lassen und wohl persönlich auch ein Stück mutiger und gelassener gemacht. Ich halte es für wesentlich und unabdingbar, dass gerade rechtliche Rahmenbedingungen für Sexarbeit und ihre praktischen Umsetzungen gemeinsam mit Expertinnen aus der Sexarbeit in entsprechenden Gremien fundiert diskutiert und entsprechend umgesetzt werden.«

Aus dem Input von Christiane Howe und der Befragung der BesD-Mitglieder ergeben sich verschiedene Überlegungen. Um eine möglichst breite und bunte Befragungsgruppe zu generieren, könnten beispielsweise Sexworker untereinander Kolleg_innen mit Forschenden vernetzen. In Sachen Partizipationsmöglichkeiten sollten Sexarbeiter_innen bereits in die Vorarbeit und das Design betreffender Studien mit einbezogen werden, sodass sie eventuell Hypothesen und Fragestellungen mitformulieren können. Außerdem könnte so im Vorfeld beispielsweise überprüft werden, ob die Fragen suggestiv gestellt sind oder ob bereits in ihrer Formulierung Werturteile enthalten sind.

Das klingt nach viel Arbeit – und das wird es auch. Ich wünsche mir, dass die Forschenden der Zukunft sich nicht so sehr von theoretischem, veraltetem Wissen über Sexarbeit beeinflussen lassen – vielmehr sollten sie Berührungsängste überwinden, Kontakt zu den Menschen suchen, über die sie etwas herausfinden wollen und ihnen dabei Angebote machen, die der erforschten Community Nutzen bringen. Darüber hinaus fände ich es erfreulich, wenn auch andere nach dem Vorbild von Christiane Howe anstreben würden, ihre »Studienobjekte« als Menschen kennenzulernen, mehr noch, sie im Rahmen eines partizipativen Forschungsansatzes zur aktiven Mitarbeit und zu kritischem Feedback zu ermutigen.

Ich denke, dass wir Sexworker einen großen Beitrag dazu leisten könnten, dass zumindest die richtigen Fragen gestellt werden. Ist das erst mal gegeben, führt vielleicht bereits der nächste oder übernächste Schritt zu einer größeren Ausgewogenheit der Berichterstattung über Sexarbeit und beendet – in kleinen aber stetigen Schritten – die Stigmatisierung unseres Berufsstandes.

# Ausblick …

## … politisch …

Die jetzige, gründlich verfehlte Gesetzgebung lässt sich nicht schönreden. Da stellt sich mir die Frage, wie die Zukunft der Sexarbeit aussehen könnte – politisch, gesellschaftlich, und für mich persönlich.

Der Hauptfokus muss meiner Meinung nach zunächst auf der Abschaffung der diskriminierenden gesetzlichen Sonderbehandlung liegen, der Sexarbeitende und deren Umfeld ausgesetzt sind. Es geht dabei sowohl um die entsprechenden Passagen im Strafrecht und Ordnungswidrigkeitengesetz als auch um die Zurücknahme des unsäglichen neuen Prostituiertenschutzgesetzes.

Vielerorts sorgen Sperrbezirke für ein faktisches Berufsverbot und stellen ein massives Problem für Sexarbeiter_innen dar. Wo die Interessen von Anwohnern, anderen Gewerbetreibenden und Sexarbeiter_innen tatsächlich aufeinanderprallen, können pragmatische Lösungen statt flächendeckender Verbote gefunden werden.

Darüber hinaus brauchen wir die Anerkennung von Sexarbeit als Freiberuf im Steuer-, Gewerbe- und Baurecht. Eine Regulierung von Bordellbetrieben durch das Gewerbe- und Arbeitsschutzrecht muss der Verbesserung der Arbeitsbedingungen von Sexarbeiter_innen und der Rechtssicherheit von Betreiber_innen dienen. Es darf aber niemals als Hebel zur »Prostitutionseindämmung« aus moralischen oder ideologischen Gründen oder als polizeiliches Generalüberwachungsinstrument missbraucht werden. Grundsätzlich müssen entsprechende Regelungen in enger Zusammenarbeit mit Menschen aus der Branche entwickelt werden.

Wissen ist Macht – und es gibt bereits hervorragende, funktionierende Konzepte und Modellprojekte zur Weiterbildung und Professionalisierung in der Sexarbeit. Diese Weiterbildungsangebote müssen flächendeckend gefördert werden. Sobald die (freiwillige!) Teilnahme an Workshops und der Besuch von qualifizierten Trainer_innen in Bordellen genauso normal sind wie heute die Überfälle von Polizei, Steuerfahndung und anderen Kontrollbehörden, haben wir viel gewonnen.

Von entscheidender Wichtigkeit ist bei allen politischen Maßnahmen das Bestreben, Menschen in der Sexarbeit ernst zu nehmen und ihre Bedürfnisse anzuhören, statt sie von oben herab zu bevormunden. Die vorbehaltlose Anerkennung von Sexarbeit als legitime Berufswahl und der Abbau von Stigmatisierung und Diskriminierung sind die Grundlage für die Verbesserung der Lebens- und Arbeitsbedingungen von Sexarbeiter_innen. Es wird Zeit, dass unser Beitrag zur sexuellen und emotionalen Gesundheit unserer Kunden und damit zum Wohl der Gesellschaft als Care-Arbeit gewürdigt wird.[59]

Wenn ein Mensch, der sich für einen beliebigen Arbeitsplatz bewirbt, ohne Bedenken in seinem Lebenslauf angeben kann, zuvor als Sexarbeiter_in freiberuflich oder angestellt tätig gewesen zu sein, halte ich unser Ziel für erreicht.

## ... und persönlich

Meine persönlichen Zukunftspläne sind entspannt. Seit ich mein Studio geschlossen habe, arbeite ich wieder allein in meiner opulenten Privatwohnung. Die Rolle als Betreiberin ist für mich in der derzeitigen politischen Lage nicht mehr tragbar: Denn obwohl ich alle Anforderungen für die Eröffnung eines neuen Bordells problemlos erfüllen könnte, wäre ich doch diejenige, die die Hurenpässe meiner Kolleg_innen überprüfen müsste. Ich kann nicht gleichzeitig eine Verfassungsbeschwerde gegen den gefährlichen Unsinn einer Sexworker-Regstrierung einreichen und von meinen Kolleg_innen verlangen, sich diesen Vorgaben zu beugen.

Auch wenn ich die gemeinsame Arbeit in meinem kleinen Studio schmerzlich vermisse, genieße ich inzwischen meine neuen Freiheiten: Niemandem verpflichtet zu sein, mich weder um einen Betrieb kümmern, noch mich umgekehrt als Mieterin an Regeln halten zu müssen, die ich nicht selbst erstellt habe. Mir Zeit für andere Projekte[60] nehmen zu können ... zum Bücherschreiben beispielsweise. Neben Seminaren zur erotischen Hypnose, Coachings zu BDSM und Sexarbeit und Weiterbildung für Kolleg_innen halte ich auch ab und zu als Gastdozentin Vorträge an Hochschulen oder bei politischen Veranstaltungen, dann meist in den Bereichen Soziale Arbeit oder Genderwissenschaften. In meinem Studio habe ich jahrelang Besuchern von Stadtteilführungen, Polizeischülern, Absolventen von Bildungsurlauben oder angehenden Staatsanwälten Räume und Gerätschaften gezeigt und von meinem Arbeitsalltag erzählt, und ich plaudere nach wie vor gern aus dem Nähkästchen.

Inzwischen bin ich Mitte vierzig, fast ein Vierteljahrhundert im Sexgeschäft und der Branche noch immer nicht überdrüssig. Dass nur junge Frauen gefragt sind, ist ein Gerücht. Wir altern mit unseren Gästen, und nicht jeder möchte mit einer Frau ins

Bett, die seine Tochter oder Enkelin sein könnte. Die älteste praktizierende Kollegin, die ich kenne, ist Mitte siebzig – ich habe also noch einiges vor mir. Wer weiß, vielleicht fällt mir ja irgendwann noch eine weitere berufliche Perspektive vor die Füße, die ich ähnlich spannend finde, und mein Fokus verschiebt sich. Bis dahin arbeite ich mit Lust!

# Nachwort

Liebe Undine,

das Nachwort zu deinem Buch schreiben zu dürfen, empfinde ich als große Ehre – und als persönliche Herausforderung.

Eine Ehre, weil ich selbst nicht in der Branche tätig bin, sondern nur als eine »ally«, also Unterstützerin von Sexarbeiter_innen, spreche. Und eine Herausforderung, weil ich auch nach all den Jahren manchmal noch zweifle, inwieweit ich, sozusagen ohne eigene Praxiserfahrungen, glaubhaft über das Thema Sexarbeit in der Öffentlichkeit sprechen kann.

Wie oft habe ich mir deshalb in den letzten 23 Jahren gewünscht, dass Sexarbeiter_innen selbst wagen würden, nach vorne zu gehen – um ihre eigenen Stimmen zu erheben, zu verhandeln und zu diskutieren. Nicht wir als Mitstreiter_innen *für* sie, oder, wie leider zu oft, andere Wächter_innen der Moral und guten Sitten *über* sie.

Die Gesellschaft ist bisher sehr zögerlich darin, Sexarbeiter_innen eine eigene Stimme zuzugestehen. Ist der Grund dafür nur die Moral der Masse, besser gesagt, die Doppelmoral? Ist es die Angst vor der Sexualität an sich, vor der eigenen Lust, vor den eigenen Fantasien oder einfach vor dem Rütteln an ihren Werten?

Und jetzt kommst du, Undine, mit deinem Buch. Es ist ein politisches Buch geworden, mit Analysen über die Hurenbewegung in Deutschland, über den politischen Prozess, der das »Prostituiertenschutzgesetz« hervorgebracht hat, und über die Hintergründe von Sexarbeit. Dein Herz hast du in deiner Laufbahn nicht verloren. Und die Menschlichkeit, mit der Sexarbeit so viel zu tun hat, bringst du in deinem Buch mit all seinen persönlichen Geschichten auf den Punkt.

Ich habe mich mit dem Thema Sexarbeit das erste Mal Mitte 1993 in Hamburg nach einem Gespräch mit Dr. Licia Brussa[61] und Jan Visser[62] beschäftigt. Die beiden fragten mich, ob ich Interesse an der Koordination eines neuen EU-Projekts in Deutschland hätte – und ich habe Ja gesagt. Verrückt? Vielleicht. Wir kannten uns nicht, ich hatte keine Ahnung von Sexarbeit, und ich lebte gerade erst achtzehn Monate in Deutschland. Doch für mich war es die perfekte Möglichkeit, weiter politische Arbeit zu machen. So entstand 1993 das TAMPEP Projekt.[63] Wir waren zu viert: Licia Brussa, die gerade ihre Doktorarbeit über osteuropäische Sexarbeiterinnen veröffentlicht hatte, die italienischen Sexarbeiterinnen und Aktivistinnen Pia Covre und Carla Corso – Gründerinnen des *Committee for the Civil Rights of Prostitutes* von 1982[64] – und ich, eine Grafikerin aus Rio de Janeiro. Cristina Boidi, Professorin für Philosophie aus Argentinien, stieß 1995 durch LEFÖ[65] – eine feministische Migrantinnenorganisation aus Wien – zu uns. Was habe ich gegen mein anfängliches Unwissen in Sachen Sexarbeit unternommen? Von Beginn meiner Arbeit an war es mir wichtig, das Wissen über Sexarbeiter_innen hauptsächlich von der mir am wesentlichsten scheinenden Quelle zu beziehen: den Sexarbeiter_innen selbst. Pia und Carla waren mir dabei große Hilfen – ich wollte und brauchte aber mehr. 1994 lernte ich in Rio Gabriela Leite kennen und führte ein fast dreistündiges Interview mit ihr, in dem ich die Gelegenheit ergriff, sie richtiggehend auszufragen. Die Soziologin war die erste Sexarbeiterin, die sich Anfang der 1980er in Brasilien geoutet und für die Rechte von Sexarbeiter_innen gekämpft hatte. Sie hatte die NGO *Davida* in Rio gegründet und 1987 das *Brasilianische Netzwerk für Sexarbeiter_innen* gestartet. Auch das Gespräch mit dem politisch international aktiven, brasilianischen Stricher

Paulo Longo half mir dabei, ein tieferes Verständnis für die Themen von Sexarbeitenden zu entwickeln.

TAMPEP war von Anfang an als eine politische Plattform für die Menschenrechte von Sexarbeiter_innen konzipiert worden, wobei unser Fokus auf Migrant_innen lag. Bis das Projekt 2010 endete, war aus der ursprünglichen Arbeitsgruppe ein Netzwerk in 25 EU-Ländern geworden. So sind wir auch heute noch durch die TAMPEP International Foundation in der Lage, quer durch Europa politisch zu agieren.

Die jahrelange Arbeit innerhalb von TAMPEP ermöglichte es uns, zwei grundlegende Fakten zu verstehen: erstens, dass man die Situation von Sexarbeiter_innen auch und immer intensiver innerhalb eines europäischen Kontextes und von einer globalen Perspektive aus betrachten muss, und zweitens, dass die kontinuierliche praktische Arbeit mit Sexarbeiter_innen ausschlaggebend für eine bessere Nachverfolgung, Beobachtung und Analyse von Migrationsprozessen ist.

Innerhalb von siebzehn Jahren (1993 – 2010) führten wir fünf europaweite empirische Recherchen durch, die das Ziel hatten, die Lebens- und Arbeitsbedingungen von Sexarbeiter_innen in Europa zu erkunden und die Veränderungen in den verschiedenen Szenen zu verfolgen und verstehen. Unsere Partner – NGOs und Institutionen – verteilten genormte Fragebögen und werteten diese auf nationaler Ebene aus. So erhielten wir vergleichbare Daten und konnten damit sowohl länderspezifische als auch europäische Tendenzen aufzeigen.

Bis Anfang der Neunzigerjahre kamen vorwiegend Menschen aus Asien und Lateinamerika zur Sexarbeit nach Deutschland, erst mit der Wende in den Neunzigern begann die große Migrationswelle aus Osteuropa. Von dort kamen und kommen jene, die heute die Mehrheit der Sexarbeiter_innen in Deutschland stellen.

Unsere Daten zeigen einen deutlich verfolgbaren Anstieg der Anzahl von Migrant_innen, die in Deutschland der Sexarbeit nachgehen. Unabhängig vom Prostitutionsgesetz von 2002 galten jene Menschen bis 2004 als illegale Einwanderer und befanden sich in einer dementsprechend isolierten und verwundbaren Position.

Nach den beiden EU-Erweiterungen 2004 und 2007 konnten sich dieselben Menschen, mit ihrem neuen Status als EU-Bürger_innen ausgestattet, legal und unabhängig innerhalb der europäischen Union bewegen. Und genau das taten sie: Die TAMPEP-Recherche zeigt, dass in Deutschland heute rund die Hälfte aller Sexarbeiter_innen, gleich in welchen Bereichen der Branche sie tätig sind, aus anderen EU-Ländern stammen.[66]

Für die Rechte von migrierten Sexarbeiter_innen einzutreten erwies sich damals als schwierig und ist es noch heute. Die Einwanderungswellen fanden Anfang der Neunzigerjahre in einer solchen Geschwindigkeit statt, dass die deutsche Branche einerseits aufgrund sprachlicher Differenzen und andererseits aus Angst vor Konkurrenz mit der Situation überfordert schien. Als ich Mitte der Neunzigerjahre in einer AG Recht – so hieß damals der Ursprung von BUFAS[67] – mit einer politisch aktiven deutschen Sexarbeiterin ins Gespräch kam, sagte sie mir: »Ich habe nichts gegen dich, aber von Migrantinnen in der Sexarbeit will ich nichts wissen. Interessieren mich nicht.« So war damals der Tenor. 1998 besuchte ich zum ersten Mal eine Fachtagung, die damals noch Hurenkongress hieß. Die Runde war groß, und alle berichteten von der Situation in ihrer Heimatstadt. Als TAMPEP-Vertreterin ergriff ich die Gelegenheit, meine Zuhörer_innen ein wenig aufzurütteln. Ich sprach von der zu dieser Zeit massiv existierenden Diskriminierung, von Rassismus und Intoleranz in Deutschland. Ich rief zu einem Miteinander-Kämpfen für die Rechte von Sexarbeiter_innen jeglicher Nationalität und einer Anerkennung der Internationalisierung der Prostitution auf. Ich sprach von Frauenarbeitsmigration, von politischer und sozialer Blindheit. Zu dieser Zeit sorgte ich mit meinen Themen noch für überraschte Reaktionen!

Einige Jahre später nahm ich an einem weiteren Hurenkongress teil – und ich traute meinen Ohren nicht! Jede einzelne teilnehmende Organisation sprach über die Situation und den Anteil der Migrant_innen in ihrer jeweiligen Stadt. Die Realität hatte sie eingeholt – es war ein befriedigender und toller Moment für mich.

Es wäre jedoch weit gefehlt zu sagen, dass die Konfrontationen in Europa damit zu Ende gewesen wären. Im Gegenteil: 1999 hatte die schwedische Gesetzgebung den Kauf von sexuellen Dienstleistungen kriminalisiert und verbot unter anderem die Vermietung von Zimmern an Sexarbeiter_innen. Und während die Niederlande ein Jahr später Sexarbeit als Beruf anerkannten, arbeiteten die Deutschen bereits selbst eifrig am Prostitutionsgesetz.

Bereits seit Ende der Neunzigerjahre findet in Deutschland ein klarer und gezielter Abbau der Sexarbeitsszene seitens des deutschen Staates statt – unter anderem mittels massiver Polizeirazzien[68].

Im ersten Jahrzehnt des 21. Jahrhunderts begann dann endgültig der Siegeszug des sogenannten Schwedischen Modells und schwappte durch Europa. Die Ängste der Bürger vor der ersten EU-Erweiterung 2004 taten ihr Übriges.

Eine Stimmung aus Antimigrationspolitik und der wiederholten thematischen Vermischung von Sexarbeit mit Menschenhandel führte 2004 zu einer Anhörung im Europaparlament in Brüssel. Die schwedische Abgeordnete und Sexarbeitsgegnerin Marianne Erikson, die man wohl getrost als die Vorgängerin von Mary Honeyball bezeichnen kann,[69] initiierte diese Anhörung mit dem Titel *The impact of the sex industry in the EU.* Auf dem Podium saßen neben Erikson auch Janice Raymond von der *Coalition against Trafficking in Women* (eine radikal abolitionistische Organisation), die niederländische Soziologin Marjan Wijers, die – obwohl selbst eine »ally« – als Präsidentin des Ausschusses gegen Menschenhandel der Europäischen Kommission eine neutrale Position einnehmen musste, sowie ich, die die Stimme und Rechte von Sexarbeiter_innen in Europa zu vertreten hatte. Diese Verantwortung zu übernehmen war meine erste große Herausforderung. 2006 übernahmen die Finnen eine abgeschwächte Version des schwedischen Modells, 2009 zog Norwegen nach.

Sexarbeiter_innen und Aktivist_innen in ganz Europa waren jedoch seit Anfang der Jahrtausendwende besorgt über diese politischen Entwicklungen. Eine Gruppe von Sexarbeiter_innen und Aktivist_innen bildete sich, die das Ziel hatte, im Rahmen einer Konferenz in Brüssel gemeinsam im Sinne von Sexarbeiter_innen über Strategien und Maßnahmen nachzudenken.

So fand 2005 die internationale Brüsseler Konferenz statt,[70] aus der das ICRSE,[71] das »International Committee for the Rights of Sex Workers in Europe« entstand. Circa zweihundert Personen, zwei Drittel davon Sexarbeiter_innen aus der ganzen Welt, nahmen an der Konferenz teil. Dokumente wie das Manifest[72], die Deklaration für die Rechte von Sexarbeiter_innen in Europa[73] und die Empfehlungen der Brüsseler Konferenz[74] wurden veröffentlicht. Stephanie Klee sprach zur Eröffnungszeremonie über Sexarbeit als Arbeit und über das Prostitutionsgesetz. Am letzten Tag präsentierten wir – mit vielen roten Regenschirmen in den Händen[75] – die Empfehlungen der Konferenz vor dem Europaparlament. Jeder einzelne Teil davon wurde von einer Sexarbeiterin, einem Sexarbeiter oder Unterstützer_innen laut vorgelesen.

2006 kam die Fußball-Weltmeisterschaft nach Deutschland – und die angeblich »40 000 gehandelten Frauen aus Osteuropa«[76], bis heute ein trauriges Beispiel dafür, wie ein Gerücht aus dem Nichts entstehen und zu internationalen Schlagzeilen und politischen Forderungen führen kann. Der Ratschlag Prostitution Hamburg[77] wurde in dieser Zeit gegründet, um die verschiedenen Aktivitäten rund um die WM zu koordinieren und sich klar und deutlich an der Seite der Sexarbeiter_innen zu positionieren. Trotz der »Kampagne der 40 000« war die WM ein guter Moment für uns, um auf die Öffentlichkeit zuzugehen und Journalisten aus der der ganzen Welt immer wieder zu erklären, wieso Sexarbeit und Menschenhandel getrennt betrachtet werden müssen. Dir hätte das gefallen ... Ebenfalls gute Resultate brachte die bundesweite Kampagne Freiersein/FairPlay mit zehn Empfehlungen für Kunden von Sexarbeiter_innen. Es wurde mit Witz und Humor für mehr Respekt gegenüber Sexarbeiter_innen geworben.

Seitdem ist einige Zeit vergangen, und die Diskussionen rund um Sexarbeit wurden immer bitterer, repressiver, moralistischer und abolitionistischer. »Schluss mit Prostitution!« wurde zu einer direkten oder indirekten Forderung, nicht nur in Deutschland, sondern in ganz Europa. Die Nationalitäten der Sexarbeiter_innen mischten sich im Übrigen immer wieder aufs Neue – entsprechend der politischen Lage in der Welt und in Europa.

2013 war das Geburtsjahr des BesD.[78] War er eine Reaktion auf die generelle negative Stimmung gegenüber Sexarbeit in Deutschland und Europa, oder war einfach die Zeit reif dafür? In den Jahren zuvor gab es Sexarbeiter_innen wie Stephanie Klee und Felicitas Schirow, die ihre Stimmen erhoben. Aber endlich hattet ihr euch nun auch zu einer Gruppe zusammengefunden, um gemeinsam in Deutschland zu sprechen. Ich glaube, dass viele eurer Unterstützer_innen – mich eingeschlossen – sich in diesem Moment gedacht haben: »Jetzt können wir uns endlich ein wenig zurücklehnen. Sie sind jetzt dran. Und letztendlich: Sie sind die Experten.«

Undine, du bist nicht die erste Sexarbeiterin, die ein Buch schreibt, und wirst sicher auch nicht die letzte sein. Aber genau in der heutigen Zeit ist dein Beitrag extrem wichtig – in einem Moment, wo so viel gegen die Menschenrechte von Sexarbeiter_innen und die Anerkennung ihrer Arbeit getan wird. Dein Buch ist vor allem so wesentlich, weil du als Expertin Prozesse darstellst, die du selbst erlebst, von dir selbst sowie von Kolleginnen und Kunden berichtest, die Hurenbewegung bis zum heutigen Tag in einen Kontext bringst und die politischen Zusammenhänge sowie die gesellschaftlichen Fragen und Zweifel innerhalb dieses großen Themenkomplexes klar auf den Tisch legst. Weil du zeigst, dass Sexualität und Sexarbeit etwas Natürliches sind und weil du der Frage nachgehst, warum sie derzeit trotzdem noch nicht als natürlich akzeptiert werden.

Der raue Wind, der Sexarbeiter_innen derzeit entgegenweht, hat sich mit dem Inkrafttreten des Prostituiertenschutzgesetzes zu einem Sturm ausgewachsen. Hat Deutschland dem Druck anderer Länder wie Frankreich, den Niederlanden oder Schweden einfach nicht standgehalten, oder ist das neue Gesetz ein Auswuchs des generellen konservativen Rechtsrucks in Europa?

Eins ist jedenfalls sicher: Es brauchte eine gehörige Portion Mut, dieses Buch zu schreiben. Und dieser Mut steht dir. Auf den nachfolgenden Seiten gibst du deinen Lesern genau die Perspektive, die meiner Meinung nach so dringend gebraucht wird: ein Buch über Sexarbeit von einer, die es selbst macht und weiß, worüber sie spricht. Denen, die nicht so viel wissen, wird es hoffentlich helfen, euch besser zu verstehen. Denen, die mehr wissen, wird es Kraft geben, weiter für euch und eure Rechte einzustehen.

Ich wünsche dir, Undine, und all deinen Kolleg_innen viel Glück. Habt die Kraft, weiterhin gegen Diskriminierung und Stigmatisierung zu kämpfen – in Deutschland und weltweit. Für die, die in ihrer Heimat oder als Migrant_innen in der Sexarbeit tätig sind. Wir, eure »allies« – eure Verbündeten und Unterstützer_innen – werden weiterhin auf eurer Seite stehen – egal was kommt.

Viele liebe Grüße,
*Veronica (Munk)*

# Anhang

## Danke

Mein Dank gilt meinen Kolleg_Innen und Mitstreiter_innen, die in den Jahren gemeinsamer Zusammenarbeit in- und außerhalb des BesD meinen Horizont in alle Himmelsrichtungen erweitert haben. Ich danke den Sexarbeiter_innen, Betreiber_innen und Kund_innen, die durch ihre Offenheit und ihr Vertrauen die so wichtige Vielfalt von Stimmen zum Thema Sexarbeit in meinem Buch erst möglich gemacht haben. Ich danke unseren Verbündeten und Allies, die ohne eigene Not so unfassbar viel für die Sexarbeiterbewegung getan haben und weiterhin tun. Eure Unterstützung – echte Hilfe, die unsere Wirkungsmacht anerkennt, statt uns zu bevormunden, die uns einen Platz freihält und sich völlig selbstverständlich zurücknimmt, sobald eine von uns für sich selbst sprechen kann – hat mich mehr als einmal zu Tränen gerührt. Nicht zuletzt möchte ich meinen Liebsten danken, die mir den Rücken freigehalten und mich tatkräftig unterstützt haben, bei politischen Veranstaltungen und Aktionen ebenso wie bei der Entstehung dieses Buches.

## Anmerkungen

1 Erläuterungen der Unterschiede finden sich im Kapitel »Betriebsstätten« und im Glossar.

2 www.ratschlag-prostitution.de, abgerufen am 31. 01. 2018

3 www.berufsverband-sexarbeit.de, abgerufen am 31. 01. 2018

4 www.berufsverband-sexarbeit.de/politik/appell-fuer-prostitution/, abgerufen am 1. 09. 2017

5 Wir alle engagieren uns ehrenamtlich, und der BesD ist für seine Arbeit auf Spenden angewiesen. Hier geht es zu entsprechenden Informationen für Unterstützer_innen: https://berufsverband-sexarbeit.de/index.php/kontakt/unterstuetzen/#toggle-id-2, abgerufen am 31. 01. 2018

6 www.emma.de/artikel/prostitution-von-wem-laesst-die-politik-sich-da-beraten-317675, abgerufen am 31. 01. 2018

7 www.spiegel.de/spiegel/print/d-132909484.html, abgerufen am 31. 01. 2018

8 www.ladyvelvetsteel.com/2015/03/29/liebe-ann-kathrin-vom-spiegel/, abgerufen am 1. 09. 2017

9 Zusatzprotokoll zur Verhütung, Bekämpfung und Bestrafung des Menschenhandels, insbesondere des Frauen- und Kinderhandels, zum Übereinkommen der Vereinten Nationen gegen die grenzüberschreitende organisierte Kriminalität, www.un.org/depts/german/uebereinkommen/ar55025anlage2-oebgbl.pdf, abgerufen am 31. 01. 2018

10 www.bpb.de/apuz/155367/menschenhandel-zur-sexuellen-ausbeutung-in-deutschland?p=all&rl=0.6410554507747293, abgerufen am 31. 01. 2018

11 www.donacarmen.de/wp-content/uploads/2012/10/Menschenhandel-Ein-Kartenhaus-bricht-zusammen.pdf, abgerufen am 1. 09. 2017

12 Zahlen für den neuen § 232a »Zwangsprostitution« gibt es noch nicht.

13 www.bka.de/SharedDocs/Downloads/DE/Publikationen/JahresberichteUndLagebilder/Menschenhandel/menschenhandelBundeslagebild2015.html?nn=27956, abgerufen am 31. 01. 2018

14 www.donacarmen.de/wp-content/uploads/2015/10/DAS-PROSTITUIERTENSCHUTZGESETZ1.pdf, abgerufen am 1. 09. 2017

15 www.polizei-nrw.de/media/Dokumente/Behoerden/LKA/Lagebild_MH_2012.pdf, abgerufen am 1. 09. 2017

16 www.frauen-gegen-gewalt.de/tl_files/downloads/sonstiges/Streitsache_Sexualdelikte_Zahlen_und_Fakten_b.pdf, abgerufen am 31. 01. 2018

17 www.bpb.de/apuz/155364/zehn-jahre-prostitutionsgesetz-und-die-kontroverse-um-die-auswirkungen?p=all, abgerufen am 31. 01. 2018

18 www.thescavenger.net/social-justice-2/people/167-numbers-of-sex-trafficking-victims-are-exaggerated-13456.html, abgerufen am 31. 01. 2018

19 www.theguardian.com/global-development-professionals-network/2014/jan/13/slavery-global-index-reports?CMP=twt_gu, abgerufen am 31. 01. 2018

20 menschenhandelheute.net/zahlen-daten-und-fakten/, abgerufen am 1. 09. 2017

21 menschenhandelheute.net/2012/05/30/menschenhandel-und-die-vergebliche-suche-nach-verlasslichen-zahlen/, abgerufen am 31. 01. 2018

22 menschenhandelheute.net/2012/05/30/menschenhandel-und-die-vergebliche-suche-nach-verlasslichen-zahlen/, abgerufen am 31. 01. 2018

23 menschenhandelheute.net/2013/09/11/menschenhandel-legalisierung-prostitution-axel-dreher-interview-heidelberg/, abgerufen am 31. 01. 2018

24 www.donacarmen.de/wp-content/uploads/2012/09/Zwangsprostitiution-als-politischer-Kampfbegriff1.pdf, abgerufen am 1. 09. 2017

25 www.donacarmen.de/wp-content/uploads/2012/09/Zwangsprostitiution-als-politischer-Kampfbegriff1.pdf, abgerufen am 1. 09. 2017

26 www.taz.de/1/archiv/digitaz/artikel/?ressort=hi&dig=2013/09/09/a0072, abgerufen am 31. 01. 2018

27 www.kok-buero.de/kok-informiert/website-news/detailansicht-website-news/artikel/forderungen-des-kok-zur-bundestagswahl-2013.html, abgerufen am 1. 09. 2017

28 www.amnesty.org/en/latest/news/2015/08/global-movement-votes-to-adopt-policy-to-protect-human-rights-of-sex-workers/, abgerufen am 31. 01. 2018

29 www.aidshilfe.de/de/aktuelles/meldungen/deutsche-aids-hilfe-kondompflicht-und-repression-sind-gefaehrlich, abgerufen am 31. 01. 2018

30 www.dstig.de/images/positionierung%20dstig_%20sexarbeit_2013.pdf, abgerufen am 31. 01. 2018

31 Urteil des 1. Senats vom 15. Dezember 1981 – BVerwG 1 C 232.79

32 www.bpb.de/apuz/155375/motive-der-maennlichen-nachfrage-nach-kaeuflichem-sex?p=all, abgerufen am 31. 01. 2018

33 Die Namen der Kund_innen und der meisten Kolleginnen sind geändert.

34 freieroffensive.blogspot.de/, abgerufen am 31. 01. 2018

35 www.hydra-berlin.de/beratungsstelle/beratung_bei_hydra/#c12769, abgerufen am 31. 01. 2018

36 www.sexworker.at/phpBB2/viewtopic.php?p=138884, abgerufen am 31. 01. 2018

37 Alle die Sexarbeit in Deutschland betreffenden Gesetzestexte sind im Internet zu finden. Die Adressen dazu finden sich im Anhang.

38 www.auswaertiges-amt.de/DE/Aussenpolitik/Menschenrechte/Menschenhandel_node.html, abgerufen am 1. 09. 2017

39 dip21.bundestag.de/dip21/btd/17/137/1713706.pdf, abgerufen am 31. 01. 2018

40 dejure.org/gesetze/GewO/38.html, abgerufen am 31. 01. 2018

41 Solidarity with Women in Distress, www.solwodi.de, abgerufen am 31. 01. 2018

42 www.freitag.de/autoren/sonja-dolinsek/flat-rate-politik-statt-flat-rate-bordelle, abgerufen am 31. 01. 2018

43 www.sexworker.at/phpBB2/viewtopic.php?p=132261&highlight=konzessionierung#132261, abgerufen am 31. 01. 2018

44 www.welt.de/politik/deutschland/article124224309/Ich-schlafe-im-Ministerium-Da-fuehle-ich-mich-wohl.html, abgerufen am 31. 01. 2018

45 www.strafverteidigervereinigungen.org/Material/Pressemitteilungen/prostitution_dez2013.htm, abgerufen am 31. 01. 2018

46 www.donacarmen.de/wp-content/uploads/2016/05/Pflichten-von-SexarbeiterInnen-und-BordellbetreiberInnen.pdf, abgerufen am 1. 09. 2017

47 www.bestellen.bayern.de/application/applstarter?APPL=eshop&DIR=eshop&ACTIONxSETVAL%28artdtl.htm,APGxNODENR:292887,AARTxNR:10010665,AARTxNODENR:350319,USERxBODYURL:artdtl.htm,KATALOG:StMAS,AKATxNAME:StMAS,ALLE:x%29=X, abgerufen am 31. 01. 2018

48 Juli 2017: http://www.landtag.rlp.de/landtag/drucksachen/3510-17.pdf, abgerufen am 31. 01. 2018

49 www.solwodi.de/fileadmin/_medias/images/photos/Aktuelles/zum_Richtlinienpapier_Prostitution_von_Amnesty_international.pdf, abgerufen am 31. 01. 2018

[50] www.hydra-berlin.de/beratungsstelle/peer_workshops/, abgerufen am 1. 09. 2017

[51] move-ev.org, abgerufen am 31. 01. 2018

[52] Alice Schwarzer: *Prostitution – ein deutscher Skandal.* Köln 2013.

[53] www.sexworkeurope.org/news/general-news/560-ngos-and-94-researchers-demand-members-european-parliament-reject-ms-honeyball, abgerufen am 31. 01. 2018

[54] www.facebook.com/lauramariaagustin/posts/10152260630104511, abgerufen am 31. 01. 2018

[55] www.zeit.de/gesellschaft/2013-11/prostitution-debatte-erfahrung/seite-2, abgerufen am 31. 01. 2018

[56] https://feministsforsexworkers.com, abgerufen am 31. 01. 2018

[57] de.wikipedia.org/wiki/PorNO-Kampagne, abgerufen am 31. 01. 2018

[58] Interessierten werden die Ergebnisse der Umfrage auf Anfrage vom BesD gern zur Verfügung gestellt.

[59] www.bzw-weiterdenken.de/2015/12/sexarbeit-und-care/, abgerufen am 31. 01. 2018; www.feministisches-institut.de/sexarbeit-das-tabu-des-konservativen-feminismus/, abgerufen am 31. 01. 2018

[60] Aktuelle Projekte und Tätigkeiten: undine-de-riviere.de

[61] Dr. Licia Brussa, italienische Soziologin, ist seit 1980 aktiv in der Forschung und dem Projektmanagement für Sexarbeiter_innen in Europa. Sie ist Hauptkoordinatorin des Europäischen Projekts TAMPEP, Vorsitzende der TAMPEP International Foundation, die Projekte durchführt mit dem Ziel, die Menschenrechte von Sexarbeiter_innen zu stärken und zu schützen.

[62] Jan Visser ist niederländischer Soziologe, Forscher und Politikberater der A. de Graaf-Stiftung, dem niederländischen Institut für Prostitutionsfragen, auf nationaler und internationaler Ebene. Er ist Initiator und Mitarbeiter bei der Gründung der Niederländischen Organisation für die Rechte von Prostituierten (De Rode Draad), des Internationalen Netzwerks der Sexwork-Projekte (NSWP), des Internationalen Komitees für die Rechte der Prostituierten in Europa (ICRSE) und der europäischen Projekte TAMPEP, EUROPAP und Correlation.

[63] www.tampep.eu, abgerufen am 1. 09. 2017

[64] www.lucciole.org, abgerufen am 31. 01. 2018

[65] www.lefoe.at, abgerufen am 31. 01. 2018

[66] Am Beispiel Hamburg sehen wir dieses Bild bestätigt: Laut dem *ragazza-Kontakt-Bericht* aus dem Jahr 2015 sind circa 90 Prozent der Sex-

arbeiter_innen in der Indoor-Szene Migrant_innen aus rund vierzig Nationen, davon circa 55 Prozent EU-Bürger_innen.

67 www.bufas.net, abgerufen am 31. 01. 2018

68 Nehmen wir Hamburg als Beispiel: die Zahl der Apartments wurde laut Aussage des Hamburger LKA zwischen 1997 und 2002 von 900 auf 500 gesenkt. 2005 waren dank gründlicher Razzien die Anzahl der Indoor-Arbeitsplätze für Sexarbeiter_innen bereits auf 350 geschrumpft. Auch die Straßen blieben nicht verschont: Seit 2011 existiert im Hamburger Stadtteil St. Georg die Kontaktverbotsverordnung.

69 Mary Honeyball, eine englische Europaabgeordnete, war 2014 Berichterstatterin des Berichts »Über sexuelle Ausbeutung und Prostitution und deren Auswirkungen auf die Gleichstellung der Geschlechter«. Der Honeyball Report vertritt u. a. die Auffassung, Prostitution sei eine Form der sexuellen Sklaverei und der Gewalt von Männern gegen Frauen, ferner, dass die Hälfte der Freier Sex kaufen, obwohl die Prostituierten minderjährig sind, dass 80 bis 95 Prozent aller Prostituierten in irgendeiner Form Gewalt wie Vergewaltigung, Inzest, Pädophilie erlitten hätten und dass Prostitution und Zwangsprostitution untrennbar mit der Ungleichbehandlung der Geschlechter in der Gesellschaft verbunden seien. Entsprechend fordert der Bericht die Kriminalisierung und Bestrafung von Freiern und fordert eine Prostitutionsgesetzgebung nach schwedischem Vorbild. Das Europäische Parlament verabschiedete am 26. Februar 2014 mit 343 Stimmen, 139 Gegenstimmen und 105 Enthaltungen eine entsprechende Resolution.

70 www.sexworkeurope.org/about/conference-2005, abgerufen am 31. 01. 2018

71 www.sexworkeurope.org, abgerufen am 31. 01. 2018

72 www.sexworkeurope.org/resources/sex-workers-europe-manifesto, abgerufen am 31. 01. 2018

73 www.sexworkeurope.org/resources/declaration-rights-sex-workers-europe, abgerufen am 31. 01. 2018

74 www.sexworkeurope.org/resources/recommendations-brussels-2005-conference, abgerufen am 31. 01. 2018

75 Der rote Regenschirm ist das Symbol für Sexarbeiter_innenrechte auf der ganzen Welt und wird in Bildern sowie bei öffentlichen Demonstrationen benutzt. Er ist ein weltweites Symbol seit 2001, als er zum ersten Mal von Sexarbeiter_innen während einer Demonstration auf

der Kunstbiennale von Venedig, im Rahmen einer Kunstinstallation des slowenischen Künstler Tadej Pogačar, verwendet wurde.

76 www.deutschlandradiokultur.de/prostitution-die-spur-der-40-000.976.de.html?dram:article_id=296569, abgerufen am 31.01.2018

77 www.ratschlag-prostitution.de, abgerufen am 31.01.2018

78 Berufsverband erotische und sexuelle Dienstleistungen e.V., im Internet unter berufsverband-sexarbeit.de, abgerufen am 31.01.2018

## Hilfreiche Adressen

Auf der Website des BesD sind zum jetzigen Zeitpunkt über 500 Beratungsstellen und andere nützliche Adressen für Sexarbeiter_innen und ihre Unterstützer_innen auf einer interaktiven Deutschland-Karte verzeichnet. Diese beinhaltet Adressen für Bildungsangebote, juristischen Beistand, ärztliche Untersuchungen, Aus- und Umstiegsberatung und vieles mehr. Die Daten werden von uns so gut wie möglich aktuell gehalten. Anstatt einer vielleicht bald veralteten Aufzählung in diesem Buch möchte ich Interessierte deshalb lieber auf die entsprechende Website verweisen:

https://berufsverband-sexarbeit.de/index.php/service/,
abgerufen am 31.01.2018

Für Hinweise auf Ergänzungen und Aktualisierungen sind wir immer dankbar!

## Die wichtigsten Gesetze – und wo man sie findet

Die folgenden Gesetze und Verordnungen betreffen vor allem die Sexarbeit. Ihre Volltexte würden den Umfang dieses Buchs mehr als verdoppeln. Man findet sie im Internet unter den jeweils angegebenen Adressen.

- Gesetz zum Schutz von in der Prostitution tätigen Personen (Prostituiertenschutzgesetz – ProstSchG; gilt seit dem 01. 07. 2017; https://www.gesetze-im-internet.de/prostschg/BJNR237210016.html), abgerufen am 31. 01. 2018
- Prostitutionsgesetz (ProstG) (gilt seit 01. 01. 2002; http://dip21.bundestag.de/dip21/btd/18/085/1808556.pdf), abgerufen am 31. 01. 2018
- Abschnitt über Sexarbeit im Strafgesetzbuch (StGB) (gilt in dieser Form seit 15. 10. 2016; https://www.gesetze-im-internet.de/stgb/): §§ 180a, 181a, 184f, 232, 232a, abgerufen am 31. 01. 2018
- Abschnitt über Sexarbeit im Einführungsgesetz zum Strafgesetzbuch (https://www.gesetze-im-internet.de/stgbeg/BJNR004690974.html): § 297, abgerufen am 31. 01. 2018
- Abschnitt über Sexarbeit in der Strafprozessordnung (StPO; https://www.gesetze-im-internet.de/stpo/): § 104, abgerufen am 31. 01. 2018
- Abschnitt über Sexarbeit im Gesetz über Ordnungswidrigkeiten (OWiG; https://www.gesetze-im-internet.de/owig_1968/): §§ 119, 120, abgerufen am 31. 01. 2018
- Abschnitt über Sexarbeit in den Landespolizeigesetzen am Beispiel des Allgemeinen Sicherheits- und Ordnungsgesetzes Berlin (ASOG Bln; http://gesetze.berlin.de/jportal/?quelle=jlink&query=ASOG+BE&psml=bsbeprod.psml&max=true&aiz=true): § 21, abgerufen am 31. 01. 2018
- Abschnitt über Sexarbeit in der Bayerischen Verordnung zur Verhütung übertragbarer Krankheiten (Hygiene-Verordnung; http://www.gesetze-bayern.de/Content/Document/BayHygV?AspxAutoDetectCookieSupport=1): § 6, abgerufen am 31. 01. 2018

# Glossar

Zusammenstellung und Erklärung genannter Begriffe im Zusammenhang mit Sexarbeit und erotischen Dienstleistungen.

**Anschaffen:** Der Sexarbeit nachgehen.

**Anmeldepflicht:** Offizielle Registrierung der persönlichen Daten von Sexarbeiter_innen bei einer »zuständigen Behörde« sowie die Pflicht, einen schriftlichen Nachweis der Anmeldung (»Hurenpass«) bei der Arbeit stets bei sich zu tragen.

**BesD:** Der Berufsverband erotische und sexuelle Dienstleistung e.V. ist eine im Jahr 2013 gegründete bundesweite Interessenvertretung von aktiven und ehemals aktiven Sexdienstleister_innen. Im Internet zu finden unter *berufsverband-sexarbeit.de*, abgerufen am 31.01.2018

**BDSM:** Sammelbezeichnung für diverse sexuelle Vorlieben, die das einvernehmliche Spiel mit Fesseln, Schmerzen oder einem Machtgefälle beinhalten können. Abkürzung für die englischen Begriffe Bondage, Discipline, Dominance, Submission, Sadism und Masochism, im Deutschen oft auch verkürzt als Sadomasochismus (SM) bezeichnet.

**Bizarrlady:** Sexarbeiterin, die sowohl »gewöhnliche« sexuelle Dienstleistungen als auch Praktiken aus dem BDSM-Bereich anbietet.

**BSD:** Bundesverband Sexuelle Dienstleistungen e.V. Im Internet zufinden unter *bsd-ev.info*, abgerufen am 31.01.2018

**Callgirl/Callboy:** Alternativbezeichnung für männliche und weibliche Escorts. Die Sexarbeiter_innen kommen »auf Anruf« an den gewünschten Ort.

**Clubstandards:** Preis-Leistungs-Absprachen oder -Vorgaben in Bordellen aller Art. Clubstandards sollen verhindern, dass die Sexdienstleistenden sich gegenseitig preislich unterbieten.

**Covern:** Sicherheitsmaßnahme, bei der eine dritte Person über Ort und Dauer des Treffens mit einem Kunden informiert wird. Covern wird bei Haus- und Hotelbesuchen von den beteiligten

Escortagenturen angeboten und meist durch ein Telefonat zu Beginn und am Ende des Termins abgewickelt. Auch gegenseitiges Covern unter Kolleg_innen ist üblich.

**Deep throat:** Sexuelle Praktik, bei der ein Penis während des Oralverkehrs zwecks maximaler Stimulation so tief wie möglich in die Kehle aufgenommen wird.

**Devot:** Eine Rollenbezeichnung aus dem BDSM-Bereich, wird oft auch als »passiv« bezeichnet. Die devot handelnde Person unterwirft sich dabei den Wünschen einer dominant handelnden Person in einem abgesprochenen Rahmen.

**Dildoshow:** Erotische Darbietung mit Einführen oder suggestivem Spiel mit Dildos vor Zuschauern.

**Dirty Talk:** Verbalerotik; das Benutzen von expliziter sexueller Sprache zur erotischen Stimulation.

**Domina:** Sexarbeiterin, die aktiv-dominante beziehungsweise sadistische Praktiken anbietet. Den dafür typischen Arbeitsort bezeichnet man als Domina-Studio.

**Dominant:** Rollenbezeichnung aus dem BDSM-Bereich, wird oft auch als »aktiv« bezeichnet. Eine devot handelnde Person unterwirft sich dabei den Wünschen der dominant handelnden Person in einem abgesprochenen Rahmen.

**Doña Carmen e.V.:** Verein für politische und soziale Rechte von Prostituierten – *donacarmen.de*

**Emotionsarbeit:** Das gezielte Hervorrufen, Verstärken oder Umwandeln von Gefühlen eines Kunden oder einer Kundin durch die Sexarbeiter_in.

**Escort:** Sexarbeiter_in, die zusätzlich zur sexuellen Dienstleistung auch Begleitung – von gemeinsamen Abendessen bis hin zu gemeinsamen Urlauben – anbietet. Manchmal ist »Escortservice« auch nur eine andere Bezeichnung für »Outcall«, also den Haus- oder Hotelbesuch beim Kunden.

**Fetisch:** Bezeichnung für einen Gegenstand, ein Material, ein Körperteil oder eine Handlung, die für einen Menschen spezifisch mit sexueller Erregung verknüpft sind.

**Flatrate-Sex:** Sexuelle Dienstleistungen, die pauschal bezahlt werden. Findet in sogenannten Flatrate-Clubs, in kommerziellen Swingerclubs oder zeitlich begrenzt auf Gangbang-Partys statt.

**Freierforen:** Internetportale, auf denen sich Sexwork-Kunden über Leistungen und Angebote aus der Sexarbeitsbranche, aber auch über gesellschaftliche und politische Themen rund um die Sexarbeit austauschen. Freierforen sind aufgrund der oft herablassenden Sprache sowohl unter Sexarbeiter_innen als auch unter Kund_innen umstritten.

**Freierkreisel:** Fahrverhalten am Straßenstrich, bei dem Kunden wiederholt an den anwesenden Sexarbeiter_innen vorbeifahren, bevor sie ihre Wahl treffen.

**Gangbang(-Party):** Gruppensex mit mehr Männern als Frauen. Die Kunden bezahlen pauschal für einen bestimmten Zeitraum, die Sexarbeiterinnen erhalten ein Pauschalhonorar oder eine Gewinnbeteiligung.

**Girlfriend-Experience/GF6:** Eine sexuelle Begegnung »wie mit der privaten Freundin«. Die am häufigsten nachgefragte sexuelle Dienstleistung quer durch alle Segmente.

**Fisten:** Sexuelle Praktik, das Einführen mehrerer Finger bis hin zu einer oder mehr Händen in die Vagina oder den Anus.

**Flagellation/Flagellant_in/Flag-Session:** Praktik aus dem BDSM-Bereich; sexuelle Stimulation durch Schläge mit der Hand oder mit Instrumenten, meist auf den Po.

**Französisch:** Oralverkehr.

**Gesichtsbesamung:** Im Sexarbeitsvokabular übliche Bezeichnung für die Praktik des Ejakulierens auf das Gesicht.

**Handentspannung/Handmassage/Handjob:** Das Masturbieren eines Mannes/einer Frau mithilfe der Hand oder den Händen.

**Hausdame:** Empfangsdame, oft auch Wirtschafterin in einem Bordell, verantwortlich für die organisatorischen Vorgänge im Haus.

**Herren-Überschuss:** Eher in der privaten Swingerszene übliche Bezeichnung für eine Sexparty, an der deutlich mehr Männer als Frauen teilnehmen.

Hydra e.V.: Treffpunkt und Beratung für Prostituierte (Berlin). Im Internet zu finden unter *hydra-berlin.de*

Kaviar: Die Miteinbeziehung von Kot in sexuelle Spiele. Auch als KV bekannt.

Klinik: Medizinische Rollenspiele, Teilbereich des BDSM. Beinhaltet zum Beispiel das Legen eines Katheters oder das Injizieren von Kochsalzlösung.

Kobern: Kunden anwerben. »Nachkobern« bezeichnet das Nachverhandeln eines bereits festgesetzten Preises für eine sexuelle Dienstleistung während der Aktion.

Kontrollmädchen: Historische Bezeichnung für Sexarbeiterinnen um 1900. Sexdienstleistende standen zu dieser Zeit unter Totalüberwachung und -kontrolle durch die Polizei.

Kurtisane: Historische Bezeichnung für eine Sexarbeiterin aus einer oberen Gesellschaftsschicht. Wird auch heute noch von Sexarbeiterinnen benutzt, die in einem hohen Preissegment mit niedriger Kundenfrequenz arbeiten und den künstlerischen Aspekt oder intellektuellen Anspruch ihrer Arbeit betonen wollen.

Liebesschaukel: Hängevorrichtung, meist aus Leder mit breiter Sitzfläche, Kopfstütze und Bein- und/oder Armschlaufen. Für den passiven Part, der in der Liebesschaukel – gerne auch nach dem englischen Begriff »Sling« genannt – liegt, eine sehr bequeme Möglichkeit für den Geschlechtsverkehr mit dem Partner, der sich stehend vor der Schaukel positioniert.

Lecktuch: Dünnes Latextuch, das vor dem Oralverkehr mit einer Frau über deren Geschlechtsteile gebreitet wird und – ähnlich einem Kondom beim Mann – zur Vermeidung von oral übertragbaren Infektionen dient.

Liebeskasper: Abfälliger Begriff für einen männlichen Kunden, der die professionellen Grenzen einer Sexarbeiter_in nicht versteht oder verstehen will und einseitig eine romantische Beziehung anstrebt.

**Loverboy:** Bezeichnung für einen – meist jungen und attraktiven – Mann, der eine Frau unter Vorspiegelung einer romantischen Beziehung zur Sexarbeit drängt.

**Madame:** Vor allem auf dem afrikanischen Kontinent übliche Bezeichnung für eine Zuhälterin.

**Natursekt:** Die Miteinbeziehung von Urin in sexuelle Spiele, auch als »Watersports« bekannt.

**Nuttenwolf:** »Typische« kleine Hunderassen im Besitz von Sexarbeiter_innen.

**Outcall:** Form der Sexarbeit, bei der die Dienstleister_innen ihre Gäste nicht in eigenen Räumen empfangen, sondern die Kund_innen zu Hause oder im Hotel besuchen, siehe Callgirl/Callboy/Escort.

**Paysex:** Alternative Bezeichnung für Sexarbeit.

**Polyamorie:** Alternatives Beziehungskonzept; romantische und/oder erotische Beziehungen parallel zu mehr als einem Menschen mit dem Wissen und dem Konsens aller Beteiligten.

**Quickie:** Schnell vollzogener Geschlechtsverkehr.

**Rettungsindustrie:** Abfälliger Begriff für Sexarbeitsgegner_innen, zugehörige Vereine und Organisationen, die sich unter dem Vorwand von Schutz und Hilfe für Sexarbeitende für eine Kriminalisierung von Sexarbeit und den darin involvierten Personen (oft Kunden und »Dritte«) einsetzen.

**Rimming:** Anilingus, das Lecken des oder Einführen der Zunge in den Anus.

**Schwedisches Modell:** Kriminalisierung der Sexarbeit durch ein »Sexkaufverbot« (Freierbestrafung), Verbot von Raumvermietung an Sexarbeitende, ausufernde Definition von Zuhälterei (zum Beispiel Kriminalisierung gegenseitiger Sicherheitsanrufe/Covern), Werbeverbot sowie allgemeine gesellschaftliche Ächtung von Sexarbeiter_innen. Staatliche Hilfe und Unterstützung erhalten ausschließlich ausstiegswillige Sexworker. So dürfen zum Beispiel Beratungsstellen auch keine Kondome ausgeben.

**Session:** Abgesteckter Rahmen einer sexuellen Dienstleistung im BDSM-Bereich.

Sexwork (Dritte): Bordellbetreiber, Wirtschafter, Sicherheitspersonal, Fahrer, Vermieter, Hoteliers, Websitebetreiber oder andere, die Dienstleistungen für Sexarbeiter_innen erbringen, Infrastruktur zur Verfügung stellen oder die Ausübung von Sexarbeit erleichtern.

Sitte: Der für Sexarbeit zuständige Bereich der Polizei.

STI: »Sexually transmitted infections« bzw. STD: »Sexually transmitted diseases« sind angloamerikanische Abkürzungen für sexuell übertragbare Infektionen.

Steige: Stundenhotel, das überwiegend von Sexarbeiter_innen genutzt wird.

(Straßen-)Strich: Straßenabschnitt(e), innerhalb derer Sexarbeiter_innen in der Öffentlichkeit Kunden anwerben.

Switcher_in: Rollenbezeichnung aus dem BDSM-Bereich, eine Person die sich sowohl in der aktiven bzw. dominanten Rolle als auch in der passiven bzw. submissiven Rolle wiederfindet.

Tantramassage: Ritualisierte Ganzkörper-Massage, die den Intimbereich mit einschließen kann.

Telefonsex: Form der Sexarbeit, die ausschließlich mittels Verbalerotik am Telefon stattfindet.

Trigger: Auslöser einer Emotion oder eines Verhaltens.

Verrichtungsboxen: Infrastruktur eines städtisch geplanten Straßenstrich-Geländes. Diese speziell konstruierten Parkboxen bieten Sichtschutz und Notfall-Knöpfe für Gefahrensituationen. Meist finden sich auf einem solchen Gelände auch Toiletten bzw. Waschgelegenheiten, Sicherheitspersonal und eine Beratungsmöglichkeit für Sexarbeiter_innen.

Webcam-Sex: Digitale Form der Sexarbeit, bei der Dienstleistende einen Live-Videostream ins Internet senden und mit Kund_innen kommunizieren.

Whorarchy: »Huren-Hierarchie«. Begriff aus der angloamerikanischen Sexarbeiter_innen-Szene, bezeichnet die Wert- und Unwert-Urteile innerhalb und über verschiedene Bereiche der Sexarbeit. Beispiel: Domina versus Prostituierte, Highclass-Escort vs. Straßenstrich.